U0917865

绍兴市重点教材

校企合作教材

基础会计实训

主编　胡苗忠　吴　节

图书在版编目(CIP)数据

基础会计实训 / 胡苗忠，吴节主编. —杭州 ：浙江工商大学出版社，2017.1

ISBN 978-7-5178-1961-5

Ⅰ. ①基… Ⅱ. ①胡… ②吴… Ⅲ. ①会计学—教材 Ⅳ. ①F230

中国版本图书馆 CIP 数据核字(2016)第 314987 号

基础会计实训

主编　胡苗忠　吴　节

策划编辑　任晓燕
责任编辑　刘淑娟　任晓燕
封面设计　林朦朦
责任校对　蓝安妮
责任印制　包建辉
出版发行　浙江工商大学出版社
（杭州市教工路 198 号　邮政编码 310012）
（E-mail：zjgsupress@163.com）
（网址：http：//www.zjgsupress.com）
电话：0571－88904980，88831806(传真)
排　　版　杭州朝曦图文设计有限公司
印　　刷　杭州恒力通印务有限公司
开　　本　710mm×1000mm　1/16
印　　张　24
字　　数　354 千
版 印 次　2017 年 1 月第 1 版　2017 年 1 月第 1 次印刷
书　　号　ISBN 978-7-5178-1961-5
定　　价　59.80 元

浙江工商大学出版社营销部邮购电话　0571-88904970

序

随着我国经济的发展和管理水平的不断提高，社会对从事经济活动的相关人才的需要空前高涨。从人才培养上来看，高等职业类院校是各类经济管理人才的培养主体。近些年来，特别是随着国家各项制度的颁布，我国的高等职业教育迸发出前所未有的激情和能量。开放式办学、校企合作、工学结合、生产性实训、顶岗实习等各项改革措施的深入开展，使得人才培养工程改革、课程改革、教材改革等不断向前推进。我国高等职业教育得到了长足的发展，取得了令人瞩目的成绩。

教材是教师授课的主要载体，是学生学习的首要文本，加强教材建设是实现人才培养目标的重要保证。秉承这样的理念，依托上述大背景，同时结合会计职业岗位的任职要求，在绍兴市教委及浙江农业商贸职业学院的积极支持下，我院的会计专业教师精心编写了《基础会计实训》教材。本教材结合了基础会计课程的理论知识和实践教学大纲的要求，依据财政部颁布的《企业会计准则》和相关财经法规编写而成，旨在加强学生对会计基础理论的理解，进一步巩固所学知识，系统掌握会计的基本核算方法，培养学生的实际业务操作能力，使所学会计基础理论与实践相结合。

本实训教材以工作项目为载体进行整体设计，突出学生学习的主体地位，具有高度仿真性。教材的模块化设计有利于强化学生业务处理的实际操作能力，同时也便于灵活地组织教学活动。实训内容的设计注重启发性、实践性和综合性，以培养学生分析问题和解决问题的能力，满足社会对应用型会计人才的需求。

教材要出精品，我们所编写的这本教材，是我院会计专业教育改革过程中的一个阶段性成果。在此，我们将这本教材推荐给大家，并衷心地希望广大读者对它提出意见和建议，以利于进一步提高，使之更好地适应高等教育人才培养的需要。

本实训教材为2015年绍兴市重点教材(2015年立项，建设周期两年)，衷心祝愿这本教材能在高职教育中充分发挥它的作用，也期待着这本教材能哺育新一代会计学子茁壮成长。

浙江农业商贸职业学院院长

周文根

2016年6月

前　言

会计是一门实践性很强的学科，实践性教育是本专业必不可少的教育环节。《基础会计实训》课程是会计专业中提升会计职业能力的课程，该课程有利于学生提高实践能力、养成职业态度。通过本课程的学习，学生能够对企业会计核算的全过程有一个全面的认识，并在一定的基本技能训练过程中，接受会计职业环境的熏陶，增强其对工作岗位的适应性。

本教材是根据高职高专培养高技能应用型人才的根本任务和以就业为导向的办学宗旨设计的，作为《基础会计》实践教学的载体，突出了“能力立意、注重实效”的编写原则。在内容的编写上，遵循了循序渐进的教育规律，与《基础会计》课程的各项教育内容相对应，注重培养学生的基本功，同时又加入了模拟企业的典型案例。整个体系结构合理，内容安排有较强的针对性。

本教材具体设计采用了模块化、分项目、分任务的编排形式，各部分内容之间既各自独立，又相互联系，使学生在学习的过程中既能感受到本课程学习的知识重点和学习的阶段性，又能体会到会计业务基本处理流程的系统概念，突出了对教学的适应性。本教材的主要内容包括“认识基础会计实训”“会计机构及岗位的设置”“基础会计单项实训”“基础会计综合实训”四大模块，每个模块下分设若干个实训任务项目。其中，每个实训项目都设计了能力目标、实训要求、内容介绍、实训任务、实训提示、实训思考等内容，学习目标明确、知识范围明晰，对教学或课后的配套练习均具有较强的指导性。本教材可作为高等职业院校会计及相关专业的专业实训教材，也可作为从事会计工作人员的参考用书。

本教材由浙江农业商贸职业学院会计专业的胡苗忠、吴节担任主编，负责对全书的构思、编写和整理工作，由浙江农业商贸职业学院院长周文根担任主任的编审委员会负责教材的编审工作。教材在编写过程中，参考了大量的相关书籍和有关资料、法规，它凝聚了许多会计教育的同行及社会实务工作者的劳动成果，在此向原作者表示感谢！特别需要指出的是，我们还得到了校企合作单位浙江红绿蓝纺织印染有限公司国际注册会计师吴来祥、绍兴中兴会计师事务所副主任赵涛、绍兴兴业会计师事务所副所长余伟东、绍兴东方税务师事务所副所长谢琦等会计实务专家的大力支持和帮助，在此深表谢意。

由于编者水平有限，加之时间仓促，本教材难免存有疏漏与不足，恳请使用本教材的师生与其他读者提出宝贵意见，以便再版时补充修改。

胡苗忠　吴　节

2016 年 6 月

目　录

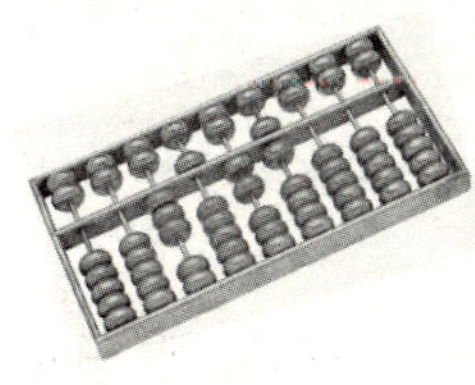

模块一 认识基础会计实训

任务一　会计实务基础工作流程

[能力目标]

通过该部分内容的学习，学生能了解企业会计实务的基本工作流程，为理解企业会计业务处理过程奠定一定的基础。

[实训要求]

正确理解生产型企业会计实务基本工作流程。

[内容介绍]

会计基本工作流程的内容，就是会计人员在会计期间，按照国家规定的会计制度，运用一定的会计方法，遵循一定的会计步骤对经济数据进行记录、计算、汇总、报告，从编制会计凭证、登记会计账簿到形成会计报表的过程。通常，将这种依次发生、周而复始的以记录为主的会计处理过程称为会计循环。具体来说，按照以下几个步骤循环进行：

1. 建账。即根据企业具体行业要求和将来可能发生的会计业务情况，购置所需要的账簿，然后根据企业日常发生的业务情况和会计处理程序登记账簿。

2. 会计事项分析。包括经济业务分析、原始凭证审核等工作。

3. 编制会计凭证。即对企业发生的经济业务进行确认和计量，并根据其结果，运用复式记账法编制会计分录，填写会计凭证。

4. 登记有关账簿。即根据会计凭证分别登记有关的日记账、总分类账和明细分类账，并结出发生额和余额。

5. 编制试算平衡表。即根据总分类账试算平衡表和明细分类账试算平衡表，检查记账有无错误。

6. 期末调账和编制工作底稿。期末结账前，按照权责发生制原则，确定本期的应得收入和应负担的费用，并据以对账簿记录的有关账项做出必要调整，编制调账分录和试算平衡表，并结合分类账和日记账的会计数据，据以编制工作底稿，以方便下一步对账和结账工作，并为最后编制报表提供便利。

7. 对账和结账。对账是为确保账簿记录正确、完整、真实，在有关经济业务入账以后而进行的对账工作，主要有账账相对、账证相对和账实相对。结账即结清账目，在把一定时期所发生的经济业务全部登记入账后，将各种账簿记录的经济业务结算清楚，结出本期发生额合计和期末余额，或将余额结转下期，以便编制会计报表，分清上下期会计记录和分期继续核算。

8. 编制和报送财务报告。也叫编制财务报表，即根据账簿记录编制资产负债表、利润表、现金流量表等，报告企业财务状况和经营成果（如图 1-1 所示）。

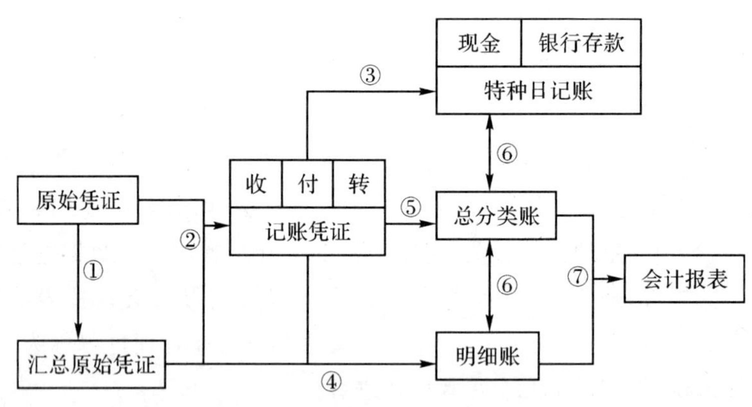

图 1-1 会计实务基本工作流程

[实训任务]

1. 明确生产型企业会计实务基础工作流程的内容。

2."记账凭证汇总表"在核算过程中起到什么作用?

[实训提示]

由于大中型企业经济业务较多,平时不能根据记账凭证登记会计总账,所以应该在会计实务基本工作流程的基础上进行一定的变革,如对记账凭证进行一定的汇总后再登记总账,目的是减少登记总账的工作量,提高工作效率。因此形成了"汇总记账凭证核算程序"和"科目汇总表核算程序"。

[实训思考]

由五名学生组成学习小组,共同完成所了解的某一具体企业的会计实务工作流程。

任务二 实训目的与要求

[能力目标]

通过本部分的实训,学生能全面地了解基础会计实训课程的实训目标及实训要求,为进一步掌握基础会计实训技能奠定一定的感性基础。

[实训要求]

正确理解基础会计实训课程的目的和要求。

[内容介绍]

一、实训的目的

基础会计实训是会计专业重要的实训项目,主要是通过在实训室、课堂等场所对学生进行会计核算的模拟训练,使学生初步掌握会计核算的基本方法,为今后从事会计工作打下良好的基础。其学习的目的是:

1.熟悉会计工作流程。

2.掌握会计核算方法。

3.训练会计操作技能

4.增强会计理论理解。

5.培养会计职业素养。

二、实训的要求

为达到实训目的，学生应该做到以下几点：

1.充分认识本实训初衷的重要意义，端正态度，认真对待。

2.独立、按时完成各项实训任务。

3.不漏掉任何一笔经济业务，不放过任何一个环节。

4.力求规范、整洁。

5.注重思考，严格按照实训程序进行操作。

6.做好会计档案的装订和保管工作。

具体要求如下：

1.能正确识别原始凭证，正确理解原始凭证所反映的经济业务的具体内容，能复审确认原始凭证。

2.能做好一部分记账凭证的填制、账簿的登记和会计报表的编制等工作。

3.实训使用的各种凭证、账簿和报表一律使用国家会计规范统一要求使用的格式。

4.实训过程中除按规定必须使用红色墨水书写外，所有文字、数字都应该使用蓝(黑)墨水书写，不准使用铅笔和圆珠笔书写。

5.实训过程中，若出现账务处理错误，应按规定的方法进行更正，不得任意涂改、刮擦、挖补。

6.以现行的会计法规、准则、制度、规定为依据，进行会计事项的处理。

[实训任务]

1.明确基础会计实训课程的目的。

2.明确基础会计实训课程的要求。

[实训提示]

会计的职业素质目标：

1. 具备基本的会计职业素养和职业判断能力，能熟练运用会计知识解决企业日常会计核算问题，具有继续学习和可持续发展的能力。

2. 具有认真细致、一丝不苟的工作作风和理论联系实际的学习能力。

3. 具有强烈的工作责任心和风险意识。

[实训思考]

十人为一小组讨论对基础会计实训目的及要求的理解。

任务三　实训内容及安排

[能力目标]

通过本部分内容的实训，使学生了解基础会计实训的实训内容及教学安排，为掌握基础会计实训建立起整体框架。

[实训要求]

掌握并识记基础会计实训的核心内容。

[内容介绍]

基础会计实训的教学内容及学时安排如表 1-1 所示：

表 1-1　基础会计实训的教学内容及学时安排

模块	实训内容	学时安排	必要说明
单项实训	会计基础书写训练	1	学生练习为主
	填制与审核原始凭证	2	可在课堂上说明相关知识点，部分实训内容安排课后完成

续 表

模块	实训内容	学时安排	必要说明
单项实训	填制与审核记账凭证	2	可在课堂上说明相关知识点，部分实训内容安排课后完成
	编制科目汇总表	1	可在课堂上说明相关知识点，部分实训内容安排课后完成
	登记日记账、明细账、总分类账	2	可在课堂上说明相关知识点，部分实训内容安排课后完成
	更正错账	2	可在课堂上说明相关知识点，部分实训内容安排课后完成
	对账、结账和试算平衡表的编制	2	可在课堂上说明相关知识点，部分实训内容安排课后完成
	会计报表的编制	2	可在课堂上说明相关知识点，部分实训内容安排课后完成
	会计凭证的装订和会计资料的保管	2	实训时完成
综合实训	记账凭证账务处理程序实训	10	使用记账凭证账务处理程序完成模拟企业会计业务的核算工作
	科目汇总表账务处理程序实训	10	使用科目汇总表账务处理程序完成模拟企业会计业务的核算工作

[实训任务]

图示基础会计实训的实训内容及安排。

[实训提示]

教学学时按照36学时计算，实际教学周数有变化可适当调整。

[实训思考]

结合你所了解的某一企业，口述会计实务工作的基本内容。

任务四　认识实训用品

[能力目标]

通过本部分内容的学习，学生能识别并选择实训的用品用具，为掌握基础会计实训内容奠定基础。

[实训要求]

识别并选择实训的用品用具。

[内容介绍]

一、识别并选择实训耗材

1. 实训资料一套。
2. 记账凭证若干张。
3. 科目汇总表若干张。
4. 总分类账页若干张。
5. 日记账页若干张。
6. 三栏式明细分类账页若干张。
7. 数量金额式明细分类账页若干张。
8. 多栏式明细账页若干张。
9. 应交税费明细账页若干张。
10. 资产负债表两张。
11. 利润表两张。
12. 记账凭证封面若干张。
13. 凭证装订线一筒。

二、准备实训器材

1. 算盘或计算器。
2. 大头针或回形针。
3. 直尺。
4. 小刀。
5. 长尾夹。
6. 印章及印泥。
7. 凭证装订打孔机。

[实训任务]

要求学生正确识别、选择并准备好实训用的用品及用具。

[实训提示]

各类会计用品应根据会计核算的需要进行配备，各企业核算要求不同，不能一概而论。

[实训思考]

不同格式的会计账页分别适应哪些账户呢？

模块二 会计机构及岗位的设置

任务一　会计机构的设置

[能力目标]

通过该部分内容的学习，学生能比较全面地了解会计机构的含义及设置，为感知会计环境奠定一定的感性基础。

[实训要求]

正确理解会计机构。

[内容介绍]

一、会计机构

会计机构，指的是单位内部所设置的、专门办理会计事项的机构，会计机构和会计人员是会计工作的主要承担者。我国会计机构主要包括：国家管理部门设置的会计机构，行政、事业单位设置的会计机构和企业单位设置的会计机构。

《会计法》规定，国务院财政部门是主管全国会计工作的机构，地方各级人民政府的财政部门是主管该地区会计工作的机构。国家各级财政管理部门分别设置会计司、处、科等。

二、国家财政管理部门设置的会计机构

国家财政管理部门会计机构的主要任务包括：组织、指导、监督所属单位的会计工作，审核、汇总所属单位上报的会计报表，核算本单位和上、下级之间缴、拨款等事项。

上述任务主要由中央财政部下设的会计司来完成，财政部在会计司内成立了“会计准则委员会”，专门负责会计准则的研究与制定工作。会计司的其他部门还负责相关会计制度的建设工作。

三、行政、事业单位设置的会计机构

行政、事业单位设置的会计机构，不仅需满足对经费收支及时进行核算和报告的要求，同时也需遵循内部控制的原则，以保证该单位预算资金的安全与合理使用。

在市场经济的影响、推动下，随着我国政治体制改革的不断深入，全额预算的行政、事业单位将越来越少，除国家机关外，大部分事业单位都实行了企业化管理和核算，他们通过各种有偿服务的方式取得收入。其会计机构的设置比全额预算单位复杂得多。对于盈利活动多且复杂的事业单位，其会计机构的设置可比照企业单位进行。

四、企业单位设置的会计机构

了解企业单位设置会计机构之前，首先要明确，企业单位指的是那些自负盈亏、自主经营、自我发展的盈利单位。它包括各种类型的企业组织。一般而言，除了那些规模小、业务简单而不需要设立专门会计机构的单位外（但必须进行正常的会计核算），所有的企业单位都必须要设置会计机构。

[实训任务]

1. 认知会计机构。
2. 明确会计机构的设置。

[实训提示]

根据我国《会计法》第二十一条和《会计基础工作规范》第六条规定，是否单独设置会计机构由各单位根据自身会计业务的需要自主决定。一般而言，一个单位是否单独设置会计机构，往往取决于单位规模的大小、经济业务和财务收支的繁简、经营管理的要求。

[实训思考]

结合你所熟悉的基层企业，口述该单位会计机构是如何设置的。

任务二　会计基本岗位及职责

[能力目标]

通过本部分的实训，学生能比较全面地了解企业会计基本岗位及职责，为感知会计环境奠定一定的感性基础。

[实训要求]

正确理解会计岗位及职责。

[内容介绍]

会计人员的工作岗位一般可以分为会计主管岗位、出纳岗位、资金管理岗位、固定资产核算岗位、存货核算岗位、成本核算岗位、工资核算岗位、往来结算岗位、收入利润核算岗位、税务会计岗位、总账报表岗位、稽核岗位、预算管理岗位、会计电算化管理岗位、档案管理岗位等。

一、会计主管岗位职责

1. 根据本部门职责范围主持行政业务工作与政治思想工作。

2. 协调本部门各岗位的工作，可以兼任本部门一个以上具体岗位的工作，根据实际情况而定。

3. 负责年度经费决算、财务分析等重要业务活动的组织实施。

4. 负责组织本部门职责内各类报表编报工作，负责报表说明的编写工作。

5. 负责会计科目、资金控制项目的设立、调整与监控工作。

6. 负责定期审查记账凭证的正确性。

7. 负责部门人员的年度考核及日常考勤工作。

二、出纳岗位的职责

1. 出纳员负责现金、支票、发票的保管工作，要做到收有记录，支有签字。

2. 现金业务要严格按照财务制度、现金管理制度所要求的办理。对现金收、支的原始凭证认真稽核，不符合规定的有权拒付。

3. 现金要日清月结，按日逐笔记录现金日记账，并按日核对库存现金，做到记录及时、准确、无误。

4. 支票的签发要严格执行银行支票管理制度，不得签逾期支票、空头支票。对签发的支票必须填写用途、限额，除特殊情况外需填写收款人。应定期检查支票的收回情况。

5. 办理其他银行业务要核对发票金额是否准确，并经领导批准后签发，不得随意办理汇款。

6. 收付现金双方必须当面点清，防止发生差错。

7. 对库存现金要严格按限额留用，不得肆意超出限额。妥善保管现金、支票、发票，不得丢失。

8. 杜绝白条抵库，发现问题及时向领导汇报。

9. 按期与银行对账，按月编制银行存款余额调节表，随时处理未达账项。

三、资金管理岗位的职责

1. 拟定资金管理和核算办法。

2. 编制资金收支计划。

3. 负责资金调度。

4.负责资金筹集的明细分类核算。
5.负责企业各项投资的明细分类核算。

四、固定资产核算岗位的职责

1.会同有关部门拟定固定资产的核算与管理办法。
2.参与编制固定资产更新改造和大修理计划。
3.负责固定资产的明细核算和有关报表的编制。
4.计算提取固定资产折旧和大修理资金。
5.参与固定资产的清查盘点。

五、存货核算岗位的职责

1.会同有关部门拟定材料物资的核算与管理办法。
2.审查汇编材料物资的采购资金计划。
3.负责材料物资的明细核算。
4.会同有关部门编制材料物资计划成本目录。
5.配合有关部门制定材料物资及库存商品的消耗定额。
6.参与材料物资的清查盘点。

六、成本核算岗位的职责

1.拟定成本核算办法。
2.制定成本费用计划。
3.负责成本管理基础工作。
4.核算产品成本和期间费用。
5.编制成本费用报表并进行分析。
6.协助管理在产品和自制半成品。

七、工资核算岗位的职责

1.监督工资基金的使用。

2. 审核发放工资、奖金。
3. 负责工资的明细核算。
4. 负责工资分配的核算。
5. 计提应付福利费和工会经费等费用。

八、往来结算岗位的职责

1. 建立往来款项结算手续制度。
2. 办理往来款项的结算业务。
3. 负责往来款项结算的明细核算。

九、收入利润核算岗位的职责

1. 负责编制收入、利润计划。
2. 办理销售款项结算业务。
3. 负责收入和利润的明细核算。
4. 负责利润分配的明细核算。
5. 编制收入和利润报表。

十、税务会计岗位的职责

1. 办理税务的缴纳、查对、复核等事项。
2. 办理有关的免税申请及退税事项。
3. 办理税务登记及变更等有关事项。
4. 编制有关的税务报表及相关分析报告。

十一、总账报表岗位的职责

1. 负责登记总账。
2. 负责编制资产负债表、利润表、现金流量表等有关财务会计报表。
3. 负责管理会计凭证和财务会计报表。

十二、稽核岗位的职责

1. 审查财务成本计划。
2. 审查各项财务收支。
3. 复核会计凭证和财务会计报表。

十三、预算管理岗位的职责

1. 编制各期资金预算。
2. 编制及考核生产预算。
3. 编制及控制成本费用预算。
4. 编制及分析销售预算。

十四、会计电算化管理岗位的职责

1. 负责协调计算机及会计软件系统的运行工作。
2. 掌握计算机的性能和财务软件的特点，负责财务软件的升级与开发。
3. 对计算机的文件进行日常整理，对财务数据盘进行备份，妥善保管。
4. 监督计算机及会计软件系统的运行，防止利用计算机舞弊。
5. 经常进行杀病毒工作，保证计算机的正常使用。

十五、档案管理岗位的职责

档案管理岗位的职责是：依据《会计档案管理办法》的规定，建立会计档案的立卷、归档、保管、查阅和销毁等管理制度，保证会计档案妥善保管，有序存放，方便查阅，严防毁损、散失和泄密。

[实训任务]

1. 认知会计岗位。
2. 明确各个会计岗位的职责。

[实训提示]

1.不相容职务是指那些如果由一个人担任,既可能发生错误和舞弊行为,又可能掩盖其错误和舞弊行为的职务。常见的不相容职务主要有业务授权与执行职务、业务执行与记录职务、业务授权与财产保管职务、财产保管与记录职务、记录总账与明细账职务、经营责任与记账责任、财产保管与财产核对职务。不相容职务应当分享,进而合理设计会计及相关工作岗位,明确职责权限,形成相互制衡机制。

2.医院门诊收费员、住院处收费员、商场收银员所从事的工作,均不属于会计岗位。单位内部审计、社会审计、政府审计工作也不属于会计岗位。

[实训思考]

结合你所熟悉的企业,分组总结该企业所设计的会计基本岗位及职责。

任务三　会计人员从业须知

[能力目标]

通过本部分的实训,学生能够全面了解会计从业的一些规定和要求,提高素质,为学生将来的从业指引方向。

[实训要求]

正确理解会计人员从业的相关要求。

[内容介绍]

一、会计人员的主要职责

根据我国《会计法》的规定,会计人员的主要职责有如下几点:

1.根据审核无误的原始凭证和原始凭证汇总表，按财务会计制度规定的会计科目编制记账凭证。

2.根据审核无误的会计凭证登记账簿，并进行月末账务处理。对财务状况和收支情况进行分析，按时编制财务报表、决算报表，为有关方面管理和决策提供所需的会计信息。

3.月末核对总账、明细账及实物无误后编制会计报表，并及时报送。

4.监督检查各项财务收支、经费使用、财产保管、收支计量等情况并定期写出书面报告。

5.负责固定资产、材料、试剂、低值易耗品的核算，与后勤保障部会计对账并指导其工作。定期核对明细账与总账、财产账存与盘存数额，及时处理财产的添置、拨入、拨出、报损的账目，做到账账相符、账册相符、账物相符。

6.按规定计算提取固定资产折旧，编报固定资产增减变动情况表。参与固定资产的清点盘查。

7.严格控制报销的限额。

8.提高安全防范意识，强化安全防范措施，严格执行财务管理方面的安全制度，确保不出安全问题。

9.按照会计制度和规定设置会计科目和会计账簿，数字必须真实，严禁弄虚作假，伪造账目。对发生的经济活动要进行如实的反映和监督，按会计制度及时记账、算账、报账。账簿内容完整，按规则记收，字迹工整，账账清洁，账账相符。

10.编制财务计划，及时编报各种月报、季报决算。会计报表必须及时、准确。

11.建立财产清查制度，保证账簿记录与实物款项相符。

12.监督对预算的执行情况，进行基本的数量分析，检查资金的使用效果，挖掘增收节支的潜力，及时清理债权、债务往来事项。

13.经费使用做到年初有预算，年终有决算，并定期向主管领导办公会议汇报。

14.建立、健全会计档案，按照财政部门规定保管办法，保管好会计档案，以备查核。

二、会计人员职业道德规范的基本内容

会计人员职业道德规范的主要内容如下：

1.敬业爱岗。热爱本职工作，这是做好一切工作的出发点。会计人员只有为自己建立了这个出发点，才会勤奋、努力钻研业务技术，使自己的知识和技能适应具体从事的会计工作的要求。

2.熟悉法规。法制意识是维护社会主义市场经济秩序，在法律的范围内进行经营活动的重要前提。会计工作不只是单纯的记账、算账、报账工作，会计工作时时、事事、处处涉及执法守规方面的问题。会计人员不单自己应当熟悉财经法律、法规和国家统一的会计制度，还要结合会计工作进行广泛宣传；做到在自己处理各项经济业务时知法依法、知章循章，依法把关，对服务和监督对象则能够进行会计法制宣传，增强他们的法制观念，帮助他们明辨法律上的是与非，促使他们在日常经济活动中依法办事，避免不轨行为。

3.依法办事。会计人员应当按照会计法律、法规、规章规定的程序和要求进行会计工作，保证所提供的会计信息合法、真实、准确、及时、完整。会计信息的合法、真实、准确、及时和完整，不但要体现在会计凭证和会计账簿的记录上，还要体现在财务报告上，使单位外部的投资者、债权人、社会公众以及社会监督部门能依照法定程序得到可靠的会计信息资料。要做到这一点并不容易，但会计人员的职业道德要求这样做，会计人员应该继续在这一点上树立自己职业的形象和维护职业人格的尊严，敢于抵制歪风邪气，同一切违法乱纪的行为做斗争。

4.客观公正。会计人员在办理会计事务中，应当实事求是、客观公正。这是一种工作态度，也是会计人员追求的一种境界。做好会计工作，无疑是需要专业知识和专门技能的，但这并不足以保证会计工作的质量，有没有实事求是的精神和客观公正的态度，也同样重要，否则，就会把知识和技能用错了地方，甚至参与弄虚作假或者联通作弊。

5.搞好服务。会计工作的特点决定会计人员应当熟悉本单位的生产经营和业务管理情况，以便运用所掌握的会计信息和会计方法，为改善单位的内部管理、提高经济效益服务。社会主义市场经济体制的建立为企业和实行企业化管理的事业单位开辟了广阔的天地。在这片广阔天地里驰骋需要有

过硬的业务本领和服务意识。会计工作是经济管理工作的一部分，把这部分工作做好对所在单位的经营管理至关重要。这也正是会计人员的责任所在。

6.保守秘密。会计人员应当保守本单位的商业秘密，除法律规定和单位领导人同意外，不能私自向外界提供或者泄露单位的会计信息。由于工作性质的原因，会计人员有机会了解到本单位的重要机密，如对企业来说，关键技术、工艺规程、配方、控制手段和成本资料等都是非常重要的机密，这些机密一旦泄露给明显的或潜在的竞争对手，会给本单位的经济利益造成重大的损害，对被泄密的单位是非常不公正的。所以，泄露本单位的商业秘密，是一种很不道德的行为。会计人员应当确立泄露商业秘密是大忌的观念，对于自己知悉的内部机密，任何时候、任何情况下都要严格保守，不能信口吐露，也不能为了一己私利而向外界提供。

三、会计从业资格证书简介

会计从业资格证书是具有一定会计专业知识和技能的人员从事会计工作的资格证书，是从事会计工作必须具备的基本要求和前提条件，是证明能够从事会计工作的唯一合法凭证，是进入会计岗位的“准入证”，是从事会计工作的必经之路。它是一种资格证书，是会计工作的“上岗证”，不分级，由于会计是一项政策性、专业性很强的技术工作，会计人员的专业知识水平和业务能力如何，直接影响会计工作的质量，从事会计工作的人员必须具备必要的专业知识。因此，凡是从事会计工作的会计人员必须取得会计从业资格证书，才能从事会计工作。

会计从业资格管理实行属地原则。县级以上财政部门（含县级，下同）负责本行政区域内的会计从业资格管理。新疆生产建设兵团负责所属农场、连队等单位的会计从业资格管理。中央在京单位的会计从业资格管理，委托中共中央直属机关事务管理局、国务院机关事务管理局分别负责。中国人民解放军、中国人民武装警察部队、铁道部系统的会计从业资格管理，委托中国人民解放军总后勤部、中国人民武装警察后勤部和铁道部分别负责。

报考时，报考人员需携带本人身份证、一寸免冠照片两张，到指定报名地点填写相关表格，办理报名手续。有条件的地区，要求考生先在网上注册报名，将报名表打印后，再携带相关证件到指定报名地点交表、交费办理报名手续。

四、会计专业职务简介

会计专业职务，是区别会计人员业务技能的技术等级。根据1986年4月中央职称改革工作领导小组转发财政部制定的《会计专业职务试行条例》的规定，会计专业职务分为高级会计师、会计师、助理会计师和会计员；高级会计师为高级职务，会计师为中级职务，助理会计师和会计员为初级职务。

五、会计人员回避制度

《会计基础工作规范》规定："国家机关、国有企业、事业单位任用会计人员应当实行回避制度。单位领导人的直系亲属不得担任本单位的会计机构负责人、会计主管人员。会计机构负责人、会计主管人员的直系亲属不得在本单位会计机构中担任出纳工作。需要回避的主要有以下三种亲属关系：

1.夫妻关系。夫妻关系是姻亲关系的基础和源泉，它是亲属关系中最核心、最重要的部分，当然需要回避。

2.直系血亲关系。直系血亲关系是指具有直接血缘关系的亲属。法律上讲的有两种情况：一种是出生于同一祖先，有自然联系的亲属，如祖父母、父母、子女等；第二种是指本来没有自然的或直接的血缘关系，但法律上确定其地位与血亲相等，如养父母和养子女之间的关系。直系血亲关系是亲属关系中最为紧密的关系之一，也应当列入回避范围。

3.三代以内旁系血亲以及近姻亲关系。旁系血亲是指源于同一祖先的非直系的血亲。所谓三代，就是从自身往上或者往下数三代以内，除了直系血亲以外的血亲，就是三代以内旁系血亲，实际上就是自己的兄弟姐妹及其子女与父母的兄弟姐妹及其子女。所谓近姻亲，主要是指配偶的父母、兄弟姐妹、儿女的配偶及儿女配偶的父母。因为三代以内旁系血亲以及近姻亲关系在亲属中也是比较亲密的关系，所以也需要回避。

[实训任务]

1.认识什么是会计人员。

2.明确相关会计人员的任务要求。

3.明确会计专业职务的划分。

[实训提示]

1.会计从业资格证书的年检制度。年检时间、年检范围和年检内容，主要由省级会计从业资格管理部门具体安排。对于不参加年检又无正当理由的会计人员，将给予一定的处分，直至取消会计从业资格，吊销其会计从业资格证书。

2.我国《会计法》第三十六条规定，各单位应当根据会计业务的需要，设置会计机构，或者在有关机构中设置会计人员并指定会计主管人员。依据这一规定，在单独设置会计机构的单位，负责组织管理会计事务、行使会计核算等监督职权的负责人可称为会计机构负责人；不单独设置会计机构的单位，由单位负责组织管理会计事务、行使会计核算与监督职权的人员为会计主管。

[实训思考]

要求每位学生将会计人员从业须知作为常识进行了解。

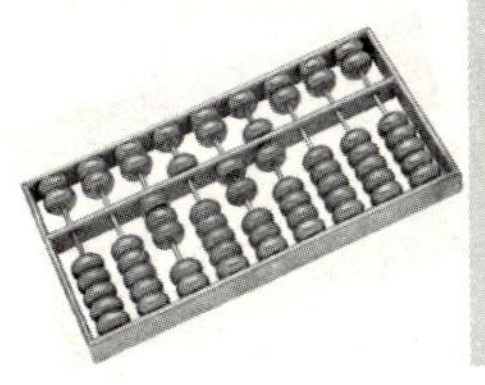

模块三 基础会计单项实训

任务一　会计基础书写训练

[能力目标]

通过本部分的实训，学生应熟悉掌握阿拉伯数字、汉字大写数字、阿拉伯金额数字、汉字大写金额数字、会计文字的书写，提高动手能力，为将来走上工作岗位打下良好的基础。

[实训用具]

1. 阿拉伯数字练习纸。

2. 汉字大写数字练习纸。

[内容介绍]

一、阿拉伯数字的书写

阿拉伯数字标准写法：

1. 各数字自成体型，大小均匀，笔顺清晰，合乎手写体习惯，流畅、自然、不刻板。

2. 书写时字迹工整，排列整齐有序，且有一定的倾斜度（数字和底线一般应呈 30°—45°的倾斜），并且以向右方倾斜为好。

3. 书写数字时，应使每位数字（7、9 除外）紧靠底线且不要顶满格（行）。一般而言，每位数字约占预留格子（或空行）的 2/3 位置或 1/2 位置，每位数字之间一般不要联结，但不可预留间隔（以不能增加数字为好）；每位数字上方预留 1/3 或 1/2 空格位置，可在更正错误记录时使用。

4. 对一组数字的正确书写，应按照从左至右的顺序进行，不可逆方向书写；在没有印刷数字格的会计书写中，同一行相邻数字之间应空出半个数字的位置。

5. 除"4""5"以外的各单位数字，均应一笔写成，不能人为地增加数字的笔画。

6. 如在会计运算或会计工作底稿中，运用上下几行数额累计加减时，应尽可能地保证纵行累计数字的位数，以免产生计算错误。

7. 对于不易写好，容易混淆且笔顺相近的数字，应尽可能地按标准字体书写，区分笔顺，避免混同，以防涂改。如：

（1）"1"不能写短，且要合乎斜度要求，防止改为"4""6""7""9"；

（2）书写"6"字时可适当扩大其字体，使起笔上伸到数码格的 1/4 处，下圆要明显，以防改为"8"；

（3）"7""9"两字的落笔可下伸到底线外，约占下方 1/4 位置；

（4）"6""8""9""0"都必须把圆圈笔画写顺，并且一定要封口；

（5）"2""3""5""8"应各自成体，避免混同。

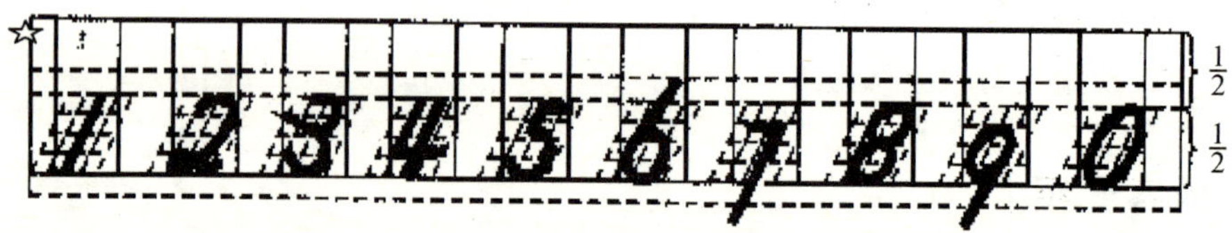

二、汉字大写数字的书写

汉字大写数字笔画多，不易涂改，主要用于填写需要防止涂改的销货发票、银行结算凭证等信用凭证，书写时要准确、清晰、工整、美观，如果写错，要标明凭证作废，需要重新填凭证。

汉字大写数字写法。汉字分为数字（壹、贰、叁、肆、伍、陆、柒、捌、玖、零）和数位（拾、佰、仟、万、亿、元、角、分、零）两个部分。汉字书写通常采用正楷、行书两种。

三、阿拉伯金额数字的书写

（一）没有数位分割线的凭证、账、表上标准写法

1. 阿拉伯金额数字前面应书写货币符号或货币名称简写，币种符号和阿拉伯数字之间不得留有空白。凡阿拉伯数字前写出币种符号的，数字后面不再写货币单位。

2. 以元为单位的阿拉伯数字，除表示单价等金额外，一律写到角分；没有角分的角位和分位可以写出“00”或者“—”；有角无分的，分位应该写出“0”，不得用“—”代替。

3. 采用三位分节制的写法。

（二）有数位分割线的凭证、账、表上标准写法

1. 对应固定的位数填写，不得错位。

2. 只有分位金额的，在元和角位上不得写“0”。

3. 只有角位或角分位金额的，在元位上不得写“0”。

4. 分位是“0”，在分位上写“0”，角分位都是“0”，在角分位上各写一个“0”。

四、汉字大写金额数字的书写

汉字大写数字的基本要求如下：

1. 汉字大写金额由数字和数位组成。数位主要包括元、角、分、人民币和拾、佰、仟、万、亿以及数量单位等。

2. 汉字大写金额前若没有印制“人民币”字样的，书写时，在大写金额前要冠以“人民币”字样。“人民币”与金额首位数字之间不得留有空格，数字之间更不能留存空格，写数字与读数字顺序要一致。

3. 人民币以元为单位时，只要人民币元后分位没有金额（即无角无分或有角无分时），应在汉字大写金额后加上“整”字结尾；如果分位有金额，在“分”后不必写“整”字。例如，58.69 元，写成“人民币伍拾捌元陆角玖分”，因其分位有金额，在“分”后不必写“整”字；又如 58.60 元，写成“人民币伍拾捌元陆角整”，因其分位没有金额，应在汉字大写金额后加上“整”字结尾。

4.关于"零"字的写法。

(1)如果金额数字中间有两个或两个以上"0"时,可只写一个"零"字。如金额为 80020 元,应写为"人民币捌万零贰拾元整"。

(2)阿拉伯数字元位是"0",或者中间连续有几个"0"且元位也是"0",但角位不是"0"时,汉字大写金额可以只写一个"零"字,也可以不写"零"字。如 1680.32 元,汉字大写金额应写成"人民币壹仟陆佰捌拾元零叁角贰分"或者"人民币壹仟陆佰捌拾元叁角贰分";又如 97000.53,汉字大写金额应写成"人民币玖万柒仟零伍角叁分"或者"人民币玖万柒仟伍角叁分"。

(3)汉字数字角位是"0",而分位不是"0"时,中文大写金额元后面应写"零"字,如 125.04,应写成"人民币壹佰贰拾伍元零肆分";又如 60309.07 应写成"人民币陆万零叁佰零玖元零柒分"。

5.表示数字为拾几、拾几万时,汉字大写文字前必须有数字"壹"字,因为"拾"字代表位数,而不是数字。例如 10 元,应写为"壹拾元整";又如 16 元,应写成"壹拾陆元整"。

6.汉字大写数字不能乱用简化字,不能写错别字,如"零"不能用"另"代替,"角"不能用"毛"代替等。

7.汉字大写数字不能用汉字小写数字代替,更不能与汉字小写数字混合使用。

8.汉字大写金额写法解析。会计人员进行会计事项处理书写大小写金额时,必须做到大小写金额内容完全一致,书写熟练、流利,准确完成会计核算工作。下面列举在书写汉字大写金额时容易出现的问题,并进行解析:

(1)金额为 6500 元。

正确写法:人民币陆仟伍佰元整

错误写法:人民币:陆仟伍佰元整

错误原因:"人民币"后面多一个冒号。

(2)金额为 3150.05 元。

正确写法:人民币叁仟壹佰伍拾元零伍分

错误写法:人民币叁仟壹佰伍拾元伍分

错误原因:漏写一个"零"字。

(3)金额为 105000.00 元。

正确写法:人民币壹拾万零伍仟元整

错误写法:人民币拾万伍仟元整

错误原因:漏记“壹”和“零”字。

(4)金额 60036000.00 元。

正确写法:人民币陆仟零叁万陆仟元整

错误写法:人民币陆仟万零叁万陆仟元整

错误原因:多写一个“万”字。

(5)金额 35000.96 元。

正确写法:人民币叁万伍仟元零玖角陆分

错误写法:人民币叁万伍仟零玖角陆分

错误原因:漏写一个“元”字。

(6)金额 150001.00 元。

正确写法:人民币壹拾伍万零壹元整

错误写法:人民币壹拾伍万元另壹元整

错误原因:将“零”写成“另”,多出一个“元”字。

五、会计文字的书写

财会实际工作中的汉字书写,不是汉字书法艺术,而是结合财会实际工作的特点,在保证汉字书写流利、清晰和不易涂改的基础上,力争把字写得好一些,让人看得更清楚一些,给人一种舒服的感觉。而要达到此日标,财会人员在书写汉字时,就应该遵循书写的正常笔画,熟悉写字的笔顺规律,一般要“先上后下,先左后右,从外到里”。对带有横、竖、撇、捺的字,一般先横后竖,先撇后捺。对于“里外”“左右”均有笔顺的字,一般应先写“里”而后关门,先写“中”而后“左右”。与此同时,还应掌握每个字的重心、各笔画的比例和字体的组织,把字写得连贯,似有一气呵成之势,这样就不易被涂改,即便被人涂改时,从笔迹便可明显看出。这样就可以保证会计记录真实、可靠。

(一)会计方案书写的基本规范

1.简明、扼要、准确。在有格数限制的情况下,用简短的方案把内容记述清楚,文字数目多少,要以写满但不超过该栏格为限。

2.会计文字一般紧靠左竖线书写,不留空白。

3.会计科目要写全称,不能简化,子、细目要准确,符合会计制度的规定。

4.字迹大小适宜。不宜过大,一般上下要留空隙;也不宜过小,一般占格距高度的 1/2,不能过于稠密,要适当留字距。

5.字迹工整、清晰。书写时用正楷或行楷,不能用草书。

6.美观。书写要字迹端正,大小均匀,无参差不齐及涂改现象,且尽量使结构安排合理,字迹整齐、大方,给人以美感。

7.要用蓝黑墨水或碳素墨水书写,不得用铅笔、圆珠笔(用复写纸复写除外)书写。

8.红色墨水只在特殊情况下使用。

9.填写支票必须使用碳素笔。

(二)摘要的书写

1.以原始凭证为依据。

2.正确反映经济业务的内容。

3.文字少而精,说明主要问题。

4.书写字体占格 1/2 为宜。

5.字迹与会计文字书写要求相同,要工整、清晰、规范。

[实训任务]

1.按照阿拉伯数字书写规范,进行阿拉伯数字 1—0 的书写练习。

1	2	3	4	5	6	7	8	9	0	1	2	3	4	5	6	7	8	9	0

2.汉字大写数字的标准写法书写练习。

壹	贰	叁	肆	伍	陆	柒	捌	玖	零	亿	万	仟	佰	拾	元	角	分	整	正

3.填写下列图表。

会计凭证账表的小写金额栏								原始凭证上的大写金额栏
没有数位分割线	有数位分割线							
	万	千	百	十	元	角	分	
￥0.09								人民币
					1	1	1	人民币
								人民币肆佰元零伍分
￥89700.10								人民币
		1	7	8	0	0	9	人民币
								人民币伍拾元整
￥7009.00								人民币
	8	0	0	5	0	1	0	人民币
								人民币伍万零叁元贰角整

[实训提示]

1. 阿拉伯数字书写错误一般采用画线更正法进行更正。但要注意，如果阿拉伯数字只写错了其中一个数字，无论在哪个位置，一律用红线将全部数字划掉，并在原来的数字的上方写上正确的数字。

2. 会计人员在书写中文大写数字时，不能用 O(另)、一、二、三、四、五、六、七、八、九、十等文字代替大写金额数据。

3. 不同类型的经济业务填写摘要时没有统一格式，但同一类型的经济业务填写摘要时，文字表达是有章可循的。

[实训思考]

举例说明账页上阿拉伯数字及文字的修正方法。

任务二　填制与审核原始凭证

[能力目标]

通过本部分内容的实训，学生应掌握根据经济业务内容填制不同格式原始凭证的方法和技巧，熟悉各类业务应用的原始凭证种类、格式及用途，掌握原始凭证的填制方法，掌握原始凭证审核的要求、方法和自制、外来原始凭证的审核内容，能对有关经济业务的原始凭证进行审核，并指出所存在的问题。

[实训用具]

1. 支票(现金支票、转账支票)、进账单、借款单、发票、入库单、出库单等。

2. 有问题的原始凭证。

[内容介绍]

一、原始凭证的含义

原始凭证就是由经办单位或经办人员在经济业务过程中取得或填制的，用以记录经济业务的发生或完成情况、明确经济责任的会计凭证。原始凭证的定义说明，原始凭证的填制人是经办单位或经办人员，而不全是会计人员。原始凭证记录了经济业务发生或完成情况，就是说，只有已经发生的经济业务，才能取得或填制原始凭证，体现了会计核算的客观性原则。填制好的原始凭证，相关责任人应签名盖章，以明确经济责任。

二、原始凭证的基本内容及其填制要求

经办人员在填制原始凭证时，要对经济业务的内容进行审核，审核无误后才能填制原始凭证；根据经济业务的性质填制相应的凭证，其原始凭证要采用本部门、行业、企业或地区、全国统一规定的标准格式；原始凭证的项目要填写齐全；凭证书写要清楚，凭证上的文字和数字，要用蓝黑色墨水笔书写，如有书写错误，应按照规定方法更正或作废，任何凭证不得污染、抹擦、刀刮或挖补；凭证填制要真实地反映经济业务，按规定时间填写；检查有关手续是否完备。

正确填制原始凭证的具体要求如下：

1. 发生经济业务时，必须审核其是否符合国家有关法规、制度的要求，经审核无误后，选用与业务相应的原始凭证记录经济业务。

2. 用蓝黑色墨水笔填写，禁止使用铅笔。按规定需要书写红字的，可以用红墨水；需要复写的，可使用蓝黑色圆珠笔。属于套写的凭证，一定要写透，不要上面清楚，下面模糊。严禁在应复写的地方不复写或分开复写，前后内容不一致。

3. 按原始凭证的基本要求填列，不得遗漏。原始凭证的基本要素是：凭证的名称，填制凭证的日期，填制凭证单位名称、填制人员姓名，经办人的签名或者盖章，接受凭证单位名称，经济业务内容、数量、单价和金额。其中，受

证单位名称，须按名称全称填写清楚；填写日期应年、月、日齐全，填制凭证的日期须同办理业务的时间保持一致；填写凭证时，按照凭证已有的项目，应自上而下逐项填写，不得随意增减应填列内容。

4.填制在凭证上的经济业务内容要与实际相符，数字要真实可靠。从外单位取得的原始凭证需盖有填制单位的公章；从个人取得的原始凭证，必须有填制人员的签名或盖章。自制原始凭证必须有经办单位领导或者其指定的人员签名或盖公章。对外开出的原始凭证，必须加盖本单位公章。

5.凭证上的金额栏应按规定填写。如金额应为实物数量与单价的乘积；金额栏的空行须注销；合计金额前面应加写人民币符号“￥”；凡填有大写小写金额的凭证，大写小写金额必须相符。购买实物的原始凭证，必须有验收证明；支付款项的原始凭证，必须有收款单位和收款人的收款证明。

6.填制凭证时，应按照原始凭证的连续编号依次使用，不得漏号或跳号。填制在凭证中的摘要应简明扼要，字迹要清楚，易于辨认。

7.原始凭证填制出现错误，不得涂改和挖补，应由开出单位重开或者按规定方法更正，如注销错误凭证并加盖经办单位图章或将错误凭证作废另行开具正确凭证，在更正处应加盖开出单位的公章等。一式几联的发票收据，必须用双面复写纸套写，并连续编号。作废时应加盖“作废”戳记，连同存根一起保存，不得撕毁。

8.发生销货退回的，还必须有退货验收证明；退货时，必须取得对方的收款收据或者汇款银行的凭证，不能用退货发票代替收据。

9.职工因公出差借款凭证，必须附在记账凭证后面。收回借款时，应当另开收据或者退回借据副本，但不得退还原借款借据。

三、原始凭证的审核内容

对填制的原始凭证要进行全面的审核。审核原始凭证是会计机构会计人员结合日常财务工作进行会计监督的基本形式。

原始凭证的审核内容主要包括三个方面：

1.审核原始凭证的真实性。所谓真实，是指原始凭证上反映的应当是经济业务的本来面目，不得掩盖、歪曲和颠倒真实情况。审核原始凭证的基本内容——凭证的名称、接受凭证单位的名称、填制凭证的日期、经济业务的内容、数量与单位、总金额、填制单位和填制人员及有关人员的公章和签名、凭证的附件和凭证的编号等，是否真实和正确。主要审核经济业务双方当事单位和当事人的真实性、经济业务发生的时间、地点、填制凭证的日期的真实性、经济业务内容的真实性、经济业务的“量”的真实性，以及重点审核单价、金额的真实性。

2.审核原始凭证的完整性。所谓完整，是指原始凭证应具备的要素要完整，手续要齐全。审核时，要检查原始凭证必备的要素是否都填写了。例如，发货票上要有供货单位的财务公章、税务专用章、本联发货票用途、发货票的编号等。要素不完整的原始凭证，原则上应退回重填。特殊情况下，需有旁证并经领导批准才能报账。审核原始凭证的手续是否齐全，主要包括：双方经办人是否签字或盖章；需要旁证的原始凭证，旁证不齐也应视为手续不齐全。例如，不需入库的物品，发货票上应有使用证明人的签名；需要另外登记的原始凭证，需经登记以后再到会计部门报账；需经领导签名批准的原始凭证，要有领导人亲笔签名。手续不齐全的原始凭证，应退回补办手续后再予以受理。

3.审核原始凭证的合法性。所谓合法性，是指要按会计法规、会计制度(包括本单位制定的正在使用的会计制度和计划预算)办事。在实际工作中，要审核经济业务的发生是否符合相关政策和法规。违法的原始凭证主要有三种情况：明显的假发票、假车票；虽是真实的但制度规定不允许报销的；虽能报销，但制度对报销的比例或金额有明显限制的，超过比例和限额的不能报销。凡有下列情况之一者不能作为合法的会计凭证：(1)多计或少计收入、支出、费用、成本；(2)擅自扩大开支范围，提高开支标准；(3)不按国家规定的资金渠道和用途使用资金，或挪用资金进行基本建设；(4)巧立名目，虚报冒领，滥发奖金、津贴、加班费、防护用品、福利费或实物，违反规定借出公款、公物；(5)套取现金，签发空头支票；(6)不按国家规定的标准、比例提取费用(或专用基金)；(7)私分公共财物和资金；(8)擅自动用公款、公物请客送礼；(9)不经有关单位批准，购买、自制属于国家控制购买的商品。

四、审核原始凭证应注意的问题

1.从外单位取得的原始凭证必须盖有填制单位的公章(一般盖财务专用

章),没有公章的原始凭证不能作为报账的依据。有些特殊的原始凭证,出于习惯和使用单位认为不易伪造,可不加盖公章。但这些凭证一般具有固定的特殊的公认的标志,如车船票、飞机票等。

2.从个人处取得的原始凭证应有填制人员的签名或盖章。为了稳妥起见,还应在原始凭证上填制原始凭证的个人的经营地点或居住地点。

3.自制原始凭证同样具有法律效力,虽不一定加盖公章,但一定要有完整的签审手续。经办人、负责人、审核人、签领人一定要签名或盖章;经办单位负责人所指定的人员的签名或盖章也视为有效。

4.对外开出的原始凭证,必须加盖本单位的公章,一般用财务专用章。不盖公章的原始凭证是无效凭证。

5.购买实物的原始凭证,必须有实物收货说明;支付款项的原始凭证,必须有收款单位或收款人的收款证明,付款人不能自己证明自己确实付出了款项。

6.一式几联的原始凭证,必须用双面复写纸复写,并连续编号。因填写错误或其他原因而作废,应加盖"作废"戳记,整份保存,不得缺联。复印的原始凭证一般不能作为凭证的依据。

7.已经销售的物品被退回,实物要验收入库或另做处理,退还款时,要先填制退货发票。用现金结算退款时,要取得对方的收款收据;以银行存款退还的,以银行结算凭证联作为证明,不得以退货发票代替对方的收据。

8.职工因公借款,应填写正式借据作为凭证的附件。这种借据因为要作为记账的凭证,不能退还给借款者,职工用报销的差旅费冲销或退还原借款时,由出纳人员另开收据或者退回借据副本,并向借款人说明不退还原借据的原因。

9.上级有关部门批准的业务,应当将批准文件作为原始凭证的附件,证明经济业务已经发生或者完成,据此填制原始凭证。如果该批准文件必须单独归档,不能作为附件,应当在原始凭证上注明批准机关的名称、批准日期和文件的字号,以备查找。

五、原始凭证中容易出现的错误与舞弊

1.内容记载含糊不清,或故意掩盖事情真相,进行贪污作弊。

2.单位名称不是本单位。

3.数量、单价与金额不符。

4.无收款单位签章。

5.开具阴阳发票,进行贪污作弊。

6.在整理和粘贴原始凭证过程中作弊。例如,利用单位原始凭证粘贴、整理不规范的弱点,在进行粘贴、整理时,采用移花接木的手法,故意将个别原始凭证抽出,等以后再重复报销;或在汇总原始凭证金额时,故意多汇或少汇,达到贪污其差额的目的。

7.模仿领导笔迹签字冒领。

8.涂改原始凭证上的时间、数量、单价、金额,或添加内容和金额。

六、有问题原始凭证的处理

在审核原始凭证的过程中,会计人员应认真执行《会计法》所赋予的职责、权限,坚持制度,坚持原则。对违反国家规定的收支,超过计划、预算或者超过规定标准的各项支出,违反制度规定的预付款项,非法出售材料、物资,任意出借、变卖、报废和处理财产物资以及不按国家关于成本开支范围和费用划分的规定乱挤乱摊生产成本的凭证,都应拒绝办理。对于内容不完全、不完备、数字有差错的凭证,应予以退回,要求经办人补办手续或进行更正。对于伪造或涂改凭证等弄虚作假、严重违法的原始凭证,在拒绝办理的同时,应当予以扣留,并及时向单位主管或上级主管报告,请求查明原因,追究当事人的责任。

[实训任务]

实训资料:

企业名称:无锡大华服装公司(增值税一般纳税人)

开户行:建设银行解放路支行

账号:02455987071089701

纳税人登记号:1501178845678

地址:无锡市中山南路878号

电话:8714－58756020

会计人员：路晓　出纳员：李利　会计主管：张成　法人代表：王一平

2016 年 6 月发生的业务如下：

实训任务一：填制原始凭证

1.6 月 1 日，开出现金支票从银行提取 3000 元现金备用。

中国建设银行现金支票存根

支票号码：NO2212113

科　　目________

对方科目________

出票日期　年　月　日

收款人：________

金　额：________

用　途：________

备　注：________

主管　会计　复核　记账

中国建设银行现金支票　支票号码 NO2212113

出票日期(大写)　年　月　日　付款行名称：________

出票人账号：________

收款人：无锡大华服装公司

人民币（大写）	仟	佰	拾	万	千	百	十	元	角	分

用途：________　科　目(借)

对方科目(贷)

上述款项请从　转账日期　年　月　日

我账户内支付

出票人盖章　复核　记账

2.6 月 1 日，销售科职工冯开明赴大连参加商品展销会，经批准向财务科借差旅费 2000 元，财务人员审核无误后付现金。

借　款　单

年　月　日

部　门		借款事由			
借款金额	金额(大写)　¥				
批准金额	金额(大写)　¥				
领导		财务主管		借款人	

3.6 月 6 日，开出转账支票 50000 元，向红星工厂预付布料款。

<table>
<tr><td>

中国建设银行转账支票存根
支票号码：NO2597526
科　　目________
对方科目________
出票日期　年　月　日
收款人：________
金　额：________
用　途：________
备　注：________
主管　会计　复核　记账

</td><td>

中国建设银行转账支票　　支票号码 NO2597526
出票日期(大写)　年　月　日　付款行名称：________
出票人账号：________
收款人：红星工厂
人民币(大写)　千　百　十　万　千　百　十　元　角　分
用途：________　　科　　目(借)
对方科目(贷)
上述款项请从　　转账日期　年　月　日
我账户内支付
出票人盖章　　复核　　记账

</td></tr>
</table>

4．6月8日，向天宁市纺织厂购进无纺布100匹，价格5000元/匹，增值税率17%，开出转账支票付款，材料验收入库。

<table>
<tr><td>

中国建设银行转账支票存根
支票号码：NO2597527
科　　目________
对方科目________
出票日期　年　月　日
收款人：________
金　额：________
用　途：________
备　注：________
主管　会计　复核　记账

</td><td>

中国建设银行转账支票　支票号码 NO2597527
出票日期(大写)　年　月　日付款行名称：________
出票人账号：________
收款人：天宁市纺织厂
人民币(大写)　千　百　十　万　千　百　十　元　角　分
用途：________　　科　　目(借)
对方科目(贷)
上述款项请从　　转账日期　年　月　日
我账户内支付
出票人盖章　　复核　　记账

</td></tr>
</table>

收料单

供应单位： 收料单编号：12057

材料类别： 年 月 日 收料仓库：

<table>
<tr><td rowspan="3">编号</td><td rowspan="3">名称</td><td rowspan="3">规格</td><td rowspan="3">单位</td><td colspan="2">数量</td><td colspan="5">实际成本</td></tr>
<tr><td rowspan="2">应收</td><td rowspan="2">实收</td><td colspan="2">买价</td><td rowspan="2">运杂费</td><td rowspan="2">其他</td><td rowspan="2">合计</td></tr>
<tr><td>单价</td><td>金额</td></tr>
<tr><td></td><td></td><td></td><td></td><td></td><td></td><td></td><td></td><td></td><td></td><td></td></tr>
<tr><td></td><td></td><td></td><td></td><td></td><td></td><td></td><td></td><td></td><td></td><td></td></tr>
<tr><td></td><td></td><td></td><td></td><td></td><td></td><td></td><td></td><td></td><td></td><td></td></tr>
<tr><td colspan="6">合计</td><td></td><td></td><td></td><td></td><td></td></tr>
</table>

采购员： 检验员： 记账员： 保管员：

5.6月9日，冯开明出差回来报销差旅费1896元，退回现金104元，由出纳开出收据一张。

差旅费报销单

部门：销售科 2016年6月9日

<table>
<tr><td rowspan="2" colspan="2">姓名</td><td rowspan="2" colspan="3">冯开明</td><td rowspan="2" colspan="3">出差事由</td><td rowspan="2" colspan="3">大连参加商品展销会</td><td colspan="4">出差自2016年6月3日</td><td rowspan="2" colspan="2">共6天</td></tr>
<tr><td colspan="4">至2016年6月8日</td></tr>
<tr><td colspan="6">起讫时间及地点</td><td colspan="2">车船票</td><td colspan="3">夜间乘车补助费</td><td colspan="3">出差乘补费</td><td>住宿费</td><td colspan="2">其他</td></tr>
<tr><td>月</td><td>日</td><td>起</td><td>月</td><td>日</td><td>讫</td><td>类别</td><td>金额</td><td>时间</td><td>标准</td><td>金额</td><td>日数</td><td>标准</td><td>金额</td><td>金额</td><td>摘要</td><td>金额</td></tr>
<tr><td>6</td><td>3</td><td>无锡</td><td>6</td><td>3</td><td>大连</td><td>火车</td><td>38</td><td></td><td></td><td></td><td></td><td></td><td></td><td></td><td></td><td></td></tr>
<tr><td>6</td><td>8</td><td>大连</td><td>6</td><td>8</td><td>辽阳</td><td>火车</td><td>38</td><td></td><td></td><td></td><td>6</td><td>50</td><td>300</td><td>720</td><td></td><td>800</td></tr>
<tr><td></td><td></td><td></td><td></td><td></td><td></td><td></td><td></td><td></td><td></td><td></td><td></td><td></td><td></td><td></td><td></td><td></td></tr>
<tr><td></td><td></td><td></td><td></td><td></td><td></td><td></td><td></td><td></td><td></td><td></td><td></td><td></td><td></td><td></td><td></td><td></td></tr>
<tr><td colspan="6">小计</td><td></td><td>76</td><td></td><td></td><td></td><td></td><td></td><td>300</td><td>720</td><td></td><td>800</td></tr>
<tr><td colspan="17">合计金额(大写)：壹仟捌佰玖拾陆元整</td></tr>
<tr><td colspan="17">备注：预借2000.00 核销1896.00 退补104.00</td></tr>
</table>

附单据共叁张

单位领导：王一一 财务主管：张成 审核：张迪 填报人：冯开明

收　据

年　月　日　　　　　　　　　　　　　　NO

今收到	
交　来	
人民币(大写)	¥
收款人	交款人

6.6 月 20 日，向新世纪商场销售成衣，其中男套装 50 套，每套 700 元，裙装 30 套，每套 600 元（不含增值税），开出增值税专用发票，收到对方的转账支票，当日填写银行进账单送存银行。

江苏省增值税专用发票

抵扣联

开票日期：　年　月　日

<table>
<tr><td>购货单位</td><td colspan="3">名　　称：
纳税人识别号：1550048815657
地 址、电 话：无锡市新运大街 231 号 2011456
开户行及账号：工商银行无锡市分行 770186588</td><td>密码区</td><td colspan="4">6＋－〈2〉6〉927＋296＋/　加密版本：01
446〈600375〈35〉〈4/　37009931410
2－2〈2051＋24＋2618〈7　0445
/3－15〉〉09/5/－1〉〉〉＋2</td></tr>
<tr><td colspan="2">货物或应税劳务名称

合　计</td><td>规格型号</td><td>单位</td><td>数量</td><td>单价</td><td>金额</td><td>税率</td><td>税额</td></tr>
<tr><td colspan="2">价税合计(大写)</td><td colspan="7">(小写)</td></tr>
<tr><td>销货单位</td><td colspan="3">名　　称：
纳税人识别号：
地 址、电 话：
开户行及账号：</td><td>备注</td><td colspan="4"></td></tr>
</table>

收款人：　　复核：　　开票人：　　销货单位：(章)

第三联：抵扣联　购货方抵扣凭证

中国建设银行进账单(收账通知)

年　月　日

付款人	全称		收款人	全称										
	账号			账号										
	开户银行			开户银行										
人民币 (大写)				千	百	十	万	千	百	十	元	角	分	
票据种类				收款人开户银行盖章										

此联收款人开户行交给收款人的收账通知

7.6月25日,向个人销售男式西装5套,每套800元(含增值税),销售男式衬衣100件,每件50元(含增值税),收到现金并开出零售发票。

江苏省商品销售统一发票　　税务局监制

购货单位:　　　　年　月　日

货号	品名规格	计量单位	数量	单价	金额								备注
					十	万	千	百	十	元	角	分	
合计人民币(大写)													

单位(章):　　　　财务:　　　　开票:

实训任务二:原始凭证的审核

1.6月3日,采购员王敏赴北京采购材料,填写一份借款单并经主管领导批准。

借 款 单

2016年6月3日

部 门		供应科		借款事由:参加订货会	
借款金额(人民币大写)贰仟元整				¥2000.00	
批准金额(人民币大写)贰仟元整				¥2000.00	
领导	周伟	财务主管	王明林	借款人	王敏

2.6月3日,开出现金支票一张,从银行提取现金4000元备用。

中国建设银行现金支票存根

支票号码:NO **2212145**

科　　目________

对方科目________

出票日期2015年6月3日

收款人: 无锡大华服装公司

金　额: ¥4000

用　途: 备用金

备　注:________

主管　会计　复核　记账

中国建设银行现金支票　支票号码 NO2212145

出票日期(大写)贰零壹陆年陆月叁日

付款行名称:________

出票人账号:________

收款人:无锡大华服装公司

人民币 肆仟元正 (大写)	千	百	十	万	千	百	十	元	角	分
				¥	4	0	0	0	0	0

用途: 备用金　　科　目(借)

对方科目(贷)

上述款项请从　　转账日期　年　月　日

我账户内支付

出票人盖章　　复核　记账

3.6月10日,销售科业务员持发票报销以现金支付的业务招待费。

无锡市饮食业统一发票

客户名称:无锡大华服装公司　　　　2016年6月10日

项目	单位	数量	单价	金额							备注
				万	千	百	十	元	角	分	
餐费					2	8	2	3	6	0	
合计人民币(大写)贰仟捌佰贰拾叁元陆角整											

填票人:　　　收款人:　　　开票单位(盖章):

4.6月12日,企业由于排污接受罚款3000元,以现金方式支付,环保站工作人员开来罚款收据一张。

收　据

2016 年 6 月 12 日

<table>
<tr><td colspan="6">今收到　无锡大华服装公司</td></tr>
<tr><td colspan="6">人民币(大写)叁仟元整　　　　　¥3000.00</td></tr>
<tr><td colspan="4" rowspan="3">事　由:排污水罚款</td><td colspan="2">现　金</td></tr>
<tr><td colspan="2">支票第　号</td></tr>
<tr><td colspan="2"></td></tr>
<tr><td>收款单位</td><td></td><td>财务主管</td><td></td><td>收款人</td><td>王平</td></tr>
</table>

5. 6 月 18 日,加工车间王冠领用精制梳棉 5 匹,计划单价 5000 元,领用棉线 100 卷,计划单价 5 元(工作单号 1220),全部材料用于生产衬衫。

无锡大华服装公司领料单

领料部门:　　　　　　2016 年 6 月 18 日

<table>
<tr><td colspan="2">材料</td><td rowspan="2">单位</td><td colspan="2">数量</td><td rowspan="2">计划单价</td><td rowspan="2">金额</td><td rowspan="2">过账</td></tr>
<tr><td colspan="2">规格及名称</td><td>请领</td><td>实发</td></tr>
<tr><td colspan="2">精制梳棉</td><td>匹</td><td>5</td><td>5</td><td>5000.00</td><td>25000.00</td><td></td></tr>
<tr><td colspan="2">棉线</td><td>卷</td><td>100</td><td>100</td><td>5.00</td><td>500.00</td><td></td></tr>
<tr><td>工作单号</td><td>1220</td><td rowspan="2">用途</td><td colspan="5" rowspan="2"></td></tr>
<tr><td>工作项目</td><td></td></tr>
</table>

[实训提示]

1. 增值税专用发票一式三联,第一联为记账联,第二联为发票联,第三联为抵扣联。其中第二和第三联给购买方,购买方拿到销货方的发票后(一般纳税人)第三联用来认证进项税(认证期限不得超过 90 天),认证后到月底把所有的抵扣联装订成册备查。发票联则用来做账。第一联销货方做账。填制增值税专用发票时,发票上的各项目均不能空白。

2. 签发现金支票、转账支票时要注意:支票上的所有项目都要填全,不得有遗漏,出票日期要大写;大写金额要顶头,小写金额前要封死;收款人要填全称;背书要在指定的位置盖章,不可超出边缘;支票的所有项目都不得涂改;支票存根也要填写完整,并由领用人在收款人一栏签字。

3. 填写银行进账单时要注意出票人和收款人要填全称，不能简写；出票人和收款人名称和账号不能填反；大写金额要顶头，小写金额要封死；大小写金额要一致；在进账单的第一联应加盖单位财务预留印鉴。

4. 费用报销的原始凭证多自企业外部获得，审核时首先要注意其真实性和合法性，即发票收据是否为税务部门或财政部门统一印制(带税务局监制印章或财政局监印章)；其次要审核发票或收据名头、金额大小写是否正确，是否有经手人和审批人的签字；最后要特别注意的是，收据发票所有项目均不能涂改。

5. 出库单、入库单应注意审核主要项目是否填列完整正确，如货物名称、规格、计量单位、数量、价格等。还要注意是否有仓库负责人、经手的保管员和提货单位人员的签字。

6. 单位内部生成的原始凭证在审核时应注意其相关项目是否封死完整，本单位具有财务审批权的领导是否签字，经手人是否签字。

[实训思考]

1. 经济业务发生后为什么要填制原始凭证？
2. 有的原始凭证为什么采用一式多联？
3. 原始凭证为什么强调有关人员要签字盖章？
4. 为什么要按标准字体书写会计数码？
5. 对原始凭证进行审核的意义是什么？
6. 对原始凭证的审核有哪些内容？
7. 审核原始凭证有哪些方法？

任务三　填制与审核记账凭证

[能力目标]

通过本部分内容的实训，学生应熟悉通用记账凭证及收、付、转等各种记账凭证的格式及适用范围，掌握根据审核无误的原始凭证编制各种记账凭证的方法，特别要熟练掌握收、付、转等记账凭证的填制方法，掌握记账凭证的审核方法，提高对实际经济业务的账务处理能力。

[实训用具]

1.模拟原始凭证若干张。

2.空白收、付、转记账凭证。

3.通用记账凭证。

4.存在一定问题的记账凭证若干张。

[内容介绍]

记账凭证是会计人员根据审核无误后的原始凭证或汇总原始凭证，应用复式记账法和会计科目，按照经济业务的内容加以分类，并据以确定会计分录而填制的，作为登记账簿依据的凭证。在实际工作中，编制会计分录是通过填制记账凭证来完成的。因此，正确填制记账凭证，对于保证账簿记录的正确性有重要意义。

一、记账凭证的填制要求

(一)记账凭证填制的基本要求

1.审核无误。是指在对原始凭证审核无误的基础上填制记账凭证。

2.内容完整。是指记账凭证该包括的内容都应填写齐全。

3.分类正确。是指根据经济业务的内容，正确区别不同类型的原始凭证，正确应用会计科目。

4.连续编号。是指记账凭证应当按会计事项处理先后顺序连续编号。

(二)填制记账凭证的具体要求

1.记账凭证必须附有原始凭证并注明张数(结账更正错误除外)。原始凭证的张数一般以自然张数为准。差旅费等零散票券，可贴在一张纸上，作为一张原始凭证。一张原始凭证涉及几张记账凭证的，可将原始凭证附在一张主要记账凭证后面，在其他记账凭证上注明主要记账凭证的编号。

2.一张原始凭证所列支出需要由两个以上单位共同负担时，由保存该原始凭证的单位开出原始凭证分割单，交另一单位做凭证。

3.记账凭证的编号。无论采用哪种编号方法，都应该按月为顺序编号，即每月都从1号编起，顺序编至月末。一笔业务编制两张以上记账凭证的可采用分数编号，如11/3，12/3，13/3。

4.记账凭证发生错误，应当重新填制。如已登记入账，可以用红字注销法进行更正。

5.记账凭证填制完毕如有空行，应当画线注销。

6.会计分录应保证借贷平衡。

7.摘要应与原始凭证内容一致，表述要简短精练。

8.实行会计电算化的单位，其记账凭证机制应当符合对记账凭证的要求。

二、记账凭证填制示例

（一）专用记账凭证的填制

1.收款凭证的填制。

收款凭证是根据现金、银行存款增加的经济业务填制的。填制收款凭证的要求是：

（1）由出纳人员根据审核无误的原始凭证填制，必须是先收款，后填凭证。

（2）在凭证左上方的“借方科目”处填写“现金”或“银行存款”。

（3）填写日期（实际收款的日期）和凭证编号。

（4）在凭证内填写经济业务的摘要。

（5）在凭证内“贷方科目”栏填写与“现金”或“银行存款”对应的贷方科目。

（6）在“金额”栏填写金额。

（7）在凭证的右侧填写所附原始凭证的张数。

（8）在凭证的下方由相关责任人签字、盖章。

例：2016年6月2日，收到金达公司上月所欠货款30000元，已存入银行。

收款凭证

借方科目：银行存款　　　　2016年6月2日　　　　银收字第 1 号

摘要	贷方总账科目	明细科目	借或贷	金额									
				千	百	十	万	千	百	十	元	角	分
收到金达公司前欠货款	应收账款	金达公司					3	0	0	0	0	0	0
合　计						¥	3	0	0	0	0	0	0

附单据1张

财务主管：××× 记账：××× 出纳：××× 审核：××× 制单：×××

2.付款凭证的填制。

付款凭证是根据现金、银行存款减少的经济业务填制的。填制付款凭证的要求是：

(1)由出纳人员根据审核无误的原始凭证填制，程序是先付款，后填凭证。

(2)在凭证左上方的“贷方科目”处填写“现金”或“银行存款”。

(3)填写日期(实际付款的日期)和凭证编号。

(4)在凭证内填写经济业务的摘要。

(5)在凭证内“借方科目”栏填写与“现金”或“银行存款”对应的借方科目。

(6)在“金额”栏填写金额。

(7)在凭证的右侧填写所附原始凭证的张数。

(8)在凭证的下方由相关责任人签字、盖章。

例：2016 年 6 月 15 日，应发本月工资 39600 元。其中，生产工人工资 35000 元，车间管理人员工资 2600 元，企业管理人员工资 2000 元。开出现金支票，从银行提取现金，当即发放。

付款凭证

贷方科目：银行存款　　　　2016年6月15日　　　　银付字第 1 号

摘要	借方总账科目	明细科目	借或贷	金额									
				千	百	十	万	千	百	十	元	角	分
提取现金备发工资	库存现金						3	9	6	0	0	0	0
合　计						¥	3	9	6	0	0	0	0

附单据1张

财务主管：××× 记账：××× 出纳：××× 审核：××× 制单：×××

付款凭证

贷方科目：库存现金　　2016年6月15日　　现付字第 1 号

摘要	借方总账科目	明细科目	借或贷	金额										
				千	百	十	万	千	百	十	元	角	分	
以现金发工资	应付职工薪酬	职工工资					3	9	6	0	0	0	0	附
														单
														据
														1
														张
合　计						¥	3	9	6	0	0	0	0	

财务主管：××× 记账：××× 出纳：××× 审核：××× 制单：×××

3.转账凭证的填制。

转账凭证是根据与现金、银行存款无关的经济业务填制的。填制转账凭证的要求是：

(1)由会计人员根据审核无误的原始凭证填制。

(2)填写日期(一般情况下按照收到原始凭证的日期填写；如果某类原始凭证有几份，涉及不同日期，可以按填制转账凭证的日期填写)和凭证编号。

(3)在凭证内填写经济业务的摘要。

(4)在凭证内填写经济业务涉及的全部会计科目，顺序是先借后贷。

(5)在“金额”栏填写金额。

(6)在凭证的右侧填写所附原始凭证的张数。

(7)在凭证的下方由相关责任人签字、盖章。

例：2016 年 6 月 30 日，提取本月折旧费用。本月份生产车间应分摊折旧费 200 元，企业管理部门应分摊折旧费 320 元。

转账凭证

2016年6月30日　　转字第 1 号

摘要	总账科目	明细科目	√	借方金额										√	贷方金额										
				千	百	十	万	千	百	十	元	角	分		千	百	十	万	千	百	十	元	角	分	附
提取折旧费用	制造费用	折旧费							2	0	0	0	0												单
	管理费用	折旧费							3	2	0	0	0												据
	累计折旧																			5	2	0	0	0	
																									1
																									张
合　计								¥	5	2	0	0	0						¥	5	2	0	0	0	

财务主管：××× 记账：××× 出纳：××× 审核：××× 制单：×××

(二)通用记账凭证的填制

通用记账凭证的名称为“记账凭证”。它集收款、付款和转账凭证于一身,通用于收款、付款和转账等各种类型的经济业务。其填制方法与转账凭证相同。

例:2016 年 6 月 30 日,分配本月工资总额(对生产工人工资按实际工时分配,甲产品实际工时 20000 小时,0.7 元/工时,乙产品实际工时 30000 小时,0.7 元/工时)。

记账凭证

2016年6月30日　　　　转字第　1　号

摘要	总账科目	明细科目	√	借方金额										√	贷方金额									附单据1张
				千	百	十	万	千	百	十	元	角	分		千	百	十	万	千	百	十	元	角	分	
分配工资	生产成本	甲产品					1	4	0	0	0	0	0												
		乙产品					2	1	0	0	0	0	0												
	制造费用							2	6	0	0	0	0												
	管理费用							2	0	0	0	0	0												
	应付职工薪酬	职工工资																3	9	6	0	0	0	0	
合　计						¥	3	9	6	0	0	0	0				¥	3	9	6	0	0	0	0	

财务主管:×××　记账:×××　出纳:×××　审核:×××　制单:×××

三、记账凭证的审核

记账凭证编制以后,必须由专人进行审核,借以监督经济业务的真实性、合法性和合理性,并检查记账凭证的编制是否符合要求。特别要审核最初证明经济业务实际发生、完成的原始凭证。因此,对记账凭证的审核是一项严肃细致、政策性很强的工作。只有做好这项工作才能正确地发挥会计反映和监督的作用。记账凭证审核的基本内容包括以下几项:

1. 内容是否真实。审核记账凭证是否有原始凭证为依据,所附原始凭证的内容是否与记账凭证的内容一致,记账凭证汇总表的内容与其所依据的记账凭证的内容是否一致等。

2. 项目是否齐全。审核记账凭证各项目的填写是否齐全,如日期、凭证编号、摘要、金额、所附原始凭证张数及有关人员签章等。

3. 科目是否准确。审核记账凭证的应借、应贷科目是否正确,是否有明确的账户对应关系，所使用的会计科目是否符合国家统一的会计制度的规定等。

4.金额是否正确。审核记账凭证所记录的金额与原始凭证的有关金额是否一致、计算是否正确，记账凭证汇总表的金额与记账凭证的金额合计是否相符等。

5.书写是否规范。审核记账凭证中的记录是否文字工整、数字清晰，是否按规定进行更正等。

审核过程中，如果发现不符合要求的地方，应要求有关人员采取正确的方法进行更正。只有经过审核无误的记账凭证，才能作为登记账簿的依据。

四、会计凭证的传递与保管

(一)会计凭证的传递

会计凭证的传递，是指从会计凭证取得或填制起至归档保管时止，在单位内部有关部门和人员之间按照规定的时间、程序进行处理的过程。各种会计凭证所记载的经济业务不同，涉及的部门和人员不同，办理的业务手续也不同，因此，应当为各种会计凭证规定一个合理的传递程序，即一张会计凭证填制后应交到哪个部门，哪个岗位，由谁办理业务手续等，直到归档保管为止。

1.会计凭证传递的意义。

(1)正确组织会计凭证的传递，有利于提高工作效率。正确组织会计凭证的传递，能够及时、真实反映和监督各项经济业务的发生和完成情况，为经济管理提供可靠的经济信息。

(2)正确组织会计凭证的传递，能更好地发挥会计监督作用。正确组织会计凭证的传递，便于有关部门和个人分工协作，相互牵制，加强岗位责任制，更好地发挥会计监督作用。

2.会计凭证传递的基本要求。

各单位由单位领导会同会计部门及有关部门共同设计制订出一套会计凭证的传递程序，使各个部门保证有序、及时地按规定的程序处理凭证传递。基本要求有：

(1)根据经济业务的特点、机构设置和人员分工情况，明确会计凭证的传递程序。在会计凭证的传递过程中，要根据具体情况，确定每一种凭证的传递程序和方法。合理制订会计凭证所经过的环节,规定每个环节负责传递的相关责任人员,规定会计凭证的联数以及每一联凭证的用途。做到既可使各有关部门和人员了解经济活动情况、及时办理手续,又可避免凭证经过不必要的环节,以提高工作效率。

(2)规定会计凭证经过每个环节所需要的时间,以保证凭证传递的及时性。会计凭证的传递时间,应考虑各有关人员的工作内容和工作量在正常情况下完成的时间,明确规定各种凭证在各个环节上停留的最长时间,不能拖延和积压会计凭证。

(二)会计凭证的保管

会计凭证的保管是指会计凭证记账后的整理、装订、归档和存查工作。会计凭证是记录经济业务、明确经济责任、具有法律效力的证明文件,是登记账簿的依据,是重要的经济档案和历史资料。任何企业在完成经济业务手续和记账之后,必须按规定立卷归档,形成会计档案资料,妥善保管,以便日后随时查阅。会计凭证整理保管的要求有:

1.各种记账凭证,连同所附原始凭证和原始凭证汇总表,要分类按顺序编号,定期(一天、五天、十天或一个月)装订成册,并加具封面、封底,注明单位名称、凭证种类、所属年月和起讫日期、起止号码、凭证张数等。为防止任意拆装,应在装订处贴上封签,并由经办人员在封签处加盖骑缝章。

2.对一些性质相同、数量很多或随时需要查阅的原始凭证,可以单独装订保管,在封面上写明记账凭证的时间、编号、种类,同时在记账凭证上注明“附件另订”。

3.各种经济合同和重要的涉外文件等凭证,应另编目录,单独登记保管,并在有关原始凭证和记账凭证上注明。

4.其他单位因有特殊原因需要使用原始凭证时,经本单位领导批准,可以复制,但应在专门的登记簿上进行登记,并由提供人员和收取人员共同签章。

5.会计凭证装订成册后,应有专人负责分类保管,年终应登记归档。会计凭证的保管期限和销毁手续,应严格按照《会计档案管理办法》进行管理。

6.会计凭证在归档后,应按年月日顺序排列,以便查阅。对已归档凭证的查阅、调用和复制,都应得到批准,并办理相关的手续。会计凭证在保管中应防止霉烂破损和鼠咬虫蛀,以确保其安全和完整。

附:企业和其他组织会计档案保管期限表

序号	会计档案名称	保管期限(年)	备　注
一、	会计凭证类		
1	原始凭证	30	
2	记账凭证	30	
3	汇总凭证	30	
二、	会计账簿类		
4	总账	30	包括日记总账
5	明细账	30	
6	日记账	30	现金和银行存款日记账保管25年
7	固定资产卡片		固定资产报废清理后保管5年
8	辅助账簿	30	
三、	财务报告类		包括各级主管部门的汇总财务报告
9	月、季财务报告	10	包括文字分析
10	年度财务报告	永久	包括文字分析
四、	其他类		
11	会计移交清册	30	
12	会计档案保管清册	永久	
13	会计档案销毁清册	永久	
14	银行存款余额调节表	10	
15	银行对账单	10	

[实训任务]

实训企业基本资料:

企业名称:步步高鞋业有限公司(增值税一般纳税人)

开户行:工商银行解放路支行

账号:597215452

纳税人登记号:9975202464212

地址:庆阳市南山路184号

电话:5698－89720010

会计人员:陈虹　出纳员:李一明　会计主管:侯天成　法人代表:王平

实训任务一:填制记账凭证

要求:根据步步高鞋业有限公司2016年6月发生的经济业务填制相关原始凭证,假设该企业采用收、付、转三种凭证并分别编号。

1.1日,从银行提取现金1000元。

2.1日,以银行存款偿还前欠银行短期借款100000元。

3.1日,以银行存款70200元支付购入原材料一批,其中货款60000元,进项税10200元,材料已验收入库。

4.2日,供应科职工张力预借差旅费2000元以现金支付。

5.2日,以现金200元购买办公用品,总部直接领用。

6.2日,以银行存款支付广告费5000元。

7.3日,以现金支付银行贷款手续费100元。

8.3日,销售产品一批,价款收入200000元,价税款23400元,通过银行收讫。

9.4日,销售材料一批,价款500元,收回现金。

10.4日,订阅下半年报纸杂志300元,以现金支付。

11.5日,开出转账支票,支付资料打印费1000元。

12.6日,开出转账支票,支付前欠A公司货款8000元。

13.7日,销售人员报销差旅费500元,以现金支付。

14.7日,张力出差回公司报销差旅费1800元,余款200元,退回。

15.30日,从银行提取现金60000元,备发工资。

16.30日,支付本月工资。

17.30日,开出转账支票,支付本月水电费2000元。

18.30日,开出转账支票,支付本月电话费5000元。

19.30日,购买材料一批,价款12000元,价税款尚未支付。

20.30日,以现金支付困难职工刘明困难补助500元。

实训任务二:审核记账凭证

要求:步步高鞋业有限公司2016年6月发生的经济业务,会计人员填制的记账凭证及所附的原始凭证,要求对记账凭证进行审核。

1.从银行提取现金。

中国工商银行现金支票存根

支票号码　2009623

科　　目　银行存款

对方科目　库存现金

出票日期　2016 年 6 月 1 日

收款人	李华
金　额	￥2 000.00
用　途	库存现金
备　注	

单位主管　　　　　　会计

付款凭证

贷方科目：银行存款　　　　2016年　6　月　15　日　　　　银付字第 1 号

摘要	借方总账科目	明细科目	借或贷	千	百	十	万	千	百	十	元	角	分	
提取现金	库存现金							2	0	0	0	0	0	附
														单
														据
														1
														张
合　计							￥	2	0	0	0	0	0	

财务主管：×××　记账：×××　出纳：×××　审核：×××　制单：×××

2. 以现金购买办公用品。

金江市商业零售企业统一发票

购货单位：新华公司　　　　2016 年 6 月 10 日　　　　No　236548

品　名	规格	单位	数量	单价	十	万	千	百	十	元	角	分	
复印纸		箱	2	300				6	0	0	0	0	第二联
													发票联
合计金额（大写）人民币陆佰元整							￥	6	0	0	0	0	

单位盖章：　　　　　　收款人：刘艳　　　　制票人：王欣

付款凭证

贷方科目：库存现金　　　　2016年6月10日　　　　银付字第　1　号

摘要	借方总账科目	明细科目	借或贷	金额									
				千	百	十	万	千	百	十	元	角	分
购买复印纸	管理费用								6	0	0	0	0
合　计								¥	6	0	0	0	0

附单据1张

3. 购入材料一批。

江苏省增值税专用发票

开票日期：2016 年 6 月 16 日

<table>
<tr><td>购货单位</td><td colspan="3">名　称：步步高鞋业有限公司
纳税人识别号：1550048815657
地 址 、电 话：庆 阳 市 南 山 路 184 号
开户行及账号：工商银行解放路支行</td><td>密码区</td><td colspan="3">6＋－〈2〉6〉927＋296＋/　加密版本：01
446〈600375〈35〉〈4/　37009931410
2－2〈2051＋24＋2618〈7　0445　.
/3－15〉〉09/5/－1〉〉〉＋2</td></tr>
<tr><td>货物或应税劳务名称</td><td>规格型号</td><td>单位</td><td>数量</td><td>单价</td><td>金额</td><td>税率</td><td>税额</td></tr>
<tr><td>线材</td><td>5mm</td><td>吨</td><td>2</td><td>5000</td><td>10000.00</td><td>17%</td><td>1700</td></tr>
<tr><td>合　计</td><td></td><td></td><td></td><td></td><td></td><td></td><td></td></tr>
<tr><td>价税合计(大写)</td><td colspan="7">人民币壹万壹仟柒佰元整　(小写)¥11700.00</td></tr>
<tr><td>销货单位</td><td colspan="3">名　　　称：新华公司
纳税人识别号：59872158657
地 址 、电 话：辽阳市三江工业园区 4－89 号
开户行及账号：建设银行三江支行</td><td>备注</td><td colspan="3"></td></tr>
</table>

第三联：抵扣联

收款人：　　　　开票单位：　　　　结算方式：暂欠

江苏省增值税专用发票

开票日期:2016 年 6 月 16 日

购货单位	名　　称: 纳税人识别号:9975202464212 地 址 、电 话:辽阳市新运大街 231 号 2011456 开户行及账号:工商银行辽阳市分行 770186588	密码区	6＋－〈2〉6〉927＋296＋/　加密版本:01 446〈600375〈35〉〈4/　37009931410 2－2〈2051＋24＋2618〈7　0445 /3－15〉〉09/5/－1〉〉〉＋2

货物或应税劳务名称	规格型号	单位	数量	单价	金额	税率	税额
线材	5mm	吨	2	5000	10000.00	17%	1700
合　计							
价税合计(大写)	人民币壹万壹仟柒佰元整　(小写)￥11700.00(小写)						

销货单位	名　　称:新华公司 纳税人识别号:59872158657 地 址 、电 话:辽阳市三江工业园区 4－89 号 开户行及账号:建设银行三江支行	备注	

第二联:发票联

收款人:　　　　开票单位:　　　　结算方式:暂欠

收　料　单

仓库:辅料仓库　　　　2016 年 6 月 16 日　　　　单位:元

材料名称	规格	单位	数量	单价	金额	发货单位	
线材	1mm	吨	2	5000	10000.00	新华公司	
						合同号	552

财务主管:侯天成　　供应科长:陈建　　验收:王宁　　采购员:李立

转账凭证

2016年6月16日　　　　转字第　1　号

摘要	总账科目	明细科目	√	借方金额										√	贷方金额									
				千	百	十	万	千	百	十	元	角	分		千	百	十	万	千	百	十	元	角	分
购买材料	原材料	线材					1	1	7	0	0	0	0											
	应付账款																	1	1	7	0	0	0	0
合计																								

财务主管:×××　记账:×××　出纳:×××　审核:×××　制单:×××

4.销售甲产品一批。

江苏省增值税专用发票

开票日期:2016 年 6 月 26 日

购货单位	名　　称:新中大购物中心 纳税人识别号:8725640100202 地 址 、电 话:辽阳市美福待街 11 号 89156510 开户行及账号:工商银行辽阳市分行 4578102310	密码区	6＋－〈2〉6〉927＋296＋/　加密版本:01 446〈600375〈35〉〈4/　37009931410 2－2〈2051＋24＋2618〈7　0445 /3－15〉〉09/5/－1〉〉〉＋2				
货物或应税劳务名称	规格型号	单位	数量	单价	金额	税率	税　额
男鞋	Nm－9	双	60	150	9 000.00	17%	1530.00
合　计							
价税合计(大写)	人民币壹万零伍佰叁拾元整　(小写)￥10530.00(小写)						
销货单位	名　　称:步步高鞋业有限公司 纳税人识别号:9975202464212 地 址 、电 话:辽 阳 市 新 运 大 街 231 号 2011456 开户行及账号:工商银行解放路支行 597215452	备注					

第一联:记账联

收款人:　　　　开票单位:　　　　结算方式:转账支票

中国工商银行进账单(收账通知)

2016 年 6 月 26 日　　第 12 号

<table>
<tr><td rowspan="3">收款人</td><td>全　称</td><td>步步高鞋业有限公司</td><td rowspan="3">付款人</td><td>全　称</td><td colspan="7">新中大购物中心</td></tr>
<tr><td>账　号</td><td>770186588</td><td>账　号</td><td colspan="7">4578102310</td></tr>
<tr><td>开户银行</td><td>工商银行辽阳市分行</td><td>开户银行</td><td colspan="7">工商银行辽阳市分行</td></tr>
</table>

人民币(大写)壹万零伍佰叁拾元整	千	百	十	万	千	百	十	元	角	分
			¥	1	0	5	3	0	0	0

票据种类	转账支票	收款人开户银行盖章
票据张数	1 张	
单位主管　会计　复核　记账		

收款凭证

借方科目：银行存款　　2016年6月26日　　银收字第　1　号

摘要	贷方总账科目	明细科目	借或贷	千	百	十	万	千	百	十	元	角	分	
收到新中大购物中心货款	应收账款	金达公司					1	0	5	3	0	0	0	附
														单
														据
														1
														张
合　计						¥	1	0	5	3	0	0	0	

财务主管：×××　记账：×××　出纳：×××　审核：×××　制单：×××

[实训提示]

1. 本实训可使用专用记账凭证进行编制，也可使用通用记账凭证进行编制，一旦选定一种记账凭证，不能随意更改。

2. 使用专用记账凭证时，判断一项业务是编制收付款凭证还是编制转账凭证，应以该业务是否涉及库存现金和银行存款为依据。凡涉及库存现金和银行存款的业务需编制收付款凭证，不涉及现金和银行存款的业务编制转账凭证。

3. 使用专用记账凭证时，库存现金和银行存款之间相互划转的业务要编制付款凭证。

4. 审核记账凭证应注意所使用的会计科目以及科目之间的对应关系是

否正确。通常情况下，可以一借多贷或一贷多借，但不能多借多贷。

5.记账凭证金额栏的空白处要划掉，合计栏要用人民币符号封头。

6.完整的记账凭证应包括日期、凭证编号、摘要、借方科目、贷方科目、金额、所附单据张数、制单人、审核人、记账人等内容。对记账凭证应审核上述项目是否填列完整正确，相关人员是否签字盖章。如果是借、贷方科目有二级子目，在编制记账凭证时要一并填列。记账凭证填列得越完整，今后查阅起来就越方便。

[实训思考]

1.编制记账凭证的要求有哪些？

2.怎样编制记账凭证才算正确？

3.通用记账凭证和专用记账凭证各有什么优缺点，适用条件是什么？

4.对库存现金和银行存款之间相互划转的业务应如何编制记账凭证？

5.审核记账凭证有哪些方法？

6.对记账凭证进行审核主要审核什么？

任务四　编制科目汇总表

[实训目标]

通过本部分内容的实训，学生应熟悉科目汇总表的作用、结构，掌握科目汇总表的编制技能，提高学生账务处理的能力。

[实训用具]

1.经济业务的原始凭证。

2.科目汇总表。

3.记账凭证。

4.计算器。

[内容简介]

科目汇总表(亦称记账凭证汇总表、账户汇总表),它也是一种记账凭证,是根据一定时期内所有的记账凭证定期加以汇总而重新编制的记账凭证,其目的是简化总分类账的登记手续。

依据借贷记账法的基本原理,科目汇总表中各个会计科目的借方发生额合计数与贷方发生额合计数应该相等。因此,科目汇总表具有试算平衡的作用。科目汇总表是科目汇总表核算形式下登记总分类账的依据。

科目汇总表账务处理程序,又称为记账凭证汇总表账务处理程序,它是将所有记账凭证定期(十天、半月或月末一次)编制科目汇总表,然后根据科目汇总表登记总分类账的一种账务处理程序。其特点是:定期根据记账凭证编制科目汇总表并据以登记总分类账。

一、科目汇总表的编制方法

科目汇总表的编制方法是科目汇总表账务处理程序的核心。其编制的方法是:将一定时期内全部记账凭证按照相同会计科目的借方和贷方归类,定期(每十天或半月,或每月一次)汇总每一账户的借方本期发生额和贷方本期发生额,填写到科目汇总表的相关栏目内,可以反映全部账户的借方本期发生额和贷方本期发生额。登记总分类账时,只要将科目汇总表中各科目的借方发生额和贷方发生额分次或一次记入相应总分类账户的借方或贷方即可。

二、科目汇总表账务处理程序

科目汇总表账务处理程序又称记账凭证汇总表账务处理程序,它是根据记账凭证定期编制科目汇总表,再根据科目汇总表登记总分类账的一种账务处理程序。其显著特点是,设置科目汇总表并据以登记总账。

科目汇总表账务处理程序的一般步骤:

1.根据原始凭证编制汇总原始凭证。

2.根据原始凭证或汇总原始凭证编制记账凭证。

3. 根据收款凭证和付款凭证逐笔登记库存现金日记账和银行存款日记账。

4. 根据原始凭证、汇总原始凭证和记账凭证，登记各种明细分类账。

5. 根据各种记账凭证编制科目汇总表。

6. 根据科目汇总表登记总分类账。

7. 期末，将库存现金日记账、银行存款日记账和明细分类账的余额与有关总分类账的余额进行核对。

8. 期末，根据总分类账和明细分类账编制会计报表，如图 3-1 所示。

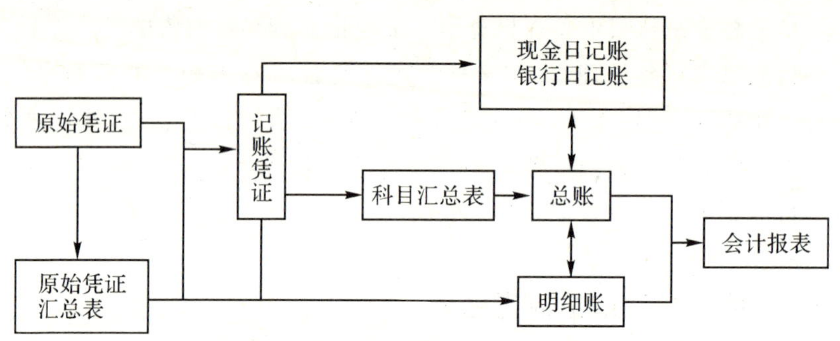

图 3-1　科目汇总表账务处理程序图

三、科目汇总表财务处理程序的特点、优缺点及适用范围

（一）科目汇总表账务处理程序的主要特点

1. 根据记账凭证按各个会计科目定期归类、汇总编制科目汇总表（例如，按五日、十日或十五日汇总一次）。实际工作中，也有按一定数量的记账凭证进行汇总的情况，如按每本装订成册的记账凭证汇总一次，并将科目汇总表附在每本凭证前面。

2. 根据科目汇总表分次或分期登记总分类账，简化总分类账的登记工作。总分类账可以根据每次汇总编制的科目汇总表随时进行登记，也可以在月末根据科目汇总表的借方发生额和贷方发生额的全月合计数一次登记。

（二）科目汇总表账务处理程序的优点

1. 科目汇总表的编制和使用较为简便，易学易做。

2. 根据科目汇总表一次或分次登记总分类账，大大减轻了登记总分类账的工作量。

3.科目汇总表可以起到试算平衡的作用，有利于保证总账登记的正确性。

（三）科目汇总表账务处理程序的缺点

在科目汇总表和总分类账中，不反映各科目的对应关系，不利于根据账簿记录检查、分析交易或事项的来龙去脉，不便于查对账目。因此，科目汇总表账务处理程序的适用范围较广，特别适用于规模大、业务量多的大、中型企业。

案例：

资料一：海天制衣有限公司 2016 年 6 月 1 日总分类账户余额（如表 3-1）

表 3-1　总分类账户余额表　　　　单位：元

账户名称	借方余额	贷方余额
库存现金	900.00	
银行存款	180000.00	
原材料	63000.00	
库存商品	32000.00	
短期借款		6000.00
应交税费		3000.00
应付账款		5000.00
实收资本		244000.00
本年利润		17900.00
合　计	275900.00	275900.00

资料二：该公司 2016 年 6 月发生下列经济业务（简单业务，只考虑增值税，增值税税率 17%）

1.1 日，收到国家投入资本 60000 元，存入银行。（记字第 1 号）

2.3 日，从和平公司购进 A 材料 800 千克，每千克 50 元，增值税进项税额为 6800 元。共计 46800 元，材料已验收入库，款项已用银行存款支付。（记字第 2 号）

3.7 日，生产甲产品领用 A 材料 300 千克，每千克 50 元，计 15000 元。（记字第 3 号）

4.9 日，南海公司偿还货款 28300 元，款已收，存入银行。（记字第 4 号）

5.10 日，销售甲产品 200 件给兴旺公司，每件 200 元，增值税销项税额为 6800 元。共计 46800 元。款已收到，存入银行。（记字第 5 号）

6.10 日，用银行存款归还前欠利新公司货款 2000 元。（记字第 6 号）

7.12 日，用银行存款归还短期借款 6000 元。（记字第 7 号）

8.15 日，销售甲产品 100 件给吉祥公司，每件 190 元，增值税销项税额为 3230 元。共计 22230 元，货款尚未收到。（记字第 8 号）

9.17 日，张前出差，预借差旅费 800 元，出纳支付现金 800 元。（记字第 9 号）

10.18 日，用银行存款支付产品广告费 3800 元。（记字第 10 号）

11.22 日，张前出差归来，报销差旅费 700 元，余额 100 元退回。（记字第 11 号）

12.24 日，从银行提取现金 2800 元备用。（记字第 12 号）

13.25 日，用现金 2500 元支付职工培训讲课费。（记字第 13 号）

14.30 日，结转本月销售产品成本 29000 元。（记字第 14 号）

15.30 日，将本月损益类账户的余额转入“本年利润”账户。（记字第 15 号、记字第 16 号）

步骤一：编制记账凭证。

根据以上经济业务取得的原始凭证，填制记账凭证，编制的记账凭证如下：

记账凭证

2016 年 6 月 1 日　　　　记字第 1 号

摘要	会计科目		√	借方金额								贷方金额							
	总账科目	明细科目		十	万	千	百	十	元	角	分	十	万	千	百	十	元	角	分
收到投资	银行存款				6	0	0	0	0	0	0								
	实收资本	国家											6	0	0	0	0	0	0
合计				¥	6	0	0	0	0	0	0	¥	6	0	0	0	0	0	0

会计主管：×××　审核：×××　记账：×××　出纳：×××　制单：×××

记账凭证

2016 年 6 月 3 日　　　　记字第 2 号

摘　要	会计科目		√	借方金额								贷方金额							
	总账科目	明细科目		十	万	千	百	十	元	角	分	十	万	千	百	十	元	角	分
购入材料	原材料	A 材料			4	0	0	0	0	0	0								
	应交税费	应交增值税				6	8	0	0	0	0								
	银行存款												4	6	8	0	0	0	0
合　计				¥	4	6	8	0	0	0	0	¥	4	6	8	0	0	0	0

会计主管：×××　　审核：×××　　记账：×××　　出纳：×××　　制单：×××

记账凭证

2016 年 6 月 7 日　　　　记字第 3 号

摘　要	会计科目		√	借方金额								贷方金额							
	总账科目	明细科目		十	万	千	百	十	元	角	分	十	万	千	百	十	元	角	分
领用材料	生产成本	甲产品			1	5	0	0	0	0	0								
	原材料	A 材料											1	5	0	0	0	0	0
合　计				¥	1	5	0	0	0	0	0	¥	1	5	0	0	0	0	0

会计主管：×××　　审核：×××　　记账：×××　　出纳：×××　　制单：×××

记账凭证

2016 年 6 月 9 日　　　　记字第 4 号

摘要	会计科目		√	借方金额								贷方金额							
	总账科目	明细科目		十	万	千	百	十	元	角	分	十	万	千	百	十	元	角	分
收到货款	银行存款				2	8	3	0	0	0	0								
	应收账款	南海公司											2	8	3	0	0	0	0
合计				¥	2	8	3	0	0	0	0	¥	2	8	3	0	0	0	0

会计主管：×××　审核：×××　记账：×××　出纳：×××　制单：×××

记账凭证

2016 年 6 月 10 日　　　　记字第 5 号

摘要	会计科目		√	借方金额								贷方金额							
	总账科目	明细科目		十	万	千	百	十	元	角	分	十	万	千	百	十	元	角	分
销售商品	银行存款				4	6	8	0	0	0	0								
	主营业务收入	甲产品											4	0	0	0	0	0	0
	应交税费	应交增值税												6	8	0	0	0	0
合计				¥	4	6	8	0	0	0	0	¥	4	6	8	0	0	0	0

会计主管：×××　审核：×××　记账：×××　出纳：×××　制单：×××

记账凭证

2016 年 6 月 10 日　　　　记字第 6 号

摘　要	会计科目		√	借方金额								贷方金额							
	总账科目	明细科目		十	万	千	百	十	元	角	分	十	万	千	百	十	元	角	分
偿还货款	应付账款	利新公司				2	0	0	0	0	0								
	银行存款													2	0	0	0	0	0
合　计					¥	2	0	0	0	0	0		¥	2	0	0	0	0	0

会计主管：×××　　审核：×××　　记账：×××　　出纳：×××　　制单：×××

记账凭证

2016 年 6 月 12 日　　　　记字第 7 号

摘　要	会计科目		√	借方金额								贷方金额							
	总账科目	明细科目		十	万	千	百	十	元	角	分	十	万	千	百	十	元	角	分
归还贷款	短期借款					6	0	0	0	0	0								
	银行存款													6	0	0	0	0	0
合　计					¥	6	0	0	0	0	0		¥	6	0	0	0	0	0

会计主管：×××　　审核：×××　　记账：×××　　出纳：×××　　制单：×××

记账凭证

2016 年 6 月 15 日　　　　记字第 8 号

摘　要	会计科目		√	借方金额								贷方金额							
	总账科目	明细科目		十	万	千	百	十	元	角	分	十	万	千	百	十	元	角	分
销售商品	应收账款	吉祥公司			2	2	2	3	0	0	0								
	主营业务收入	甲产品											1	9	0	0	0	0	0
	应交税费	应交增值税												3	2	3	0	0	0
合　计				¥	2	2	2	3	0	0	0	¥	2	2	2	3	0	0	0

会计主管：×××　　审核：×××　　记账：×××　　出纳：×××　　制单：×××

记账凭证

2016 年 6 月 17 日　　　　记字第 9 号

摘　要	会计科目		√	借方金额								贷方金额							
	总账科目	明细科目		十	万	千	百	十	元	角	分	十	万	千	百	十	元	角	分
借差旅费	其他应收款	张前					8	0	0	0	0								
	库存现金														8	0	0	0	0
合　计						¥	8	0	0	0	0			¥	8	0	0	0	0

会计主管：×××　　审核：×××　　记账：×××　　出纳：×××　　制单：×××

记账凭证

2016 年 6 月 18 日　　　　记字第 10 号

摘　要	会计科目		√	借方金额								贷方金额							
	总账科目	明细科目		十	万	千	百	十	元	角	分	十	万	千	百	十	元	角	分
支付广告费	销售费用	广告费				3	8	0	0	0	0								
	银行存款													3	8	0	0	0	0
合　计					¥	3	8	0	0	0	0		¥	3	8	0	0	0	0

会计主管：×××　审核：×××　记账：×××　出纳：×××　制单：×××

记账凭证

2016 年 6 月 22 日　　　　记字第 11 号

摘　要	会计科目		√	借方金额								贷方金额							
	总账科目	明细科目		十	万	千	百	十	元	角	分	十	万	千	百	十	元	角	分
报销差旅费	管理费用						7	0	0	0	0								
	库存现金						1	0	0	0	0								
	其他应收款	张前													8	0	0	0	0
合　计						¥	8	0	0	0	0			¥	8	0	0	0	0

会计主管：×××　审核：×××　记账：×××　出纳：×××　制单：×××

记账凭证

2016 年 6 月 24 日　　记字第 12 号

摘要	会计科目		√	借方金额								贷方金额							
	总账科目	明细科目		十	万	千	百	十	元	角	分	十	万	千	百	十	元	角	分
提取现金	库存现金					2	8	0	0	0	0								
	银行存款													2	8	0	0	0	0
合计					¥	2	8	0	0	0	0		¥	2	8	0	0	0	0

会计主管：×××　　审核：×××　　记账：×××　　出纳：×××　　制单：×××

记账凭证

2016 年 6 月 25 日　　记字第 13 号

摘要	会计科目		√	借方金额								贷方金额							
	总账科目	明细科目		十	万	千	百	十	元	角	分	十	万	千	百	十	元	角	分
支付培训费	应付职工薪酬	职教经费				2	5	0	0	0	0								
	库存现金													2	5	0	0	0	0
合计					¥	2	5	0	0	0	0		¥	2	5	0	0	0	0

会计主管：×××　　审核：×××　　记账：×××　　出纳：×××　　制单：×××

记账凭证

2016 年 6 月 30 日　　记字第 14 号

摘　要	会计科目		√	借方金额								贷方金额							
	总账科目	明细科目		十	万	千	百	十	元	角	分	十	万	千	百	十	元	角	分
结转成本	主营业务成本				2	9	0	0	0	0	0								
库存商品												2	9	0	0	0	0	0	
合　计				¥	2	9	0	0	0	0	0	¥	2	9	0	0	0	0	0

会计主管：×××　审核：×××　记账：×××　出纳：×××　制单：×××

记账凭证

2016 年 6 月 30 日　　记字第 15 号

摘　要	会计科目		√	借方金额								贷方金额							
	总账科目	明细科目		十	万	千	百	十	元	角	分	十	万	千	百	十	元	角	分
结转损益	本年利润				6	7	7	0	0	0	0								
	销售费用	广告费											3	8	0	0	0	0	0
	管理费用														7	0	0	0	0
	主营业务成本	甲产品											2	9	0	0	0	0	0
合　计				¥	6	7	7	0	0	0	0	¥	6	7	7	0	0	0	0

会计主管：×××　审核：×××　记账：×××　出纳：×××　制单：×××

记账凭证

2016 年 6 月 30 日　　　　记字第 16 号

摘　要	会计科目		√	借方金额								贷方金额							
	总账科目	明细科目		十	万	千	百	十	元	角	分	十	万	千	百	十	元	角	分
结转损益	主营业务收入				7	9	0	0	0	0	0								
	本年利润												7	9	0	0	0	0	0
合　计				¥	7	9	0	0	0	0	0	¥	7	9	0	0	0	0	0

会计主管：×××　　审核：×××　　记账：×××　　出纳：×××　　制单：×××

步骤二：现以所编制的记账凭证为依据，采用全部汇总的方法对记账凭证定期汇总（15 天编制科目汇总表）。

（1）"T"字账户（6 月 1 日至 15 日）。

银行存款

借方	贷方
60000	46800
70200	2000
28300	6000
158500	54800

实收资本

借方	贷方
	60000
	60000

原材料

借方	贷方
40000	15000
40000	15000

应交税费

借方	贷方
6800	10200
	3230
6800	13430

生产成本

借方	贷方
15000	
15000	

应收账款

借方	贷方
22230	28300
22230	28300

主营业务收入

借方	贷方
	60000
	19000
	79000

应付账款

借方	贷方
2000	
2000	

短期借款

借方	贷方
6000	
6000	

(2)上面“T”字账记入科目汇总表。

科目汇总表

2016 年 6 月 1 日至 15 日　　　　汇字第 1 号

会计科目	账页	借方发生额	贷方发生额	记账凭证起讫号数
银行存款		158500.00	54800.00	略
实收资本			60000.00	
原材料		40000.00	15000.00	
应交税金		6800.00	13430.00	
生产成本		15000.00		
应收账款		22230.00	28300.00	
主营业务收入			79000.00	
应付账款		2000.00		
短期借款		6000.00		
合　计		250530.00	250530.00	

(3)根据科目汇总表登记总分类账(仅以银行存款总分类账为例,其他从略)。

总　账

科目 银行存款　　　　第×页

15 年		凭证		摘　要	借　方									贷　方									借或贷	余　额								
月	日	字	号		百	十	万	千	百	十	元	角	分	百	十	万	千	百	十	元	角	分		百	十	万	千	百	十	元	角	分
6	1			其实余额																			借		1	8	0	0	0	0	0	0
	15	汇	1	1—15 日汇总计入		1	5	8	5	0	0	0	0			5	4	8	0	0	0	0	借		2	8	3	7	0	0	0	0
				过次页																												

[实训任务]

要求:根据上述实训案例,以所编制的记账凭证为依据,采用全部汇总的方法对16—30日的业务编制科目汇总表,并登记库存现金及银行存款总分类账。

1. “T”字账户。

其他应收款

库 存 现 金

销售费用

银行存款

管理费用

主营业务成本

主营业务收入

库存商品

本年利润

2. 科目汇总表。

科目汇总表

2016 年 6 月 16 日至 30 日　　　　汇字第 2 号

<table>
<tr><th>会计科目</th><th>账　页</th><th>借方发生额</th><th>贷方发生额</th><th>记账凭证起讫号数</th></tr>
<tr><td>库存现金</td><td></td><td></td><td></td><td rowspan="10">略</td></tr>
<tr><td>银行存款</td><td></td><td></td><td></td></tr>
<tr><td>其他应收款</td><td></td><td></td><td></td></tr>
<tr><td>库存商品</td><td></td><td></td><td></td></tr>
<tr><td>管理费用</td><td></td><td></td><td></td></tr>
<tr><td>营业费用</td><td></td><td></td><td></td></tr>
<tr><td>主营业务成本</td><td></td><td></td><td></td></tr>
<tr><td>主营业务收入</td><td></td><td></td><td></td></tr>
<tr><td>本年利润</td><td></td><td></td><td></td></tr>
<tr><td>合　计</td><td></td><td></td><td></td></tr>
</table>

3. 登记总分类账。

总　账

科目 库存现金　　　　第×页

年		凭证		摘　要	借　方									贷　方									借或贷	余　额								
月	日	字	号		百	十	万	千	百	十	元	角	分	百	十	万	千	百	十	元	角	分		百	十	万	千	百	十	元	角	分
				过次页																												

总 账

科目 银行存款　　　　第×页

年		凭证		摘要	借方									贷方									借或贷	余额								
月	日	字	号		百	十	万	千	百	十	元	角	分	百	十	万	千	百	十	元	角	分		百	十	万	千	百	十	元	角	分
				过次页																												

[实训提示]

1.科目汇总表编制的时间,应根据经济业务量的多少而定,可选择三天、五天、十天、十五天或者一个月。

2.科目汇总表编制方法有两种:

(1)全部汇总,即将一定时期内的全部收、付、转记账凭证汇总在一张科目汇总表上,据以登记总分类账。

(2)分类汇总,即将一定时期内的全部收、付、转记账凭证分别汇总,编制成三张科目汇总表,据以登记总分类账。

[实训思考]

1.科目汇总表中的“借方发生额”和“贷方发生额”如何填列?

2.科目汇总表的编制方法有哪些?

3.如何采用科目汇总表核算程序登记总分类账?

任务五　登记日记账、明细账和总分类账

[能力目标]

通过本项实训的学习,学生能初步掌握日记账的登记方法,掌握总分类账和所属明细分类账之间的关系及登记方法。

[实训用具]

1. 三栏式现金日记账、银行存款日记账、明细账账页、总账账页。
2. 原始凭证。
3. 通用记账凭证。

[内容介绍]

一、会计账簿的基本内容

1. 封面:主要标明账簿的名称,如总分类账、库存现金日记账、银行存款日记账、各种明细分类账等。

2. 扉页:扉页上主要载明账簿启用登记和经管人员一览表及账户目录。

3. 账页:账页包括账户的名称(一级科目、二级或明细科目)、登记账簿的日期栏、记账凭证的种类和号数栏、摘要栏(记录经济业务内容的简要说明)、金额栏(记录经济业务的增减变动和余额)、总页次和分户页次栏等基本内容和人员交接。

二、会计账簿的启用规则

1. 在账簿封面上写明单位名称和账簿名称,并认真填写"账簿启用登记和经管人员一览表",并加盖单位公章和有关个人章。

2.启用订本式账簿，应当以第一页到最后一页为顺序编定页码，不得跳页、缺号。

3.在账页上开设账户，即填列会计科目。

三、会计账簿的登记规则

为了保证账簿记录的准确、整洁，应当根据审核无误的会计凭证登记会计账簿。

1.登记会计账簿时，应当将会计凭证日期、编号、业务内容摘要、金额和其他有关资料逐项记入账内，做到数字准确、摘要清楚、登记及时、字迹工整。

2.账簿登记完毕后，要在记账凭证上签名或者盖章，并在记账凭证的"过账"栏内注明账簿页数或画对勾，注明已经登账的符号，表示已经记账完毕，避免重记、漏记。

3.账簿中书写的文字和数字上面要留有适当的空格，不要写满格，一般应占格距的1/2。

4.为了保持账簿记录的持久性，防止涂改，登记账簿必须使用蓝黑墨水或碳素墨水书写，不得使用圆珠笔(银行的复写账簿除外)或者铅笔书写。

5.特殊记账使用红墨水，在下列情况下，可以用红色墨水记账：

(1)按照红字冲账的记账凭证，冲销错误记录。

(2)在不设借贷等栏的多栏式账页中，登记减少数。

(3)在三栏式账户的余额栏前，如未印明余额方向的，在余额栏内登记负数余额。

(4)根据国家统一的会计制度的规定可以用红字登记的其他会计记录。

由于会计中的红字表示负数，因而除上述情况外，不得用红色墨水登记账簿。

6.在登记各种账簿时，应按页次顺序连续登记，不得隔页、跳行。如发生隔页、跳行现象，应在空页、空行处用红色墨水画对角线注销，或者注明"此页空白"或"此行空白"字样，并由记账人员签章。

7.凡需要结出余额的账户，结出余额后，应当在"借或贷"栏目内注明"借"或"贷"字样，以示余额的方向；对于没有余额的账户，应在"借或贷"栏内写"平"字，并在"余额栏"用"0"表示。现金日记账和银行存款日记账必须逐日结出余额。

8. 每一账页登记完毕结转下页时，应当结出本页合计数及余额，写在本页最后一行和下页第一行相关栏内，并在摘要栏内注明“过次页”和“承前页”字样；也可以将本页合计数及金额只写在下页第一行相关栏内，并在摘要栏内注明“承前页”字样，以保持账簿记录的连续性，便于对账和结账。

对需要结计本月发生额的账户，结计“过次页”的本页合计数应当为自本月初起至本页末止的发生额合计数；对需要结计本年累计发生额的账户，结计“过次页”的本页合计数应当为自年初起至本页末止的累计数；对既不需要结计本月发生额也不需要结计本年累计发生额的账户，可以只将每页末的余额结转次页。

四、日记账的设置与登记

日记账一般分为普通日记账和特种日记账两种。现金日记账、银行存款日记账是常用的两种特种日记账。

（一）现金日记账

现金日记账是用来逐日反映库存现金的收入、付出及结余情况的特种日记账。它是由单位出纳人员根据审核无误的现金收、付款凭证和从银行提现的银付凭证逐笔进行登记的。现金日记账是用来核算和监督库存现金每天的收入、支出和结存情况的账簿。由出纳人员根据与现金收付有关的记账凭证，如现金收款、现金付款、银行付款（提现业务）凭证，逐日逐笔进行登记，并随时结记余额。

登记现金日记账时，除了遵循账簿登记的基本要求外，还应注意以下栏目的填写方法：

1. 日期。“日期”栏中填入的应为据以登记账簿的会计凭证上的日期，现金日记账一般依据记账凭证登记。因此，此处日期为编制该记账凭证的日期，不能填写原始凭证上记载的发生或完成该经济业务的日期，也不是实际登记该账簿的日期。

2. 凭证编号。“凭证编号”栏中应填入据以登账的会计凭证类型及编号。如，企业采用通用凭证格式，根据记账凭证登记现金日记账时，填入“记×号”；企业采用专用凭证格式，根据现金收款凭证登记现金日记账时，填入“收

×号”。

3. 摘要。“摘要”栏简要说明入账的经济业务的内容,力求简明扼要。

4. 借方、贷方。“借方金额”栏、“贷方金额”栏应根据相关凭证中记录的“库存现金”科目的借贷方向及金额记入。

5. 余额。“余额”栏应根据“本行余额=上行余额+本行借方-本行贷方”公式计算填入。正常情况下库存现金不允许出现贷方余额,因此,现金日记账余额栏前未印有借贷方向,其余额方向默认为借方。若在登记现金日记账过程中,由于登账顺序等特殊情况出现了贷方余额,则在“余额”栏用红字登记,表示贷方余额。

除此之外,现金日记账还要定期做好对账工作 。对账就是指对账簿记录所做的核对工作。为了保证账簿所提供的会计资料正确、真实、可靠,出纳人员在记完账后,还应定期做好对账工作,做到账证相符、账账相符、账实相符。

对账工作主要包括以下三个内容:

1. 账证核对:主要是由出纳人员将现金日记账和与其相关的收、付款凭证进行核对。

2. 账账核对:主要是由出纳人员将现金日记账的期末余额与会计相应的现金和银行存款总账的期末余额进行核对。

3. 账实核对:主要是由出纳人员将现金日记账账面余额与实际库存现金数额进行核对,将银行存款日记账账面余额与银行对账单进行核对。

(二)银行存款日记账

银行存款日记账通常也是由出纳员根据审核后的有关银行存款收、付款凭证,逐日逐笔按顺序登记的。登记银行存款日记账的总的要求是:银行存款日记账由出纳人员专门负责登记,登记时必须做到反映经济业务的内容完整,登记账目及时,凭证齐全,账证相符,数字真实、准确,书写工整,摘要清楚明了,便于查阅,不重记,不漏记,不错记,按期结算,不拖延积压,按规定方法更正错账,从而使账目既能明确经济责任,又清晰美观。

银行存款日记账也是各单位重要的经济档案之一,在启用账簿时,应按有关规定和要求填写“账簿启用表”,具体填制要求可参照现金日记账的填制方法。

五、总分类账的设置与登记

总分类账是按每一个总分类科目开设账页，进行分类登记的账簿，它能总括地反映各会计要素具体内容的增减变动和变动结果，编制会计报表就是以这些分类账所提供的资料为依据的。它一般采用三栏式账页格式。

总分类账登记的依据和方法，主要取决于所采用的账务处理程序。它可以直接根据记账凭证逐笔登记，也可以通过一定的汇总方式，先把各种记账凭证汇总编制成科目汇总表或汇总记账凭证，再据以登记。月终，在全部经济业务登记入账后，结出各账户的本期发生额和期末余额。

六、明细分类账的设置与登记

明细分类账是按照明细科目开设的用来分类登记某一类经济业务，提供明细核算资料的分类账户。它所提供的有关经济活动的详细资料，是对总分类账所提总括核算资料的必要补充，同时也是编制会计报表的依据。

明细账的格式应根据各单位经营业务的特点和管理需要来确定，常用的格式主要有：

（一）“三栏式”明细分类账

“三栏式”明细分类账的账页格式同总分类账的格式基本相同，它只设“借方”“贷方”和“余额”三个金额栏。其适用于“应收账款”“应付账款”等只需进行金额核算的明细账。

（二）“数量金额式”明细分类账

“数量金额式”明细分类账的账页，其基本结构为“收入”“发出”和“结存”三栏，在这些栏内再分别设有“数量”“单价”“金额”等项目，以分别登记实物的数量和金额。这种格式的明细账适用于既要进行金额明细核算，又要进行数量明细核算的财产物资项目。如“原材料”“产成品”等账户的明细核算。它能提供各种财产物资收入、发出、结存等的数量和金额资料，便于开展业务和加强管理。

（三）“多栏式”明细账

“多栏式”明细账的格式视管理需要而呈多种多样，它在一张账页上，按照明细科目分设若干专栏，集中反映有关明细项目的核算资料。

这种格式的明细账适用于费用成本、收入成果类的明细核算。如“生产成本明细账”，它只设一栏借方，下按成本设置专栏，贷方发生额用红字在有关专栏内登记。

(四)“横线登记法”明细账

“横线登记法”明细账是在账页的同一行内，逐笔逐项登记每笔经济业务的“借方”和与其相对应的“贷方”。其适用于材料采购业务的付款和收料，备用金业务的支出和报销收回等情况。

案例：

资料一：大同工厂 2016 年 6 月 1 日总分类账户期初余额(如表 3-2)

表 3-2　期初余额表　　单位：元

账户	借方余额	账户	贷方余额
库存现金	1000.00	应付账款	30000.00
银行存款	270000.00	累计折旧	151000.00
原材料	20000.00	实收资本	1100000.00
库存商品	380000.00	资本公积	90000.00
固定资产	700000.00		
合　计	1371000.00	合　计	1371000.00

有关明细账户期初余额资料如下：

原材料：

甲材料　200 吨　单价 150 元　计 30000 元

乙材料　150 吨　单价 100 元　计 5000 元

库存商品：

A 产品　400 件　单价 500 元　计 200000 元

B 产品　600 件　单价 300 元　计 180000 元

资料二：该企业 2016 年 6 月发生下列经济业务

1.3 日，向云海公司购入甲材料 300 吨，单价 150 元，增值税进项税额为 7650 元，甲材料已经验收入库，款项以银行存款支付。

记账凭证

2016 年 6 月 3 日　　　　记字第 1 号

摘要	会计科目		√	借方金额								贷方金额							
	总账科目	明细科目		十	万	千	百	十	元	角	分	十	万	千	百	十	元	角	分
购入材料	原材料	甲材料			4	5	0	0	0	0	0								
	应交税费	应交增值税				7	6	5	0	0	0								
	银行存款												5	2	6	5	0	0	0
合计				¥	5	2	6	5	0	0	0	¥	5	2	6	5	0	0	0

会计主管：××× 审核：××× 记账：××× 出纳：××× 制单：×××

2.7 日，向五星工厂购入乙材料 500 吨，单价 100 元，该厂代垫运杂费 400 元，增值税进项税额为 8500 元，材料尚未到达，款项以银行存款支付。

记账凭证

2016 年 6 月 7 日　　　　记字第 2 号

摘要	会计科目		√	借方金额								贷方金额							
	总账科目	明细科目		十	万	千	百	十	元	角	分	十	万	千	百	十	元	角	分
购入材料	在途物资	乙材料			5	0	4	0	0	0	0								
	应交税费	应交增值税				8	5	0	0	0	0								
	银行存款												5	8	9	0	0	0	0
合计				¥	5	8	9	0	0	0	0	¥	5	8	9	0	0	0	0

会计主管：××× 审核：××× 记账：××× 出纳：××× 制单：×××

3.8 日，开出支票，支付前欠远东公司账款 30000 元。

记 账 凭 证

2016 年 6 月 8 日　　记字第 3 号

摘要	会计科目		√	借方金额								贷方金额							
	总账科目	明细科目		十	万	千	百	十	元	角	分	十	万	千	百	十	元	角	分
支付欠款	应付账款	远东公司			3	0	0	0	0	0	0								
	银行存款												3	0	0	0	0	0	0
合计				¥	3	0	0	0	0	0	0	¥	3	0	0	0	0	0	0

会计主管：×××　　审核：×××　　记账：×××　　出纳：×××　　制单：×××

4.10 日，7 日购入的乙材料到达企业，验收入库，结转乙材料的实际采购成本。

记 账 凭 证

2016 年 6 月 10 日　　记字第 4 号

摘要	会计科目		√	借方金额								贷方金额							
	总账科目	明细科目		十	万	千	百	十	元	角	分	十	万	千	百	十	元	角	分
材料入库	原材料	乙材料			5	0	4	0	0	0	0								
	在途物资	乙材料											5	0	4	0	0	0	0
合计				¥	5	0	4	0	0	0	0	¥	5	0	4	0	0	0	0

会计主管：×××　　审核：×××　　记账：×××　　出纳：×××　　制单：×××

5.12 日，本月份仓库发出下列材料，供有关方面耗用：A 产品耗用甲材料 280 吨，单价 150 元，乙材料 80 吨，单价 100.80 元；B 产品领用甲材料 100 吨，单价 150 元，乙材料 400 吨，单价 100.80 元；车间一般耗用甲材料 40 吨，单价 150 元；管理部门耗用乙材料 10 吨，单价 100.80 元。

记账凭证

2016 年 6 月 12 日　　记字第 5 号

摘　要	会计科目		√	借方金额								贷方金额							
	总账科目	明细科目		十	万	千	百	十	元	角	分	十	万	千	百	十	元	角	分
发出材料	生产成本	A 产品			5	0	0	6	4	0	0								
		B 产品			5	5	3	2	0	0	0								
	制造费用	甲材料				6	0	0	0	0	0								
	管理费用	乙材料				1	0	0	8	0	0								
	原材料	甲材料											6	3	0	0	0	0	0
		乙材料											4	9	3	9	2	0	0
合　计				1	1	2	3	9	2	0	0	1	1	2	3	9	2	0	0

会计主管：×××　　审核：×××　　记账：×××　　出纳：×××　　制单：×××

6.15 日，结算本月应付职工工资：生产 A 产品工人工资 35000 元。生产 B 产品工人工资 45000 元，车间管理人员工资 10000 元，管理人员工资 9500 元。

记账凭证

2016 年 6 月 15 日　　记字第 6 号

摘　要	会计科目		√	借方金额								贷方金额							
	总账科目	明细科目		十	万	千	百	十	元	角	分	十	万	千	百	十	元	角	分
结算工资	生产成本	A 产品			3	5	0	0	0	0	0								
		B 产品			4	5	0	0	0	0	0								
	制造费用	工资			1	0	0	0	0	0	0								
	管理费用	工资				9	5	0	0	0	0								
	应付职工薪酬	工资											9	9	5	0	0	0	0
合　计				¥	9	9	5	0	0	0	0	¥	9	9	5	0	0	0	0

会计主管：×××　　审核：×××　　记账：×××　　出纳：×××　　制单：×××

7.15 日，提取现金准备发放职工工资。

记账凭证

2016 年 6 月 15 日　　记字第 7 号

摘要	会计科目		√	借方金额								贷方金额							
	总账科目	明细科目		十	万	千	百	十	元	角	分	十	万	千	百	十	元	角	分
提取现金	库存现金				9	9	5	0	0	0	0								
	银行存款												9	9	5	0	0	0	0
合计				¥	9	9	5	0	0	0	0	¥	9	9	5	0	0	0	0

会计主管：××× 审核：××× 记账：××× 出纳：××× 制单：×××

8.15 日，按工资总额的 14%计提职工福利费。

记账凭证

2016 年 6 月 15 日　　记字第 8 号

摘要	会计科目		√	借方金额								贷方金额							
	总账科目	明细科目		十	万	千	百	十	元	角	分	十	万	千	百	十	元	角	分
提福利费	生产成本	A 产品				4	9	0	0	0	0								
		B 产品				6	3	0	0	0	0								
	制造费用	福利费				1	4	0	0	0	0								
	管理费用	福利费				1	3	3	0	0	0								
	应付职工薪酬	福利费											1	3	9	3	0	0	0
合计				¥	1	3	9	3	0	0	0	¥	1	3	9	3	0	0	0

会计主管：××× 审核：××× 记账：××× 出纳：××× 制单：×××

9.20 日，按规定的固定资产折旧率计提折旧，车间计提 8000 元，厂部计提 2000 元。

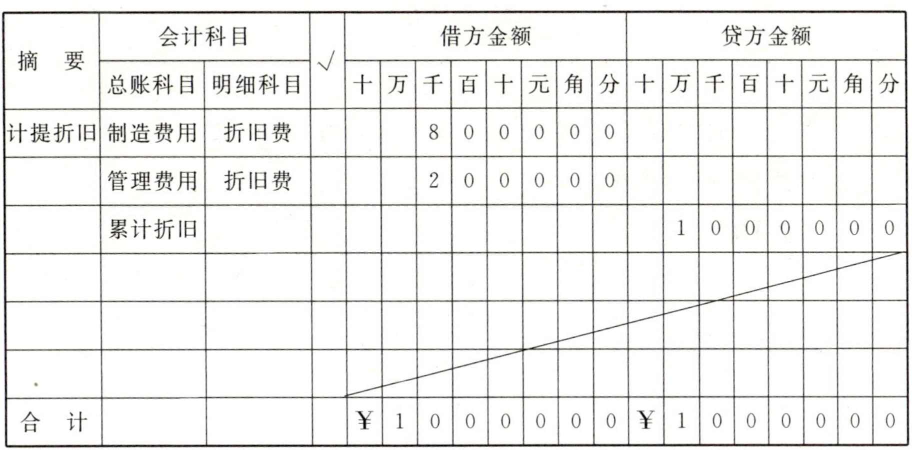

记 账 凭 证

2016 年 6 月 20 日　　　　记字第 9 号

摘　要	会计科目		√	借方金额								贷方金额							
	总账科目	明细科目		十	万	千	百	十	元	角	分	十	万	千	百	十	元	角	分
计提折旧	制造费用	折旧费				8	0	0	0	0	0								
	管理费用	折旧费				2	0	0	0	0	0								
	累计折旧												1	0	0	0	0	0	0
合　计				¥	1	0	0	0	0	0	0	¥	1	0	0	0	0	0	0

会计主管：×××　　审核：×××　　记账：×××　　出纳：×××　　制单：×××

10.23 日，用 150 元现金购买办公用品。

记 账 凭 证

2016 年 6 月 23 日　　　　记字第 10 号

摘　要	会计科目		√	借方金额								贷方金额							
	总账科目	明细科目		十	万	千	百	十	元	角	分	十	万	千	百	十	元	角	分
购买办公用品	管理费用	办公费					1	5	0	0	0								
	库存现金														1	5	0	0	0
合　计						¥	1	5	0	0	0			¥	1	5	0	0	0

会计主管：×××　　审核：×××　　记账：×××　　出纳：×××　　制单：×××

11.27 日，用银行存款支付车间负担的水费 3000 元。

记账凭证

2016 年 6 月 27 日　　记字第 11 号

摘　要	会计科目		√	借方金额								贷方金额							
	总账科目	明细科目		十	万	千	百	十	元	角	分	十	万	千	百	十	元	角	分
支付水费	制造费用	水电费				3	0	0	0	0	0								
	银行存款													3	0	0	0	0	0
合　计					¥	3	0	0	0	0	0		¥	3	0	0	0	0	0

会计主管：×××　审核：×××　记账：×××　出纳：×××　制单：×××

12.28 日，用银行存款 800 元支付广告费。

记账凭证

2016 年 6 月 28 日　　记字第 12 号

摘　要	会计科目		√	借方金额								贷方金额							
	总账科目	明细科目		十	万	千	百	十	元	角	分	十	万	千	百	十	元	角	分
支付广告费	销售费用	广告费					8	0	0	0	0								
	银行存款														8	0	0	0	0
合　计						¥	8	0	0	0	0			¥	8	0	0	0	0

会计主管：×××　审核：×××　记账：×××　出纳：×××　制单：×××

13.30 日，将本月发生的制造费用总额，按生产工人工资比例分配计入产品生产成本。

记 账 凭 证

2016 年 6 月 30 日　　　　记字第 13 号

摘　要	会计科目		√	借方金额								贷方金额							
	总账科目	明细科目		十	万	千	百	十	元	角	分	十	万	千	百	十	元	角	分
转出制造费用	生产成本	A 产品			1	2	4	2	5	0	0								
		B 产品			1	5	9	7	5	0	0								
	制造费用												2	8	4	0	0	0	0
合　计				¥	2	8	4	0	0	0	0	¥	2	8	4	0	0	0	0

会计主管：×××　　审核：×××　　记账：×××　　出纳：×××　　制单：×××

14.30 日，A 产品 200 件和 B 产品 400 件全部完工并验收入库，结转其实际生产成本。

记 账 凭 证

2016 年 6 月 30 日　　　　记字第 14 号

摘　要	会计科目		√	借方金额								贷方金额							
	总账科目	明细科目		十	万	千	百	十	元	角	分	十	万	千	百	十	元	角	分
完工产品入库	库存商品	A 产品		1	0	2	3	8	9	0	0								
		B 产品		1	2	2	5	9	5	0	0								
	生产成本	A 产品										1	0	2	3	8	9	0	0
		B 产品										1	2	2	5	9	5	0	0
合　计				2	2	4	9	8	4	0	0	2	2	4	9	8	4	0	0

会计主管：×××　　审核：×××　　记账：×××　　出纳：×××　　制单：×××

15. 30 日，销售 A 产品 15 件，单价 600 元，销售 B 产品 30 件，单价 400 元，增值税额为销售额的 17%，货款已存入银行。

记账凭证

2016 年 6 月 30 日　　记字第 15 号

摘要	会计科目		√	借方金额								贷方金额							
	总账科目	明细科目		十	万	千	百	十	元	角	分	十	万	千	百	十	元	角	分
销售产品	银行存款				2	4	5	7	0	0	0								
	应交税费	应交增值税												3	5	7	0	0	0
	主营业务收入	A 产品												9	0	0	0	0	0
		B 产品											1	2	0	0	0	0	0
合计				¥	2	4	5	7	0	0	0	¥	2	4	5	7	0	0	0

会计主管：×××　审核：×××　记账：×××　出纳：×××　制单：×××

16. 30 日，结转已销 A、B 产品的实际生产成本，A 产品单位成本为 500 元，B 产品单位成本为 300 元。

记账凭证

2016 年 6 月 30 日　　记字第 16 号

摘要	会计科目		√	借方金额								贷方金额							
	总账科目	明细科目		十	万	千	百	十	元	角	分	十	万	千	百	十	元	角	分
结转成本	主营业务成本	A 产品				7	5	0	0	0	0								
		B 产品				9	0	0	0	0	0								
	库存商品	A 产品												7	5	0	0	0	0
		B 产品												9	0	0	0	0	0
合计				¥	1	6	5	0	0	0	0	¥	1	6	5	0	0	0	0

会计主管：×××　审核：×××　记账：×××　出纳：×××　制单：×××

资料三：登记账页示范

1. 日记账。

现金日记账

第×页

2016年		凭证		摘　要	借　方									贷　方									借或贷	余　额								
月	日	字	号		百	十	万	千	百	十	元	角	分	百	十	万	千	百	十	元	角	分		百	十	万	千	百	十	元	角	分
6	1			期初余额																			借				1	0	0	0	0	0
	15	记	7	提取现金			9	9	5	0	0	0	0										借		1	0	0	5	0	0	0	0
	23	记	10	购买办公用品														1	5	0	0	0	借		1	0	0	3	5	0	0	0
				本月合计		¥	9	9	5	0	0	0	0				¥	1	5	0	0	0	借	¥	1	0	0	3	5	0	0	0
				过次页																												

2. 总分类账。

总　账

科目　在途物资　　　　　　　　　　　　　　　　　　　　　　　　第×页

2016年		凭证		摘　要	借　方									贷　方									借或贷	余　额								
月	日	字	号		百	十	万	千	百	十	元	角	分	百	十	万	千	百	十	元	角	分		百	十	万	千	百	十	元	角	分
6	7	记	2	购入材料			5	0	4	0	0	0	0																			
	10	记	4	材料入库												5	0	4	0	0	0	0	平							0		
				本月合计		¥	5	0	4	0	0	0	0		¥	5	0	4	0	0	0	0	平							0		
				过次页																												

3. 明细分类账。

制造费用明细账

第×页

2016年		凭证		摘要	材料费							工资及福利							折旧							水电费							合计						
月	日	字	号		万	千	百	十	元	角	分	万	千	百	十	元	角	分	万	千	百	十	元	角	分	万	千	百	十	元	角	分	万	千	百	十	元	角	分
6	12	记	5	发出材料			6	0	0	0	0																												
	15	记	6	提工资								1	0	0	0	0	0	0																					
	15	记	8	提福利									1	4	0	0	0	0																					
	20	记	9	提取折旧																8	0	0	0	0	0														
	27	记	11	支付水费																							3	0	0	0	0	0							
	30	记	13	月末转出			6	0	0	0	0	1	1	4	0	0	0	0		8	0	0	0	0	0		3	0	0	0	0	0					0		
																																	2	8	4	0	0	0	0

原材料明细账

明细科目：甲材料

品名：甲材料　　存放地点：仓库　　计量单位：吨　　编号：

2016年		凭证		摘要	收入									发出									结存								
月	日	字	号		数量(吨)	单价(元)	金额							数量(吨)	单价(元)	金额							数量(吨)	单价(元)	金额						
							万	千	百	十	元	角	分			万	千	百	十	元	角	分			万	千	百	十	元	角	分
6	1			期初余额																			200	150	3	0	0	0	0	0	0
	3	记	1	购入甲材料	300	150	4	5	0	0	0	0	0																		
	12	记	5	发出材料										420	150	6	3	0	0	0	0	0	80	150	1	2	0	0	0	0	0

[实训任务]

要求：根据案例资料，登记以下账页。

银行存款日记账

第×页

年		凭证		摘要	借方									贷方									借或贷	余额								
月	日	字	号		百	十	万	千	百	十	元	角	分	百	十	万	千	百	十	元	角	分		百	十	万	千	百	十	元	角	分
				过次页																												

总　账

科目　银行存款　　　　　　　　　　　　　　　　　　　第×页

年		凭证		摘要	借方									贷方									借或贷	余额								
月	日	字	号		百	十	万	千	百	十	元	角	分	百	十	万	千	百	十	元	角	分		百	十	万	千	百	十	元	角	分
				过次页																												

总 账

科目 生产成本　　　　　　　　　　　　　　第×页

年		凭证		摘要	借方									贷方									借或贷	余额								
月	日	字	号		百	十	万	千	百	十	元	角	分	百	十	万	千	百	十	元	角	分		百	十	万	千	百	十	元	角	分
				过次页																												

总 账

科目 原材料　　　　　　　　　　　　　　第×页

年		凭证		摘要	借方									贷方									借或贷	余额								
月	日	字	号		百	十	万	千	百	十	元	角	分	百	十	万	千	百	十	元	角	分		百	十	万	千	百	十	元	角	分
				过次页																												

总　账

科目　应付账款　　　　　　　　　　　　　　　　　　　　　　　　　　第×页

年		凭证		摘　要	借　方									贷　方									借或贷	余　额								
月	日	字	号		百	十	万	千	百	十	元	角	分	百	十	万	千	百	十	元	角	分		百	十	万	千	百	十	元	角	分
				过次页																												

总　账

科目　应交税费　　　　　　　　　　　　　　　　　　　　　　　　　　第×页

年		凭证		摘　要	借　方									贷　方									借或贷	余　额								
月	日	字	号		百	十	万	千	百	十	元	角	分	百	十	万	千	百	十	元	角	分		百	十	万	千	百	十	元	角	分
				过次页																												

总账

科目 管理费用　　　　第×页

年		凭证		摘要	借方									贷方									借或贷	余额								
月	日	字	号		百	十	万	千	百	十	元	角	分	百	十	万	千	百	十	元	角	分		百	十	万	千	百	十	元	角	分
				过次页																												

总账

科目 制造费用　　　　第×页

年		凭证		摘要	借方									贷方									借或贷	余额								
月	日	字	号		百	十	万	千	百	十	元	角	分	百	十	万	千	百	十	元	角	分		百	十	万	千	百	十	元	角	分
				过次页																												

总 账

科目 应付职工薪酬　　　　第×页

年		凭证		摘要	借方									贷方									借或贷	余额								
月	日	字	号		百	十	万	千	百	十	元	角	分	百	十	万	千	百	十	元	角	分		百	十	万	千	百	十	元	角	分
				过次页																												

总 账

科目 销售费用　　　　第×页

年		凭证		摘要	借方									贷方									借或贷	余额								
月	日	字	号		百	十	万	千	百	十	元	角	分	百	十	万	千	百	十	元	角	分		百	十	万	千	百	十	元	角	分
				过次页																												

原材料明细账

明细科目：乙材料

品名：________ 存放地点：________ 计量单位：________ 编号：________

年		凭证		摘要	收入									发出									结存								
月	日	字	号		数量	单价	金额							数量	单价	金额							数量	单价	金额						
							万	千	百	十	元	角	分			万	千	百	十	元	角	分			万	千	百	十	元	角	分

库存商品明细账

明细科目：A 产品

品名：________ 存放地点：________ 计量单位：________ 编号：________

年		凭证		摘要	收入									发出									结存								
月	日	字	号		数量	单价	金额							数量	单价	金额							数量	单价	金额						
							万	千	百	十	元	角	分			万	千	百	十	元	角	分			万	千	百	十	元	角	分

库存商品明细账

明细科目：B产品

品名：________　存放地点：________　计量单位：________　编号：________

年		凭证		摘要	收入									发出									结存								
月	日	字	号		数量	单价	金额							数量	单价	金额							数量	单价	金额						
							万	千	百	十	元	角	分			万	千	百	十	元	角	分			万	千	百	十	元	角	分

生产成本明细账

产品名称：A产品　　　　第×页

年		凭证		摘要	直接材料									直接人工									制造费用									合计								
月	日	字	号		百	十	万	千	百	十	元	角	分	百	十	万	千	百	十	元	角	分	百	十	万	千	百	十	元	角	分	百	十	万	千	百	十	元	角	分

生产成本明细账

产品名称：B产品　　　　第×页

年		凭证		摘 要	直接材料									直接人工									制造费用									合计								
月	日	字	号		百	十	万	千	百	十	元	角	分	百	十	万	千	百	十	元	角	分	百	十	万	千	百	十	元	角	分	百	十	万	千	百	十	元	角	分

[实训提示]

1.现金日记账、银行存款日记账和总分类账必须采用订本式账簿。不得用银行对账单或其他方法代替日记账。

2.启用订本式账簿，应当从第一页到最后一页顺序编号，不得跳页、缺号。使用活页式账页，应当按账户顺序编号，并须定期装订成册，装订后再按实际使用的账页顺序编定页码，另加目录，记明每个账户的名称和页次。

3.实行会计电算化的单位，总分类账和明细分类账应当定期打印。发生收款和付款业务的，在输入收款凭证和付款凭证的当天必须打印出现金日记账和银行存款日记账，并与库存现金核对无误。用计算机打印的会计账簿必须连续编号，经审核无误后装订成册，并由记账人员和会计机构负责人、会计主管人员签字或盖章。

4.开始使用账簿时，要贴足印花税票。印花税票粘贴在账簿使用登记表中的“印花税票”项内。

5.账簿中的文字和数字不要写满格，一般应占有格高的1/2，留有画线改错的余地。

6.各种账簿应连续记载会计事项。每一页记载完毕时，应在该账页的最后一行摘要栏内注明“过次页”字样，结出合计数和余额；并将合计数和余额记入下一页第一行有关栏内，在摘要栏内注明“承前页”字样。

[实训思考]

1. 账簿登记如发生错误，可采用什么方法进行更正？
2. 账页登记时使用什么笔？
3. 账页登记过程中如遇调换记账人员，应办理什么样的手续？
4. 在什么样的情况下，账页中可出现红色墨水笔字迹？

任务六　更正错账

[能力目标]

通过本部分内容的实训，学生应掌握错账更正的方法，并能对发生的错账选择正确的方法加以更正。

[实训用具]

1. 原始凭证。
2. 记账凭证。
3. 总分类账账页。
4. 明细分类账账页。

[内容介绍]

一、产生错账的原因

1. 方向记错。是指登记账簿时把账簿中借方和贷方的记账方向颠倒，即把借方记成贷方或把贷方记成借方。

2. 账户记错。是指登记账簿时将账户搞错，如应在现金日记账中登记的，却记入了银行存款日记账。

3. 数字移位。是指登记账簿时将数字位数（或小数点）向前或向后移动。

如将100.00元写成1000.00元，将500.00元写成50.00元。

4.邻位数字颠倒。是指登记账簿时将一个数字中的相邻两位数字颠倒登记。如将32元写成23元，将152元写成512元。

5.重记。将已经记入账簿的金额，又重复登记入账。

6.漏记。在登记账簿时将某一张记账凭证上的金额遗漏，未记入账簿。

7.其他错误。一是会计原理、准则运用错误：这些错误的出现是指在会计凭证的填制、会计科目的设置、会计核算形式的选用、会计核算程序的设计等会计核算的各个环节出现不符合会计原理、准则等规定的错误。二是计算错误：确定计量单位错误、选择计算方法错误和运用计算公式错误、结账时发现数字打错，余额记错，从而导致不符等。

二、查找错账的方法

在结账和对账时，发现账簿记录有错误，应及时查出原因。查找错账也是记账人员必须掌握的一门技术。为了使记账人员能及时、迅速地查找出账簿记录中的错误，一般有以下几种常用的查错方法。

1.顺查法。就是按照记账程序，从编制凭证→登记账簿→结算余额，进行逐笔检查的一种方法。这种方法主要用于期末对账簿进行全面核对和不规则错误的查找上。

2.差数法。就是根据错账的差数进行查找，以确定错账的一种方法。这种方法主要用于查找重记或漏记的错误。如某日现金日记账的余额为135元，库存实有现金为95元，其差额为40元，即可根据其差额查找现金日记账中是否有收入重记40元或付出漏记40元。

3.二除法。就是根据错账的差数被二除尽的商在账簿中进行查找，以确定错账的一种方法。这种方法主要用于查找借贷方向记错而引起的错误。如错账的差数为956元，将此数除以2，其商为478元，即可从账簿记录中查找是否有478元这个数字，如果有此数，再看它借贷方向是否记错。

4.九除法。就是根据错账的差数被9除尽的商在账簿中进行查找，以确定错账的一种方法。这种方法主要用于查找因数字错位和邻位数字颠倒而引起的错误。

(1)数字错位。如500.00元写成50.00元，其差数为450.00元，将此数除以 9,其商为 50.00 元,即从账簿记录中查找 500.00 元或 50.00 元的数字,再看它是否有错位情况。

(2)邻位数字颠倒。如将 745 元写成 754 元,其差数为 9,除以 9,其商为 1 元,即可能是 1 与 0、2 与 1、3 与 2、4 与 3、5 与 4、6 与 5、7 与 6、8 与 7、9 与 8,相差 1 的两个邻位数字颠倒,由于商数是个位数,即可能是十位与个位数字颠倒;又如将 745 元写成 475 元,其差数为 270 元,除以 9,其商为 30 元,即可能是 3 与 0、4 与 1、5 与 2、6 与 3、7 与 4、8 与 5、9 与 6,相差 3 的两个邻位数字颠倒,由于商数为十位数,即可能是百位与十位数字颠倒,依次类推。

三、错账更正的方法

(一)画线更正法

记账以后,如果发现记账凭证无错,只是账簿记录中的文字或数字有错误,一般可采用画线更正法。更正时,应在错误的文字或全部数字正中划一条红线,以示注销。画线时应使原来字迹仍能辨认,以便核查,然后再将正确的文字或数字写在注销的文字或数字上面,并由记账人员在红线的右侧盖章,以明确责任。对于错误的数字,不管记错几个数字字符,均将整个数据全部画线更正,不得只更正其中的错误字符。如将 3612 误记为 3012,更正时应将 3012 全部画线注销,并在该数据上面书写 3612,对于文字差错,可只划去错误的文字,而不必全部划掉重写。

如果对账不及时或其他原因造成连续结转的余额错误,画线更正必然连续更正很多数字,对账簿的整洁造成影响。因而可以在画线更正原错误数字后,只要在发现差错的下面,对第一个余额和最后一个余额进行更正,并在最后一行的“摘要”栏内做说明,不必逐行画线更正。如银行存款日记账 6 月 20 日有一笔业务收入为 3500 元误记为 3000 元,使当日余额少结 500 元,并使应结余额 41800 元误结成 41300 元,直到 30 日才发现,连续 11 天的余额少结 500 元。更正时,首先对 6 月 20 日的发生额 3000 画线注销,并将其更正为 3500 元,对少结的余额不必逐行画线更正,只要在 30 日最后一行“摘要”栏内写明 6 月 20 日原结 41300 元,应结 41800 元,然后将 6 月 20 日余额 41300 元画线注销,填写正确余额 41800 元,再在 30 日余额栏画线更正为正确余额。

(二)红字更正法

红字更正法(也称红字冲销法)。记账以后,发现记账凭证中会计科目、借贷方向或金额错误时,应采用红字更正法。更正时,应用红笔填制一张与错误记账凭证相同的红字记账凭证,并据以用红笔登记入账,以示冲销原有的错误记录。然后重新用蓝字填制一张正确的记账凭证,再据以重新登记入账,以示更正。

1.会计科目用错。

例如:新世纪有限公司以300元现金购买办公用品。在填制记账凭证时,将"库存现金"科目误记成"银行存款"科目,即:

借:管理费用　　300

　贷:银行存款　　300

并据以登记入账。

首先,用红字填制一张与原错误记账凭证相同的记账凭证,即:

借:管理费用　　[300]

　贷:银行存款　　[300]

并据以登记入账。

然后,再用蓝字编制一张正确的记账凭证,即:

借:管理费用　　300

　贷:库存现金　　300

并据以登记入账。

2.借贷方向错误。

例如:新世纪有限公司签发现金支票,向银行提取现金12000元,备发工资。在填制记账凭证时,误将"库存现金"和"银行存款"科目颠倒,即:

借:银行存款　　12000

　贷:库存现金　　12000

并据以登记入账。

首先,用红字填制一张与原错误记账凭证相同的记账凭证,即:

借:银行存款　　[12000]

　贷:库存现金　　[12000]

并据以登记入账。

然后，再用蓝字编制一张正确的记账凭证，即：

借：库存现金　　12000

　　贷：银行存款　　12000

并据以登记入账。

3.会计科目、借贷方向均无错误，只是所记金额大于应记金额。

例如：新世纪有限公司以银行存款归还前欠华丽公司的购料款 5000 元。在填制记账凭证时，将金额 5000 元误记成 50000 元，即：

借：应付账款　　50000

　　贷：银行存款　　50000

并据以登记入账。

处理上述错误有两种方法：

第一种方法：首先，用红字填制一张与原错误凭证相同的记账凭证，然后再用蓝字填制一张正确的记账凭证，即：

借：应付账款　　[50000]

　　贷：银行存款　　[50000]

并据以登记入账。

借：应付账款　　5000

　　贷：银行存款　　5000

并据以登记入账。

第二种方法：就是只将多记金额 45000 元，用红字填制一张与原错误记账凭证科目相同的记账凭证，即：

借：应付账款　　[45000]

　　贷：银行存款　　[45000]

并据以登记入账。

(三)补充登记法

记账以后，发现记账凭证中的会计科目、借贷方向均无错误，只是所记金额小于应记金额。可采用补充登记法。更正时，可只将少记金额用蓝字填制一张与原错误记账凭证科目相同的记账凭证，并据以登记入账，以补足原错误记账凭证上少记的金额。

例如：新世纪有限公司收到金阳公司归还前欠购货款 43000 元存入银行。

填制记账凭证时，将金额 43000 元误记成 34000 元，即：

借：银行存款　　34000

　　贷：应收账款——金阳公司　　34000

并据以登记入账。

然后，将少记金额 9000 元，用蓝字填制一张与原错误记账凭证科目相同的记账凭证，即：

借：银行存款　　9000

　　贷：应收账款——金阳公司　　9000

并据以登记入账。

采用红字更正法和补充登记法更正错误时，都要在更正的记账凭证摘要栏内注明原来错误凭证的号数、日期和错误原因，以便核查。

［实训任务］

广州远大公司 2016 年 6 月 30 日结账前的试算平衡表，尽管试算平衡表平衡，但在审核记账凭证时仍发现以下错误。

要求：

1. 指出各笔错账的更正方法，并填制更正的记账凭证（仅填制更正的记账凭证，记账略。每项业务要选择是否填制更正的记账凭证，填制一张还是两张记账凭证。若填制的是红字凭证，请在凭证的左上方明显列示“红字凭证”字样）。

2. 编制正确的发生额试算平衡表，将你认为正确的金额填写在下表中的序号后。

结账前发生额试算平衡表

2016 年 6 月 30 日　　　　单位：元

会计科目	本期发生额	
	借方	贷方
银行存款	5000.00	
应收账款	3000.00	
原材料	13000.00	
库存商品	10000.00	

续　表

会计科目	本期发生额	
	借方	贷方
固定资产	10000.00	
无形资产	2000.00	
应付账款		53700.00
短期借款		4300.00
长期借款		5000.00
实收资本		7000.00
盈余公积		2000.00
主营业务收入		51000.00
主营业务成本	70000.00	
销售费用	10000.00	
合计	123000.00	123000.00

(1)6 月 3 日向甲公司赊销产品一批，货款 2000 元，增值税费 17%。

原记账凭证为：

记 账 凭 证

2016 年 6 月 3 日　　记字第 15 号

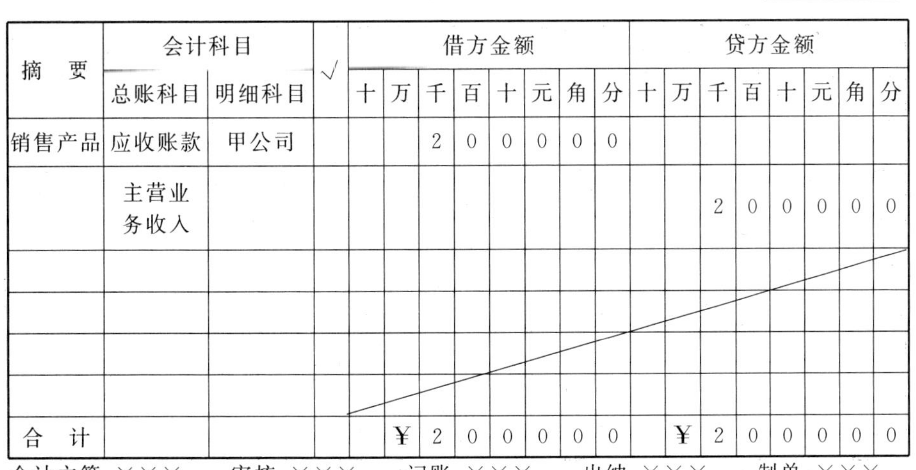

摘　要	会计科目		√	借方金额								贷方金额							
	总账科目	明细科目		十	万	千	百	十	元	角	分	十	万	千	百	十	元	角	分
销售产品	应收账款	甲公司				2	0	0	0	0	0								
	主营业务收入													2	0	0	0	0	0
合　计					¥	2	0	0	0	0	0		¥	2	0	0	0	0	0

会计主管：×××　　审核：×××　　记账：×××　　出纳：×××　　制单：×××

错账更正方法是：

更正的记账凭证为：

记账凭证

年　月　日　　　　字第　号

摘　要	会计科目		√	借方金额								贷方金额							
	总账科目	明细科目		十	万	千	百	十	元	角	分	十	万	千	百	十	元	角	分
合　计																			

会计主管：　审核：　记账：　出纳：　制单：

记账凭证

年　月　日　　　　字第　号

摘　要	会计科目		√	借方金额								贷方金额							
	总账科目	明细科目		十	万	千	百	十	元	角	分	十	万	千	百	十	元	角	分
合　计																			

会计主管：　审核：　记账：　出纳：　制单：

(2)6 月 10 日结转销售成本 5000 元。

原记账凭证为：

记账凭证

2016 年 6 月 10 日　　　　记字第 18 号

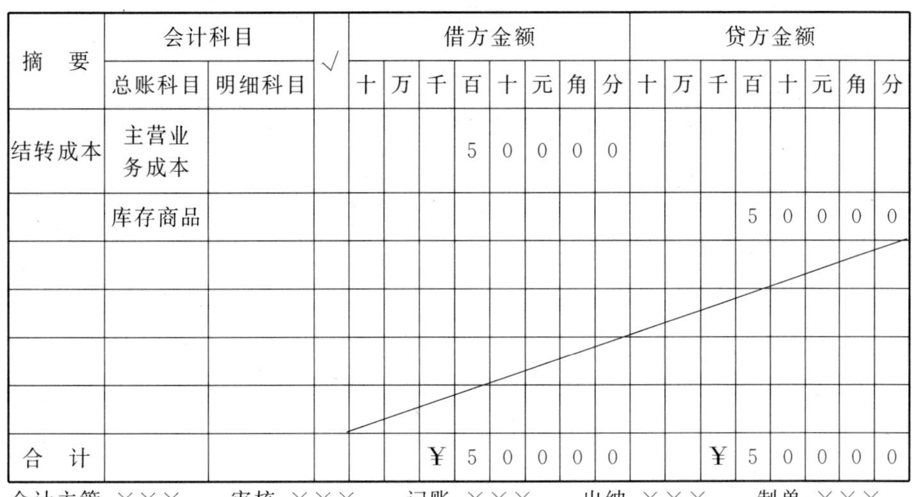

摘要	会计科目		√	借方金额								贷方金额							
	总账科目	明细科目		十	万	千	百	十	元	角	分	十	万	千	百	十	元	角	分
结转成本	主营业务成本						5	0	0	0	0								
	库存商品														5	0	0	0	0
合计						¥	5	0	0	0	0			¥	5	0	0	0	0

会计主管：××× 审核：××× 记账：××× 出纳：××× 制单：×××

错账更正方法是：

更正的记账凭证为：

记账凭证

年 月 日　　　　字第 号

摘要	会计科目		√	借方金额								贷方金额							
	总账科目	明细科目		十	万	千	百	十	元	角	分	十	万	千	百	十	元	角	分
合计																			

会计主管： 审核： 记账： 出纳： 制单：

(3)7 月 15 日，赊购办公用的计算机一台，价值 4800 元(假设不考虑增值税)。

原记账凭证为：

记 账 凭 证

2016 年 7 月 15 日　　记字第 22 号

摘　要	会计科目		√	借方金额								贷方金额							
	总账科目	明细科目		十	万	千	百	十	元	角	分	十	万	千	百	十	元	角	分
购买计算机	固定资产	计算机			4	8	0	0	0	0	0								
	应付账款												4	8	0	0	0	0	0
合　计				¥	4	8	0	0	0	0	0	¥	4	8	0	0	0	0	0

会计主管：×××　　审核：×××　　记账：×××　　出纳：×××　　制单：×××

错账更正方法是：

更正的记账凭证为：

记 账 凭 证

年　月　日　　字第　号

摘　要	会计科目		√	借方金额								贷方金额							
	总账科目	明细科目		十	万	千	百	十	元	角	分	十	万	千	百	十	元	角	分
合　计																			

会计主管：　　审核：　　记账：　　出纳：　　制单：

(4)7 月 28 日，开出支票支付本月通信费用 1000 元。

原记账凭证为：

记 账 凭 证

2016 年 7 月 28 日　　　　记字第 48 号

摘　要	会计科目		√	借方金额								贷方金额							
	总账科目	明细科目		十	万	千	百	十	元	角	分	十	万	千	百	十	元	角	分
支付通信费	销售费用						1	0	0	0	0								
	银行存款														1	0	0	0	0
合　计					¥	1	0	0	0	0	0			¥	1	0	0	0	0

会计主管：×××　审核：×××　记账：×××　出纳：×××　制单：×××

错账更正方法是：

更正的记账凭证为：

记 账 凭 证

年　月　日　　　　字第　号

摘　要	会计科目		√	借方金额								贷方金额							
	总账科目	明细科目		十	万	千	百	十	元	角	分	十	万	千	百	十	元	角	分
合　计																			

会计主管：　审核：　记账：　出纳：　制单：

记账凭证

年　月　日　　　　字第　号

摘　要	会计科目		√	借方金额								贷方金额							
	总账科目	明细科目		十	万	千	百	十	元	角	分	十	万	千	百	十	元	角	分
合　计																			

会计主管：　　审核：　　记账：　　出纳：　　制单：

错账更正后发生额试算平衡表

2016年6月30日

会计科目	本期发生额	
	借方	贷方
合计		

[实训提示]

1.账簿记录如发生错误,不得采用涂改、挖补或者用药水消除字迹等方法,不准重新抄写,必须按照规定的方法进行更正。

2.记账后,发现原记账凭证和账簿所记金额大于应记金额时,用红字更正的程序与方法如下:

(1)填写一张各类和科目与原错误的记账凭证相同,但多记部分是红字的记账凭证。摘要栏写"冲销×月×日×号凭证多记金额"字样。

(2)经审核人审核签字,以红字金额登记入账。

3.对所有改错的记账凭证,可以不附原始凭证。

[实训思考]

1.查找错账的方法有哪些?

2.九除法适用于哪些错误的查找?

3.补充登记法的摘要栏应如何填写?

任务七　编制银行存款余额调节表

[能力目标]

通过本部分内容的实训,使学生掌握银行存款的核对及银行存款余额调节表的编制。

[实训用具]

1.银行日记账、银行对账单。

2.银行存款余额调节表。

3.计算器。

[内容介绍]

一、未达账项

为了及时了解银行存款的收支情况，避免银行存款账目发生差错，企业要经常与银行核对存款。也就是将企业的银行存款日记账的记录同银行的对账单进行逐笔核对。核对时如果发现双方余额不一致，要及时查找原因，属于记账差错，要立即更正。除记账错误外，还可能是由未达账项引起的。所谓未达账项，是指企业与银行之间，由于凭证传递上的时间差，一方已经登记入账，而另一方尚未入账的账项。由于企业银行存款的收支凭证与传递需要一定的时间，因而同一笔业务，企业和银行各自入账的时间不一定相同。在同一日期，企业账上的银行存款的余额与银行账上企业存款余额往往不一致。这种差错具体有以下四种情况：

1. 银行已经记作企业存款增加，而企业尚未收到收款通知，因而尚未记账的款项。如托收款项和银行支付给企业的存款利息等（银行已收，企业未收）。

2. 银行已经记作企业存款减少，而企业尚未收到付款通知，因而尚未记账的款项。如银行代企业支付公用事业费用和向企业收取的借款利息等（银行已付，企业未付）。

3. 企业已经记作银行存款增加，而银行尚未办妥入账手续。如企业存入的其他单位开来的转账支票等（企业已收，银行未收）。

4. 企业已经记作银行存款减少，而银行尚未支付入账的款项。如企业已开出的转账支票，对方尚未到银行办理转账的款项等（企业已付，银行未付）。

二、银行存款余额调节表的编制方法

银行存款余额调节表，是在银行对账单余额与企业账面余额的基础上，各自加上对方已收、本单位未收账项数额，减去对方已付、本单位未付账项数额，以调整双方余额使其一致的一种调节方法。银行存款余额调节表的编制方法有三种，其计算公式如下：

1. 企业账面存款余额＝银行对账单存款余额＋企业已收而银行未收账项－企业已付而银行未付账项＋银行已付而企业未付账项－银行已收而企业未收账项。

2. 银行对账单存款余额＝企业账面存款余额＋企业已付而银行未付账项－企业已收而银行未收账项＋银行已收而企业未收账项－银行已付而企业未付账项。

3. 银行对账单存款余额＋企业已收而银行未收账项－企业已付而银行未付账项＝企业账面存款余额＋银行已收而企业未收账项－银行已付而企业未付账项。

通过核对调节，“银行存款余额调节表”上的双方余额相等，一般可以说明双方记账没有差错。如果经过调节仍不相等，要么是未达账项未全部查出，要么是一方或双方记账出现差错，需要进一步采用对账方法查明原因，加以更正。调节相等后的银行存款余额是当日可以动用的银行存款实有数。对于银行已经划账，而企业尚未入账的未达账项，要待银行结算凭证到达后，才能据以入账，不能以“银行存款调节表”作为记账依据。

案例：通达公司2016年7月3日进行银行对账，6月1日到6月30日企业银行存款日记账账面记录与银行出具的6月30日对账单资料及对账后核对的情况如下：

企业银行存款日记账记录：

银行存款日记账　　　　单位：元

日期	凭证号	摘要	借方	贷方	方向	余额	标记
2016-6-1		期初余额			借	100000.00	
2016-6-4	银付－001	付料款		30000.00	借	70000.00	√
2016-6-9	银付－002	付料款		20000.00	借	50000.00	√
2016-6-14	银收－001	收销货款	10000.00		借	60000.00	√
2016-6-20	银收－002	收销货款	20000.00		借	80000.00	√
2016-6-25	银付－003	交税金		80000.00	借	0.00	√
2016-6-28	银收－003	收销货款	60000.00		借	60000.00	
2016-6-30	银付－004	取备用金		20000.00	借	40000.00	

续　表

日期	凭证号	摘要	借方	贷方	方向	余额	标记
2016-6-30		期末余额			借	40000.00	

银行对账单记录：

银行对账单　　单位：元

日期	摘要	账单号	借方	贷方	方向	余额	标记
2016-6-1	期初余额				贷	100000.00	
2016-6-5	转支	0000501	30000.00		贷	70000.00	√
2016-6-9	转支	0000602	20000.00		贷	50000.00	√
2016-6-14	收入存款	0000103		10000.00	贷	60000.00	√
2016-6-20	收入存款	0000544		20000.00	贷	80000.00	√
2016-6-25	转支	0000185	80000.00		贷	0.00	√
2016-6-28	收入存款	0000066		80000.00	贷	80000.00	
2016-6-30	付出	0000207	70000.00		贷	10000.00	
2016-6-30	期末余额					10000.00	

编制的银行存款余额调节表如下：

银行存款余额调节表

编制单位：通达公司　　2016 年 7 月 3 日　　单位：元

项目	金额	项目	金额
企业银行存款日记账余额	40000.00	银行对账单余额	10000.00
加：银行已收企业未收的款项	80000.00	加：企业已收银行未收的款项	60000.00
减：银行已付企业未付的款项	70000.00	减：企业已付银行未付的款项	20000.00
调节后余额	50000.00	调节后余额	50000.00

[实训任务]

将企业登记的银行存款日记账与银行对账单进行核对，找出双方的未达账项，并编制银行存款余额调节表。要求：

1.将学生进行分组，每两人一组，分别为出纳和银行对账稽核角色。

2.掌握银行存款对账的方法及银行存款余额调节表的编制方法，了解未达账面和错账的本质区别。

资料一：红星工厂 2016 年 4 月 1 日到 4 月 30 日企业银行存款日记账账面记录与银行出具的对账单资料情况如下：

账面记录：

银行存款日记账

单位：元

日期	凭证号	摘要	借方	贷方	方向	余额	标记
2016-4-1		期初余额			借	210500.00	
2016-4-4	银付－001	付料款		8600.00	借	201900.00	
2016-4-9	银收－001	收料款	6500.00		借	208400.00	
2016-4-21	银付－002	借差旅费		5000.00	借	203400.00	
2016-4-26	银付－003	付审计费		10000.00	借	193400.00	
2016-4-30	银收－002	收货款	3300.00		借	196700.00	
2016-4-30		期末余额			借	196700.00	

银行对账单记录：

银行对账单

单位：元

日期	摘要	账单号	借方	贷方	方向	余额	标记
2016-4-1	期初余额				贷	210500.00	
2016-4-5	转支	0241	8600.00		贷	201900.00	
2016-4-12	收款	0860		6500.00	贷	208400.00	
2016-4-22	收入贷款	7976		200000.00	贷	408400.00	
2016-4-29	付款	0465	300.00		贷	408100.00	
2016-4-30	期末余额					408100.00	

编制的银行存款余额调节表如下：

银行存款余额调节表

编制单位： 年 月 日 单位：元

项 目	金 额	项 目	金 额
企业银行存款日记账余额		银行对账单余额	
加：银行已收企业未收的款项		加：企业已收银行未收的款项	
减：银行已付企业未付的款项		减：企业已付银行未付的款项	
调节后余额		调节后余额	

资料二：5 月 1 日到 5 月 30 日企业银行存款日记账账面记录与银行出具的对账单资料情况如下：

账面记录：

银行存款日记账

单位：元

日期	凭证号	摘要	借方	贷方	方向	余额	标记
2016-5-1		期初余额			借	60770.00	
2016-5-4	银收—001	收货款	7600.00		借	68370.00	
2016-5-10	银付—001	付现金		3500.00	借	64870.00	
2016-5-21	银收—002	收货款	3800.00		借	68670.00	
2016-5-26	银付—002	付货款		11700.00	借	56970.00	
2016-5-30	银付—003	付报刊费		1000.00	借	55970.00	
2016-5-30		期末余额			借	55970.00	

银行对账单记录：

银行对账单

单位：元

日期	摘要	账单号	借方	贷方	方向	余额	标记
2016-5-1	期初余额				贷	60770.00	
2016-5-12	现支	537	3500.00		贷	57270.00	

续　表

日期	摘要	账单号	借方	贷方	方向	余额	标记
2016-5-12	转支	860		7600.00	贷	64870.00	
2016-5-22	收入贷款	0978		25000.00	贷	89870.00	
2016-5-28	转支	861	11700.00		贷	78170.00	
2016-5-31	付手续费	367	320.00			77850.00	
2016-5-31	期末余额					77850.00	

编制的银行存款余额调节表如下：

银行存款余额调节表

编制单位：　　　　　　　　年　月　日　　　　　　　　单位:元

项目	金额	项目	金额
企业银行存款日记账余额		银行对账单余额	
加:银行已收企业未收的款项		加:企业已收银行未收的款项	
减:银行已付企业未付的款项		减:企业已付银行未付的款项	
调节后余额		调节后余额	

资料三：6 月 1 日到 6 月 30 日企业银行存款日记账账面记录与银行出具的对账单资料情况如下：

账面记录：

银行存款日记账　　　　单位:元

日期	凭证号	摘要	借方	贷方	方向	余额	标记
2016-6-1		期初余额			借	558465.85	
2016-6-4	银付—001	付料款		30000.00	借	528465.85	
2016-6-9	银付—002	付料款		59360.00	借	469105.85	
2016-6-10	银收—001	收销货款	43546.09		借	512651.94	
2016-6-12	银收—002	收销货款	36920.29		借	549572.23	
2016-6-15	银付—003	交税金		76566.43	借	473005.80	
2016-6-18	银收—003	收销货款	46959.06		借	519964.86	

续 表

日期	凭证号	摘要	借方	贷方	方向	余额	标记
2016-6-23	银付一004	取备用金		20000.00	借	499964.86	
2016-6-24	银付一005	付料款		64500.00	借	435464.86	
2016-6-26	银收一004	收销货款	40067.75		借	475532.61	
2016-6-27	银付一006	付养老金		29100.00	借	446432.61	
2016-6-30	银收一005	收销货款	64067.91		借	510500.52	
2016-6-30	银付一007	付修理款		4500.00	借	506000.52	
2016-6-30		期末余额			借	506000.52	

银行对账单记录：

银行对账单

单位：元

日期	摘要	账单号	借方	贷方	方向	余额	标记
2016-6-1	期初余额				贷	580533.60	
2016-6-5	转支	1246	30000.00		贷	550533.60	
2016-6-9	转支	1247	59360.00		贷	491173.60	
2016-6-10	收入存款	35467		43546.09	贷	534719.69	
2016-6-12	收入存款	32870		36920.29	贷	571639.98	
2016-6-16	转支	1248	76566.43		贷	495073.55	
2016-6-18	收入存款	75698		46959.06	贷	542032.61	
2016-6-24	付出	63478	2000.00		贷	540032.61	
2016-6-25	付出	87547	12210.24		贷	527822.37	
2016-6-25	收入存款	90758		43000.00	贷	570833.37	
2016-6-23	转支	1250	29100.00		贷	541722.37	
2016-6-30	付出	99759	5099.32		贷	536623.05	
2016-6-30	期末余额					536623.05	

编制的银行存款余额调节表如下：

银行存款余额调节表

编制单位：　　　　　　　　　　年　月　日　　　　　　　　　　单位：元

项目	金额	项目	金额
企业银行存款日记账余额		银行对账单余额	
加：银行已收企业未收的款项		加：企业已收银行未收的款项	
减：银行已付企业未付的款项		减：企业已付银行未付的款项	
调节后余额		调节后余额	

[实训提示]

1. 银行存款余额调节表不是原始凭证，只起对账的作用，不能据以登记账簿。调节后的金额，是企业当时实际可以运用的款项。

2. 企业银行存款日记账与银行对账单至少每月核对一次，出纳员应在月末3日内核对完毕，每月编制一次银行存款余额调节表，会计主管人员每月至少检查一次，并写出书面检查意见。

3. 调节后，如果双方余额相等，一般可以认为双方记账没有差错。调节后双方余额仍然不相等时，原因还是两个，要么是未达账项未全部查出，要么是一方或双方账簿记录还有差错。无论是什么原因，都要进一步查清楚并加以更正，一定要到调节表中双方余额相等为止。

[实训思考]

1. 什么原因会产生未达账项？
2. 未达账项有哪几种类型？
3. 如经过余额调节，双方余额仍不相等，此时应该怎么办？

任务八　对账和结账

[能力目标]

通过本部分内容的实训,学生应了解对账、结账的目的、要求及内容,掌握对账、结账的实际操作程序。

[实训用具]

1. 日记账账页。

2. 总分类账账页。

3. 明细分类账账页。

[内容介绍]

一、对账的内容

对账,是指核对账目。为了保证账簿记录的真实、正确、可靠,对账簿和账户所记录的有关数据加以检查和核对就是对账工作。应坚持对账制度,通过对账工作,检查账簿记录内容是否完整,有无错记或漏记,总分类账与明细分类账数字是否相等,以做到账证相符、账账相符、账实相符。对账的主要内容包括:

(一)账证核对

月终要对账簿记录和会计凭证进行核对,以发现错误之处,并进行更正,这也是保证账账、账实相符的基础。核对账证是否相符的主要方法如下:

1. 看总账与记账凭证汇总表是否相符。

2. 看记账凭证汇总表与记账凭证是否相符。

3. 看明细账与记账凭证及所涉及的支票号码及其他结算票据种类等是否相符。

(二)账账核对

账账相符,是指各种账簿之间的核对相符,主要包括本单位各种账簿之间的有关指标应该核对相符,本单位同其他单位的往来账项应该核对相符。具体方法如下:

1. 看总账资产类科目各种账户与负债、所有者权益类科目各账户的余额合计数是否相符。即:

(1)总账资产类账户余额$=\sum$总账负债、所有者权益账户余额。

(2)总账各账户借方发生额(或贷方发生额)$=\sum$总账各账户贷方发生额(或借方发生额)。

2. 看总账各账与所辖明细账户的各项目之和是否相符。

(1)总分类账户与其所属的各个明细分类账户之间本期发生额的合计数应相等。

(2)总分类账户与其所属的各个明细分类账户之间的期初、期末余额应相等。

3. 看会计部门的总账、明细账与有关职能部门的账、卡之间是否相符。

(1)会计部门的有关财产物资的明细分类账的余额应该同财产物资保管部门和使用部门经管的明细记录的余额定期核对相符。

(2)各种有关债权、债务明细账的余额应当经常或定期同有关的债务人、债权人核对相符。

(3)现金、银行存款日记账余额应该同总分类账有关账户的余额定期核对相符。

(4)已缴国库的利润、税金以及其他预算缴款应该同征收机关按照规定的时间核对相符。

(三)账实核对

账实核对,是指各种财产物资的账面余额与实际数额相核对。主要方法如下:

1. 现金日记账的账面余额与现金实际库存数额每日核对,并填写库存现金核对情况报告单作为记录。出现长、短款问题时,应即列作“待处理财产损溢”,待查明原因经批准后再进行处理。单位会计主管应经常检查此项工作。

2. 对库存现金进行清查核对时,出纳人员必须在场,不允许以借条、收据充抵现金。要查明库存现金是否超过限额、是否存在坐支问题。

3.银行存款日记账的账面余额与开户银行对账单核对。每收到一张银行对账单，经管人员应在三日内核对完毕，每月编制一次银行存款余款调节表，会计主管人员每月至少检查一次，并写出书面检查意见。

4.有价证券账户应与单位实存有价证券(如国库券、重点企业债券、股票或收款票据等)核对相符，每半年至少核对一次。

5.商品、产品、原材料等明细账的账面余额，应定期与库存数相核对；对其他财产物资账户也要定期核对。年终要进行一次全面的清查。

6.各种债权、债务类明细账的账面余额要与债权、债务人账面记录核对、清理。对于核对、清理结果，要及时以书面形式向会计主管人员汇报，并报单位领导人。对于存在的问题应采取措施，积极解决。

7.出租、租入、出借、借入财产等账簿，除合同期满应进行清结外，至少每半年核对一次，以保证账实相符。

(四)账表核对

账表核对是指将报表与有关的账簿记录相核对，包括将总账和明细账的记录与报表进行相符性核对，也包括报表与明细账、日记账之间的核对。其目的在于查明账表记录是否一致，报表之间的钩稽关系是否正常。

通过上述对账工作，要做到账证相符、账账相符、账实相符和账表相符，使会计核算资料真实、正确、可靠。

二、结账

结账，是指把一定时期内应记入账簿的经济业务全部登记入账后，计算记录本期发生额及期末余额，并将余额结转下期或新的账簿。会计人员应按照规定，对现金、银行存款日记账按日结账，对其他账户按月、季、年结账。

通过结账，有利于企业管理者定期总结生产经营情况，对不同会计期间的数据资料进行比较分析，以便发现问题，采取措施及时解决；通过结账，也有利于编制报表，提供报表所需的数据资料，满足与企业有利益关系的投资者、债权人做出正确的投资决策和国家进行宏观调控的要求。另外，企业因撤销、合并而办理账务交接时，也需要办理结账手续。

(一)结账工作的内容(结账步骤)

1.检查截至结账日为止以前所发生的全部经济业务是否都已经登记入

账。注意:各种收入和费用应该按照权责发生制的要求进行处理。

2.编制结账分录。即在有关经济业务都已经登记入账的基础上,要将各种收入、成本和费用等账户的余额进行结转,编制各种转账分录,结转到利润账户,再编制利润分配的账户。

3.计算出各种账户的本期发生额合计和期末余额。

(二)结账的方法

结账方法包括月度结账、季度结账、年度结账。

1.月度结账的方法:在最后一笔经济业务的记载下面画一条通栏红线,在红线下面的一行"摘要"栏内注明"本月合计"或"本期发生额及期末余额",并结出借、贷双方的月内发生额和期末余额,然后在此行下面再画一条通栏红线。

2.季度结账的方法:在本季度最后一个月的月度结账下一行"摘要"栏内注明"本季度累计"或"本季发生额及季末余额",并结出本季度三个月的借方、贷方发生额合计及季末余额,然后在此行下面画一条通栏红线。

3.年度结账的方法:在本年最后一个季度的季度结账下一行"摘要"栏内注明"本年累计"或"本年发生额及年末余额",并结出本年度借方、贷方发生额合计及年末余额,然后在此行下面划两条通栏红线。表示本年账簿记录已经结束。

年度结账后,各账户的年末余额,应转入下一年度的新账簿。

举例:以"原材料"总分类账结账为例,进行说明

原材料总分类账　　　　单位:元

××年		凭证		摘要	借方	贷方	借或贷	余额
1	1			年初余额			借	20000.00
				:				
				:				
1	31			本月发生额合计及月末余额	10000.00	6000.00	借	24000.00
2	1			月初余额			借	24000.00

续表

××年		凭证		摘要	借方	贷方	借或贷	余额
				:				
				:				
2	28			本月发生额合计及月末余额	9000.00	7000.00	借	26000.00
3	1			月初余额			借	26000.00
				:				
				:				
3	31			本月发生额合计及月末余额	8000.00	9000.00	借	25000.00
3	31			本季发生额合计及季末余额	27000.00	22000.00	借	25000.00
				:				
				:				
12	31			本月发生额合计及月末余额	10000.00	8000.00	借	22000.00
12	31			本季发生额合计及季末余额	28000.00	23000.00	借	22000.00
12	31			全年发生额合计及年末余额	109000.00	89000.00	借	22000.00

[实训任务]

根据实训四的日记账、总分类账和明细分类账账页进行结账。

[实训提示]

1.对账的内容包括账证核对、账账核对和账实核对。

2.结账时应按照权责发生制的要求,注意以下几点:

(1)检查有关账页调整的记账凭证是否已全部登记入账。

(2)检查有关期末办理的转账业务,如制造费用的分配、完工产品成本的结转、固定资产的折旧、待摊费用的摊销、预提费用的提取、已销产品成本的结转等业务是否已经填制记账凭证并据以登记入账。

(3)检查各损益类账户的发生额是否已转入“本年利润”账户。

3.结账时,需要计算出所有账户的本期发生额和期末余额。计算本月发生额合计数和余额时,红字金额要从蓝字金额中抵减。

[实训思考]

1.哪一类账需要进行“日结”?

2.在进行“月结”前,是否要将损益类账户转入“本年利润”账户?

任务九　编制会计报表

[能力目标]

通过该部分内容的实训,学生应熟练掌握资产负债表的利润表的基本结构、编制要求和编制的基本方法。

[实训用具]

1.空白资产负债表。

2.空白利润表。

[内容介绍]

一、会计报表编制概况

(一)会计报表的分类

按照我国现行会计制度和《公司法》的规定,企业的会计报表主要包括:资产负债表、利润表、现金流量表、各种附表以及附注说明。会计报表可以按照不同的标准进行分类:

按照会计报表的服务对象(报送对象),可以分为对外公开报表和内部使用报表。

按照会计报表反映财务活动方式的不同,可以分为静态会计报表和动态会计报表。

按照会计报表编制的范围不同，可以分为个别会计报表和合并会计报表。

此外，按照会计报表的编报时间，可以分为月报、季报和年报；按照会计报表的编制单位，可以分为单位报表和汇总报表；按照会计报表的主从关系，可以分为基本报表和附属报表等。

（二）编制财务报表的基本要求

1.真实可靠：会计报表指标应当如实反映企业的财务状况、经营成果和现金流量。为保证会计报表的真实可靠，需做如下准备工作：

（1）企业在编制年度财务会计报告前，应当按照规定，全面清查资产、核实债务。

（2）核对各会计账簿记录与会计凭证的内容、金额等是否一致，记账方向是否相符。

（3）依照规定的结账日进行结账，结出有关会计账簿的余额和发生额，并核对各会计账簿之间的余额。

（4）检查相关的会计核算是否按照国家统一的会计制度的规定进行。

（5）对于国家统一的会计制度没有规定统一核算方法的交易、事项，检查其是否按照会计核算的一般原则进行确认和计量以及相关账务处理是否合理。

（6）检查是否存在因会计差错、会计政策变更等原因需要调整前期或者本期相关项目。在前款规定工作中发现问题的，应当按照国家统一的会计制度的规定进行处理。

2.全面完整：会计报表应当反映企业生产经营活动的全貌，全面反映企业的财务状况、经营成果和现金流量。为保证会计报表的全面完整，企业应当按照规定的会计报表的格式和内容编制会计报表。应按规定编报国家要求提供的各种会计报表，对于国家要求填报的有关指标和项目，应按照有关规定填列。

3.前后一致：编制会计报表依据的会计方法，前后期应当遵循一致性原则，不能随意变更。如果确需改变某些会计方法，应在报表附注中说明改变的原因及改变后对报表指标的影响。

4.编报及时：企业应根据有关规定，按月、按季、按半年、按年及时对外报送会计报表。

5.会计报表的报送期限:由国家统一加以规定。

(1)月报应于月度终了后六天内(节假日顺延,下同)对外提供。

(2)季报应于季度终了后十五天内对外提供。

(3)半年度报应于年度中期结束后六十天内(相当于两个连续的月份)对外提供。

(4)年报应于年度终了后四个月内对外提供。

6.相关可比:财务会计报告的相关可比,是指企业财务会计报告所提供的财务会计信息必须与财务会计报告使用者的决策相关,并且便于财务会计报告的使用者在不同企业之间及同一企业前后各期之间进行比较。

7.便于理解:便于理解是指财务会计报告所提供的会计信息应当清晰明了,便于使用者理解和利用。

二、资产负债表的编制

资产负债表是反映企业在某一特定日期财务状况的报表。是根据“资产＝负债＋所有者权益”这一会计平衡等式所列示的会计报表。

资产负债表的编制格式有账户式、报告式和财务状况式三种。其中,账户式资产负债表分为左右两方,左方列示资产项目,右方列示负债及所有者权益项目,左右两方的合计数保持平衡。这种格式的资产负债表应用最广,我国企业会计制度规定,要求采用的就是这种格式的资产负债表。

资产项目按其流动性排列,流动性大的排在前,流动性小的排在后;负债项目按其到期日的远近排列,到期日近的排在前,到期日远的排在后;所有者权益项目按其永久程度高低排列,永久程度高的排在前,永久程度低的排在后。

为了提供比较信息,资产负债表的各项目均需填列“年初余额”和“期末余额”两栏数字。其中,“年初余额”栏内各项目的数字,可根据上年末资产负债表“期末余额”栏相应项目的数字填列。如果本年度资产负债表规定的各个项目的名称和内容与上年度不相一致,应当对上年年末资产负债表各个项目的名称和数字按照本年度的规定进行调整。“期末余额”栏各项目的填列方法如下:

(一)根据明细账户期末余额分析计算填列

资产负债表中一部分项目的“期末余额”需要根据有关明细账户的期末余额分析计算填列。

1.“应收账款”项目,应根据“应收账款”账户和“预收账款”账户所属明细账户的期末借方余额合计数,减去“坏账准备”账户中有关应收账款计提的坏账准备期末余额后的金额填列。

2.“预付款项”项目,应根据“预付账款”账户和“应付账款”账户所属明细账户的期末借方余额合计数,减去“坏账准备”账户中有关预付款项计提的坏账准备期末余额后的金额填列。

3.“应付账款”项目,应根据“应付账款”账户和“预付账款”账户所属明细账户的期末贷方余额合计数填列。

4.“预收款项”项目,应根据“预收账款”账户和“应收账款”账户所属明细账户的期末贷方余额合计数填列。

5.“应收票据”“应收股利”“应收利息”“其他应收款”项目应根据各相应账户的期末余额,减去“坏账准备”账户中相应各项目计提的坏账准备期末余额后的金额填列。

(二)根据总账账户期末余额计算填列

资产负债表中一部分项目的“期末余额”需要根据有关总账账户的期末余额计算填列。

1.“货币资金”项目,应根据“库存现金”“银行存款”和“其他货币资金”等账户的期末余额合计填列。

2.“未分配利润”项目,应根据“本年利润”账户和“利润分配”账户的期末余额计算填列,如为未弥补亏损,则在本项目内以“-”号填列,年末结账后,“本年利润”账户已无余额,“未分配利润”项目应根据“利润分配”账户的年末余额直接填列,贷方余额以正数填列,如为借方余额,应以“-”号填列。

3.“存货”项目,应根据“材料采购(或在途物资)”“原材料”“周转材料”“库存商品”“委托加工物资”“生产成本”等账户的期末余额之和,减去“存货跌价准备”账户期末余额后的金额填列。

4.“固定资产”项目,应根据“固定资产”账户的期末余额减去“累计折旧”“固定资产减值准备”账户期末余额后的净额填列。

5.“无形资产”项目,应根据“无形资产”账户的期末余额减去“累计摊销”

“无形资产减值准备”账户期末余额后的净额填列。

6. 在建工程”“长期股权投资”和“持有至到期投资”项目，均应根据其相应总账账户的期末余额减去其相应减值准备后的净额填列。

7. “长期待摊费用”项目，根据“长期待摊费用”账户期末余额扣除其中将于一年内摊销的数额后的金额填列，将于一年内摊销的数额填列在“一年内到期的非流动资产”项目内。

8. “长期借款”和“应付债券”项目，应根据“长期借款”和“应付债券”账户的期末余额，扣除其中在资产负债表日起一年内到期且企业不能自主地将清偿义务展期的部分后的金额填列，在资产负债表日起一年内到期且企业不能自主地将清偿义务展期的部分在流动负债类下的“一年内到期的非流动负债”项目内反映。

（三）根据总账账户期末余额直接填列

资产负债表中大部分项目的“期末余额”可以根据有关总账账户的期末余额直接填列，如“交易性金融资产”“应收票据”“固定资产清理”“工程物资”“递延所得税资产”“短期借款”“交易性金融负债”“应付票据”“应付职工薪酬”“应交税费”“递延所得税负债”“预计负债”“实收资本”“资本公积”“盈余公积”等项目。这些项目中，“应交税费”等负债项目，如果其相应账户出现借方余额，应以“－”号填列：“固定资产清理”等资产项目，如果其相应的账户出现贷方余额，也应以“－”号填列。

（四）资产负债表附注的内容

资产负债表附注的内容，根据实际需要和有关备查账簿等的记录分析填列。如或有负债披露方面，按照备查账簿中记录的商业承兑汇票贴现情况，填列“已贴现的商业承兑汇票”项目。

三、利润表的编制

（一）利润表编制原理

利润表编制的原理是“收入－费用＝利润”的会计平衡公式和收入与费用的配比原则。在生产经营中企业不断地发生各种费用支出，同时取得各种收入，收入减去费用，剩余的部分就是企业的盈利。取得的收入和发生的相关费用的对比情况就是企业的经营成果。如果企业经营不当，发生的生产经营费用超过取得的收入，企业就发生了亏损；反之企业就能取得一定的利润。会计部门应定期（一般按月份）核算企业的经营成果，并将核算结果编制成报表，这就形成了利润表。

（二）利润形成的步骤

计算利润时，企业应以收入为起点，计算出当期的利润总额和净利润额。其利润总额和净利润额的形成的计算步骤为：

1. 以主营业务收入减去主营业务成本、主营业务税金及附加。计算主营业务利润，目的是考核企业主营业务的获利能力。

主营业务利润＝主营业务净收入－主营业务成本－主营业务税金及附加

其中：主营业务净收入＝主营业务收入－销售退回－销售折让、折扣

上述公式的特点是：主营业务成本、主营业务税金及附加与主营业务直接有关，先从主营业务净收入中直接扣除，计算出主营业务利润。

2. 从主营业务利润和其他业务利润中减去管理费用、营业费用和财务费用，计算出企业的营业利润，目的是考核企业生产经营活动的获利能力。

营业利润＝主营业务利润＋其他业务利润－管理费用－销售费用－财务费用

上述公式的特点是：主营业务利润和其他业务利润减去管理费用、销售费用和财务费用后，得出的营业利润近似净利的概念。公式中，将管理费用、销售费用和财务费用作为营业利润的扣减项目，意味着不仅主营业务应负担管理费用、销售费用和财务费用，其他业务也应负担管理费用、销售费用和财务费用。

3. 在营业利润的基础上，加上投资净收益、补贴收入、营业外收支净额，计算出当期利润总额，目的是考核企业的综合获利能力。

利润总额＝营业利润＋投资净收益＋营业外收支净额＋补贴收入

其中，投资净收益＝投资收益－投资损失

营业外收支净额＝营业外收入－营业外支出

4. 在利润总额的基础上，减去所得税，计算出当期净利润额，目的是考核企业最终获利能力。

多步式利润表的优点在于，便于对企业利润形成的渠道进行分析，明了盈利的主要因素，或亏损的主要原因，使管理更具有针对性。同时也有利于

不同企业之间进行比较，还可以预测企业未来的盈利能力。

（三）利润表的编制方法

1.利润表中的“本月数”与“本年累计数”。

《企业财务会计报告条例》规定：年度、半年度会计报表至少应当反映两个年度或者相关两个期间的比较数据。也就是说，企业需要提供比较利润表，所以，利润表各项目需要分为“本月数”和“本年累计数”两栏分别填列。

利润表中“本月数”栏反映各项目的本月实际发生数。在编报中期财务会计报告时，填列上年同期累计实际发生数；在编报年度财务会计报告时，填列上年全年累计实际发生数。如果上年度利润表与本年度利润表的项目名称和内容不相一致，应对上年度利润表项目的名称和数字按本年度的规定进行调整，填入本表“上年数”栏。在编制中期和年度财务会计报告时，应将“本月数”栏改成“上年数”栏。

利润表中“本年累计数”栏反映各项目自年初起至报告期末止的累计实际发生数。

2.利润表中各项目的填列方法利润表中各项目的金额，一般是根据有关账户的本期发生额来填列的。“本月数”栏内各项数字，根据以下方法填列：

（1）“营业收入”项目，反映企业经营业务所取得的收入总额。本项目应根据“主营业务收入”账户和“其他业务收入”账户的发生额合计填列。

（2）“营业成本”项目，反映企业经营业务发生的实际成本。本项目应根据“土营业务成本”账户和“其他业务成本”账户的发生额合计填列。

（3）“营业税金及附加”项目，反映企业经营业务应负担的营业税、消费税、城市维护建设税、资源税、土地增值税和教育费附加等。本项目应根据“营业税金及附加”账户的发生额分析填列。

（4）“销售费用”项目，反映企业在销售商品和商品流通企业在购入商品等过程中发生的费用。本项目应根据“销售费用”账户的发生额分析填列。

（5）“管理费用”项目，反映企业发生的管理费用。本项目应根据“管理费用”账户的发生额分析填列。

（6）“财务费用”项目，反映企业发生的财务费用。本项目应根据“财务费用”账户的发生额分析填列。

（7）“资产减值损失”项目，反映企业因资产减值而发生的损失。本项目应根据“资产减值损失”账户的发生额分析填列。

(8)“公允价值变动收益”项目，反映企业资产因公允价值变动而发生的损益。本项目应根据“公允价值变动损益”账户的发生额分析填列。

(9)“投资收益”项目，反映企业以各种方式对外投资所取得的收益。本项目应根据“投资收益”账户的发生额分析填列；如为投资损失，以“－”号填列。

(10)“营业外收入”项目，反映企业发生的与其经营活动无直接关系的直接计入当期利润的各项利得。本项目应根据“营业外收入”账户的发生额分析填列。

(11)“营业外支出”项目，反映企业发生的与其经营活动无直接关系的各项支出。本项目应根据“营业外支出”账户的发生额分析填列。

(12)“所得税费用”项目，反映企业按规定从本期利润总额中减去的所得税。本项目应根据“所得税费用”账户的发生额分析填列。

(13)“净利润”项目，反映企业实现的净利润。如为净亏损，以“－”号填列。

四、实例(模拟企业基本情况)

公司名称:北京星月有限责任公司

纳税身份:一般纳税人

经营范围:主要从事液晶电视的生产和销售

业务期间:2014 年 12 月

资料一:期初余额表(如表 3-3)

表 3-3 期初余额表 单位:元

科目名称	方向	12 月月初余额	备注
库存现金	借	60000.00	
银行存款——工商银行	借	29930000.00	
交易性金融资产——国债	借	150000.00	
应收账款	借	2000000.00	应收账款——广州太福(100 万元) 应收账款——北京亚太比邻(100 万元)

续　表

科目名称	方向	12月月初余额	备注
预付账款——山东海洋	借	100000.00	
坏账准备	贷	100000.00	
其他应收款——单位	借	10000.00	
原材料	借	1326500.00	
32寸液晶面板	借	259500.00	300块 865元/块
42寸液晶面板	借	380000.00	200块 1900元/块
机芯	借	640000.00	1000个 640元/个
32寸机壳	借	29000.00	200个 145元/个
42寸机壳	借	18000.00	100个 180元/个
库存商品	借	2144500.00	
32寸LCD	借	1010500.00	430台 2350元/台
42寸LED	借	1134000.00	360台 3150元/台
周转材料——包装物	借	30000.00	
可供出售金融资产——股票	借	2500000.00	
固定资产	借	102272321.00	
设备	借	15772321.00	
不动产	借	74000000.00	
车辆	借	12500000.00	
累计折旧	贷	4396264.30	
在建工程	借	1500000.00	
建筑工程	借	1000000.00	
安装工程	借	500000.00	
无形资产	借	1000000.00	商标权(50万元)专利权(50万元)
累计摊销	贷	62500.00	
递延所得税资产	借	25000.00	递延所得税资产——坏账准备产生(2.5万元)

续　表

科目名称	方向	12月月初余额	备注
短期借款——工商银行	贷	3000000.00	
应付账款	贷	448100.00	应付账款——天津泰达(44万元) 应付账款——山东远华(0.81万元)
应付职工薪酬	贷	949704.00	
工资	贷	643524.00	
工会经费	贷	146020.00	
职工教育经费	贷	160160.00	
应交税费	贷	286130.00	
未交增值税	贷	143210.00	
应交个人所得税	贷	86120.00	
应交房产税	贷	51800.00	
应交土地使用税	贷	5000.00	
应付利息	贷	135000.00	
短期借款利息	贷	15000.00	
长期借款利息	贷	120000.00	
长期借款——建设银行	贷	18000000.00	
实收资本	贷	120000000.00	
国电集团	贷	60000000.00	
上港集团	贷	36000000.00	
首创股份	贷	24000000.00	
本年利润	贷	465622.70	
利润分配	贷	25000.00	
生产成本	借	4820000.00	
直接材料	借	3600000.00	32LCD(260万元)、42LED(100万元)
直接人工	借	900000.00	32LCD(50万元)、42LED(40万元)

续　表

科目名称	方向	12月月初余额	备注
制造费用	借	320000.00	32LCD(20万元)、42LED(12万)

资料二：12月份发生的经济业务，使各账户的发生额如表3-4所示

表3-4　各账户发生额　　单位：元

科目名称	方向	期末借方	备注
库存现金	借	55013.00	
银行存款	借	26280207.10	
交易性金融资产	借	3240000.00	交易性金融资产——国债(成本)15万元 交易性金融资产——苏美电器债券(成本)305万元 交易性金融资产——苏美电器债券(公允价值变动)4万元
应收账款	借	1204000.00	应收账款——广州太福(−20万元) 应收账款——北京亚太比邻(140.4万元)
预付账款	借	80000.00	预付账款——加油站8万元
应收利息	借	2250.00	应收利息——国债利息2250元
其他应收款	借	10000.00	其他应收款——单位1万元
坏账准备	贷	70200.00	
原材料	借	4690884.65	
库存商品	借	12726291.35	
周转材料	借	35000.00	
存货跌价准备	贷	88206.00	
可供出售金融资产	借	2550000.00	可供出售金融资产——股票250万元 可供出售金融资产——公允价值变动5万元
投资性房地产	借	2500000.00	投资性房地产——办公楼250万元
投资性房地产累计折旧	贷	104166.70	投资性房地产累计折旧——办公楼104166.7元

续 表

科目名称	方向	期末借方	备注
固定资产	借	101690571.00	固定资产——设备 16420571 元 固定资产——不动产 71500000 元 固定资产——车辆 13770000 元
累计折旧	贷	4790632.30	
固定资产减值准备	贷	88166.70	
在建工程	借	7172418.00	在建工程——建筑工程 6552418 元 在建工程——安装工程 620000 元
无形资产	借	1080000.00	无形资产——商标权 58 万元 无形资产——专利权 50 万元
累计摊销	贷	69417.00	
递延所得税资产	借	61643.18	递延所得税资产——坏账准备产生 17550.00 元 递延所得税资产——固定资产减值产生 22041.68 元 递延所得税资产——存货减值产生 22051.5 元
短期借款	贷	6000000.00	短期借款——工商银行 600 万元
应付票据	贷	10334771.00	应付票据——天津泰达 10334771 元
应付账款	贷	184100.00	应付账款——山东远华 0.81 万元 应付账款——山东海洋 17.6 万元
预收账款	贷	112000.00	预收账款——上海长江 11.2 万元
应付职工薪酬	贷	1184398.90	应付职薪酬——工资 822634.00 元 应付职工薪酬——应付住房公积金 149184 元 应付职工薪酬——应付住房公积金－149184 元 应付职工薪酬——工会经费 170724.4 元 应付职工薪酬——职工教育经费 191040.5 元
应交税费	借	1535422.10	
应付利息	贷	299000.00	应付利息——短期借款 3.9 万元 应付利息——长期借款 26 万元

续　表

科目名称	方向	期末借方	备注
长期借款	贷	23000000.00	长期借款——建设银行 1800 万元(离还款日还有 9 个月) 长期借款——中国银行 500 万元
递延所得税负债	贷	12500.00	递延所得税负债——公允价值变动引起的 1.25 万元
实收资本	贷	120840500.00	实收资本——国电集团 6076.05 万元 实收资本——上港集团 3600 万元 实收资本——首创股份 2408 万元
资本公积	贷	37500.00	资本公积——其他资本公积 3.75 万元
利润分配	借	89481.55	
生产成本	借	2212376.67	生产成本——直接材料 1990420 元 生产成本——直接人工 127254 元 生产成本——制造费用 94702.67 元

资料三:2014 年 12 月份损益类科目发生额(如表 3-5)

表 3-5　损益类科目发生额　　单位:元

科目名称	借　方	贷　方
主营业务收入		2239500.00
其他业务收入		375641.03
公允价值变动损益		40000.00
投资收益	750.00	
营业外收入		500.00
主营业务成本	1645175.75	
其他业务成本	300400.00	
销售费用	567559.00	
管理费用	635815.40	
财务费用		28150.00
资产减值损失	146572.71	
营业外支出	4265.60	

续 表

科目名称	借 方	贷 方
所得税费用		36643.18

(一)资产负债表各项编制方法

注:以下表格中的金额单位为元。

1.货币资金。

属于货币资金项目的账户有银行存款、库存现金、其他货币资金。

编制方法:根据若干个总分类账户余额分析计算填列。

库存现金	借	55013.00
银行存款	借	26280207.10

2.交易性金融资产。

属于交易性金融资产项目的账户有交易性金融资产。

编制方法:直接根据总分类账户余额填列。

交易性金融资产	借	3240000.00	交易性金融资产——国债(成本)15 万元 交易性金融资产——苏美电器债券(成本)305 万元 交易性金融资产——苏美电器债券(公允价值变动)4 万元

3.应收票据。

属于应收票据项目的账户有应收票据、坏账准备。

应收票据编制方法:根据总账账户与其备抵账户抵消后的净额填列。

应收票据	平	0.00

4.应收账款。

属于应收账款项目的账户有应收账款、预收账款、坏账准备。

应收账款编制方法:根据有关明细分类账户余额分析计算填列,根据总账账户与其备抵账户抵消后的净额填列。

应收账款	借	1204000.00	应收账款——广州太福－20 万元 应收账款——北京亚太比邻 140.4 万元
预收账款	贷	112000.00	预收账款——上海长江 11.2 万元

续　表

坏账准备	贷	70200.00	

5.预付账款。

属于预付账款项目的账户有预付账款、应付账款、坏账准备。

预付账款编制方法:根据有关明细分类账户余额分析计算填列,根据总账账户与其备抵账户抵消后的净额填列。

预付账款	借	80000.00	预付账款——加油站 8 万元
应付账款	贷	184100.00	应付账款——山东远华 0.81 万元 应付账款——山东海洋 17.6 万元

6.应收利息。

属于应收利息项目的账户有应收利息、坏账准备。

应收利息编制方法:根据总账账户与其备抵账户抵消后的净额填列。

预付账款明细账借方余额＋应付账款明细账借方余额－坏账准备

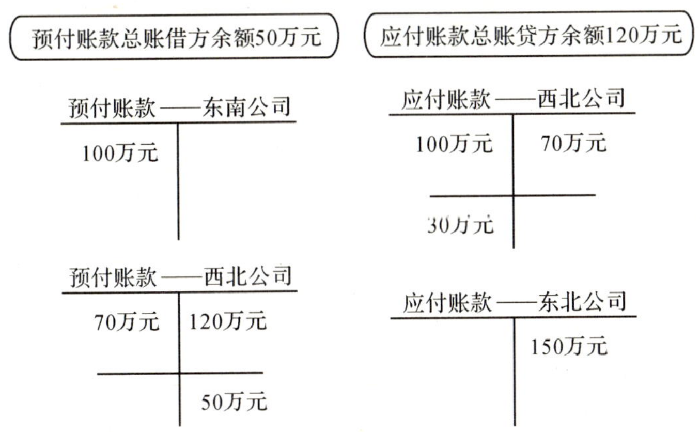

预付账款明细账借方余额+应付账款明细账借方余额–坏账准备

7.存货。

属于存货的账户有在途物资、原材料、库存商品、周转材料、委托加工物资、材料采购、材料成本差异(借加贷减)、发出商品、生产成本、存货跌价准备。

存货编制方法:直接根据总分类账户余额填列,根据总账账户与其备抵账户抵消后的净额填列。

原材料	借	4690884.65
库存商品	借	12726291.35
周转材料	借	35000.00
存货跌价准备	贷	88206.00

生产成本	借	2212376.67	生产成本——直接材料 1990420 元 生产成本——直接人工 127254 元 生产成本——制造费用 94702.67 元

存货期末余额＝4690884.65＋12726291.35＋35000.00＋2212376.67－88206.00
＝19576346.67 元

8.一年内到期的非流动资产。

属于一年内到期的非流动资产的账户有长期待摊费用、待处理财产损益、持有至到期投资、长期应收款。

一年内到期的非流动资产编制方法：根据有关明细分类账户余额分析计算填列。

其他流动资产期末余额＝0 元

9.可供出售金融资产。

属于可供出售金融资产的账户有可供出售金融资产。

可供出售金融资产编制方法：直接根据总分类账户余额填列。

可供出售金融资产	借	2550000.00	可供出售金融资产——股票 250 万元 可供出售金融资产——公允价值变动 5 万元

可供出售金融资产期末余额＝2550000.00 元

10.持有至到期投资。

属于持有至到期投资的账户有持有至到期投资、持有至到期投资减值准备。

持有至到期投资编制方法：根据总账和明细账的余额分析计算填列，根据总账账户与其备抵账户抵消后的净额填列。

持有至到期投资	平	0

11. 长期股权投资。

属于长期股权投资的账户有长期股权投资、长期股权投资减值准备。

长期股权投资编制方法：根据总账账户与其备抵账户抵消后的净额填列。

持有至到期投资	平	0

12. 投资性房地产。

属于投资性房地产的账户有投资性房地产、投资性房地产累计折旧、投资性房地产减值准备。

投资性房地产编制方法：根据总账账户与其备抵账户抵消后的净额填列。

投资性房地产	借	2500000.00	投资性房地产——办公楼 250 万元
投资性房地产累计折旧	贷	104166.70	投资性房地产累计折旧——办公楼 104166.7 元

投资性房地产期末余额＝2500000.00－104166.7＝2395833.30 元

13. 固定资产。

属于固定资产的账户有固定资产、累计折旧、固定资产减值准备。

固定资产编制方法：根据总账账户与其备抵账户抵消后的净额填列。

固定资产	借	101690571.00	固定资产——设备 16420571 元 固定资产——不动产 71500000 元 固定资产——车辆 13770000 元
累计折旧	贷	4790632.30	
固定资产减值准备	贷	88166.70	

固定资产期末余额＝101690571.00－4790632.3－88166.70＝96811772.00 元

14. 在建工程。

属于在建工程的账户有在建工程、在建工程减值准备。

在建工程编制方法：根据总账账户与其备抵账户抵消后的净额填列。

在建工程	借	7172418.00	在建工程——建筑工程 6552418 元 在建工程——安装工程 620000 元

在建工程期末余额＝7172418.00 元

15. 无形资产。

属于无形资产的账户有无形资产、累计摊销、无形资产减值准备。

无形资产编制方法：根据总账账户与其备抵账户抵消后的净额填列。

无形资产	借	1080000.00	无形资产——商标权 58 万元 无形资产——专利权 50 万元
累计摊销	贷	69417.00	

无形资产期末余额＝1080000－69417＝1010583.00(元)

16. 长期待摊费用。

属于长期待摊费用的账户有长期待摊费用。

长期待摊费用编制方法：根据总账和明细账的余额分析计算填列。

长期待摊费用期末余额＝0.00 元

17. 递延所得税资产。

属于递延所得税资产的账户有递延所得税资产。

递延所得税资产编制方法：直接根据总分类账户余额填列。

递延所得税资产	借	61643.18	递延所得税资产——坏账准备产生 17550.00 元 递延所得税资产——固定资产减值产生 22041.68 元 递延所得税资产——存货减值产生 22051.5 元

递延所得税资产期末余额＝61643.18 元

18. 短期借款。

属于短期借款的账户有短期借款。

短期借款编制方法：直接根据总分类账户余额填列。

短期借款	贷	6000000.00	短期借款——工商银行 600 万元

短期借款期末余额＝6000000.00 元

19. 应付票据。

属于应付票据的账户有应付票据。

应付票据编制方法：直接根据总分类账户余额填列。

应付票据	贷	10334771.00	应付票据——天津泰达 10334771 元

应付票据期末余额＝10334771.00 元

20. 应付账款。

属于应付账款项目的账户有预付账款、应付账款。

应付账款编制方法：根据有关明细分类账户余额分析计算填列。

应付账款明细账贷方余额＋预付账款明细账贷方余额

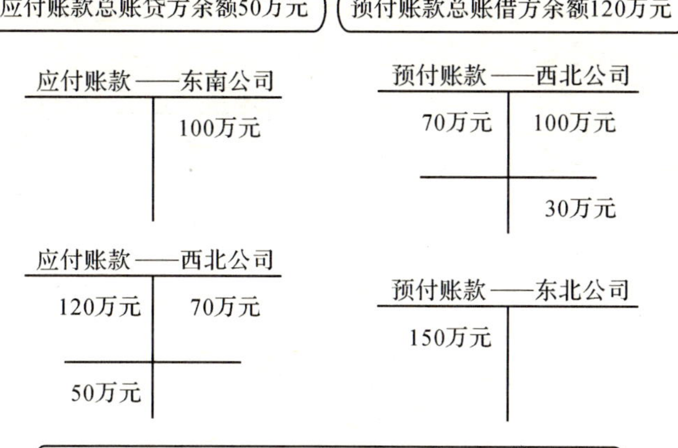

应付账款明细账贷方余额+预付账款明细账贷方余额

应付账款	贷	184100.00	应付账款——山东远华 0.81 万元 应付账款——山东海洋 17.6 万元
预付账款	借	80000.00	预付账款——加油站 8 万元

应付账款期末余额＝184100.00 元

21. 预收账款。

属于预收账款项目的账户有应收账款、预收账款。

预收账款编制方法：根据有关明细分类账户余额分析计算填列。

预收账款明细账贷方余额＋应收账款明细账贷方余额

预收账款总账贷方余额50万元

实收账款总账借方余额70万

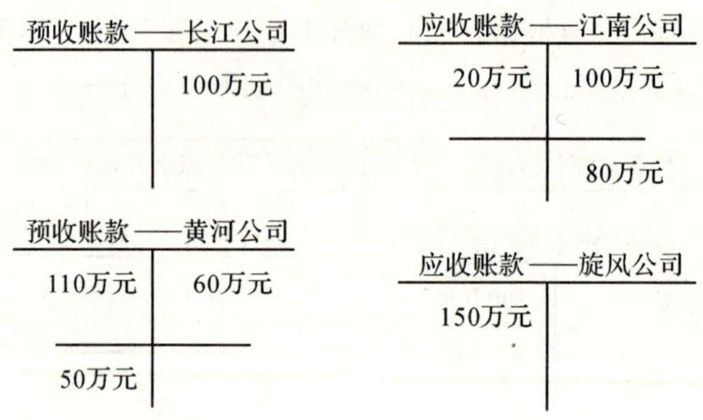

预收账款明细账贷方余额+应收账款明细账贷方余额

预收账款	贷	112000.00	预收账款——上海长江 11.2 万元
应收账款	借	1204000.00	应收账款——广州太福－20 万元 应收账款——北京亚太比邻 140.4 万元

预收账款期末余额＝112000＋200000＝312000.00 元

22.应付职工薪酬。

属于应付职工薪酬的账户有应付职工薪酬。

应付职工薪酬编制方法:直接根据总分类账户余额填列。

应付职工薪酬	贷	1184398.90

应付职工薪酬期末余额＝1184398.90 元

23.应交税费。

属于应交税费的账户有应交税费。

应交税费编制方法:直接根据总分类账户余额填列。

应交税费	借	1535422.10

应交税费期末余额＝－1535422.10 元

24.应付利息。

属于应付利息的账户有应付利息。

应付利息编制方法:直接根据总分类账户余额填列。

应付利息	贷	299000.00	应付利息——短期借款 3.9 万元 应付利息——长期借款 26 万元

应付利息期末余额=299000.00 元

25.一年内到期的非流动负债。

属于一年内到期的非流动负债的账户有应付债券、长期借款、长期应付款。

一年内到期的非流动负债编制方法:根据有关明细分类账户余额分析计算填列。

长期借款	贷	23000000.00	长期借款——建设银行 1800 万元(离还款日还有 9 个月) 长期借款——中国银行 500 万元

其他流动负债期末余额=1800 万元

26.长期借款。

属于长期借款的账户有长期借款。

长期借款编制方法:根据总账和明细账的余额分析计算填列。

长期借款	贷	23000000.00	长期借款——建设银行 1800 万元(离还款日还有 9 个月) 长期借款——中国银行 500 万元

长期借款期末余额=23000000-18000000=5000000(元)

27.应付债券。

属于应付债券的账户有应付债券。

应付债券编制方法:根据总账和明细账的余额分析计算填列。

应付债券	平	0.00

应付债券期末余额=0.00 元

28.长期应付款。

属于长期应付款的账户有长期应付款。

长期应付款编制方法:根据总账和明细账的余额分析计算填列。

长期应付款	平	0.00

长期应付款期末余额=0.00 元

29.预计负债。

属于预计负债的账户有预计负债。

预计负债编制方法:直接根据总分类账户余额填列。

预计负债	平	0.00

预计负债期末余额=0.00元

30.递延所得税负债。

属于递延所得税负债的账户有递延所得税负债。

递延所得税负债编制方法:直接根据总分类账户余额填列。

递延所得税负债	贷	12500.00

递延所得税负债期末余额=12500.00元

31.实收资本。

属于实收资本的账户有实收资本。

实收资本编制方法:直接根据总分类账户余额填列。

实收资本	贷	120840500.00	实收资本——国电集团6076.05万元 实收资本——上港集团3600万元 实收资本——首创股份2408万元

实收资本期末余额=120840500.00元

32.资本公积。

属于资本公积的账户有资本公积。

资本公积编制方法:直接根据总分类账户余额填列。

资本公积	贷	37500.00	资本公积——其他资本公积37500.00

资本公积期末余额=37500.00元

33.盈余公积。

属于盈余公积的账户有盈余公积。

盈余公积编制方法:直接根据总分类账户余额填列。

盈余公积	平	0.00

盈余公积期末余额=0.00元

34. 未分配利润。

属于未分配利润的账户有利润分配、本年利润。

利润分配编制方法：根据若干个总分类账户余额分析计算填列。

利润分配	借	89481.55
本年利润	平	0.00

利润分配期末余额＝－89481.55 元

资产负债表

编制单位：北京星月有限责任公司　　2014 年 12 月 31 日　　单位：元

资　产	年初余额	期末余额	负债和所有者权益	年初余额	期末余额
流动资产：			流动负债：		
货币资金			短期借款		6000000.00
交易性金融资产		3240000.00	应付票据		10334771.00
应收票据		0.00	应付账款		184100.00
应收账款		1333800.00	预收账款		312000.00
预付账款		80000.00	应付职工薪酬		1184398.90
应收利息		2250.00	应交税费		－1535422.10
其他应收款		10000.00	应付利息		299000.00
存货		19576346.67	一年内到期的非流动负债		18000000.00
一年内到期的非流动资产		0.00	流动负债合计		34778847.80
流动资产合计		50577616.77	非流动负债：		
			长期借款		5000000.00
非流动资产：			应付债券		0.00
可供出售金融资产		2550000.00	长期应付款		0.00
持有至到期投资		0.00	预计负债		0.00
长期股权投资		0.00	递延所得税负债		12500.00
投资性房地产		2395833.30	非流动负债合计		5012500.00
固定资产		96811772.00	负债合计		39791347.80
在建工程		7172418.00	所有者权益：		

续 表

资　产	年初余额	期末余额	负债和所有者权益	年初余额	期末余额
无形资产		1010583.00	实收资本		120840500.00
长期待摊费用		0.00	资本公积		37500.00
递延所得税资产		61643.18	盈余公积		0.00
其他非流动资产		0.00	未分配利润		－89481.55
非流动资产合计		110002249.50	所有者权益合计		120788518.50
资产总计		160579866.30	负债和所有者权益总计		160579866.30

企业负责人:××× 主管会计:××× 制表:×××

(二)利润表各项编制方法

注:以下表格中的金额单位为元。

1.营业收入。

营业收入根据“主营业务收入”和“其他业务收入”账户本期发生额之和填列。

科目名称	借　方	贷　方
主营业务收入		2239500.00
其他业务收入		375641.03

营业收入＝2239500.00＋375641.03＝2615141.03元

2.营业成本。

营业收入根据“主营业务成本”和“其他业务成本”账户本期发生额之和填列。

主营业务成本	1645175.75
其他业务成本	300400.00

营业成本＝1645175.75＋300400.00＝1945575.75元

3.营业税金及附加。

根据“营业税金及附加”账户本期借方发生额直接填列。

营业税金及附加＝0.00元

4.销售费用、管理费用、财务费用。

根据借方发生额直接填列(贷方填负数)。

	借方	贷方
销售费用	567559.00	
管理费用	635815.40	
财务费用		－28150.00

销售费用＝567559.00 元

管理费用＝635815.40 元

财务费用＝－28150.00 元

5.资产减值损失。

根据“资产减值损失”账户本期借方发生额直接填列(贷方填负数)。

资产减值损失	146572.71	

资产减值损失＝146572.71 元

6.公允价值变动损益、投资收益。

根据“公允价值变动损益”“投资收益”账户本期贷方发生额直接填列(借方填负数)。

	借方	贷方
公允价值变动损益		40000.00
投资收益	－750.00	

公允价值变动损益＝40000.00 元

投资收益＝－750.00 元

7.营业外收入、营业外支出。

根据“营业外收入(贷方)”“营业外支出(借方)”账户本期发生额直接填列。

	借方	贷方
营业外收入		500.00
营业外支出	4265.60	

营业外收入＝500.00 元

营业外支出＝4265.6 元

8.所得税费用。

根据“所得税费用”账户本期借贷方发生额直接填列。

	借方	贷方
所得税费用		36643.18

所得税费用=－36643.18元

利润表

编制单位:北京星月有限责任公司　　2014年12月　　单位:元

项　目	本期金额	上期金额
一、营业收入	2615141.03	
减:营业成本	1945575.75	
营业税金及附加	0.00	
销售费用	567559.00	
管理费用	635815.40	
财务费用	－28150.00	
资产减值损失	146572.71	
加:公允价值变动损益(损失以“－”号填列)	40000.00	
投资收益(损失以“－”号填列)	－750.00	
二、营业利润	－612981.83	
加:营业外收入	500.00	
减:营业外支出	4265.60	
三、利润总额	－616747.43	
减:所得税费用	－36643.18	
四、净利润	－580104.25	

企业负责人:×××　　主管会计:×××　　制表:×××

[实训任务]

实训任务一:编制资产负债表

资料:蓝海公司2016年6月30日总分类账和明细分类账科目余额如表3-6所示

表 3-6　账户余额表　　单位:元

总账科目	明细科目	借方余额	贷方余额	总账科目	明细科目	借方余额	贷方余额
库存现金		2000.00		短期借款			100000.00
银行存款		20000.00					5000.00
		5000.00		应付账款	A工厂		8000.00
应收账款	甲公司	10000.00			B工厂	3000.00	
	乙公司		5000.00				5000.00
		4000.00		预收账款	A单位		10000.00
预付账款	A单位	5000.00			B单位	5000.00	
	B单位		1000.00				9000.00
		3000.00		其他应付款	职工		12000.00
其他应收款	职工	5000.00			工会	3000.00	
	百货		2000.00	应交税费			15000.00
原材料		30000.00		应付利润			5000.00
生产成本		60000.00		长期借款			100000.00
库存商品		40000.00		其中:一年内到期的长期借款 40000.00			
固定资产		400000.00		实收资本			200000.00
累计折旧			100000.00	盈余公积			32000.00
无形资产		30000.00		利润分配	未分配利润		23000.00

要求:根据以上资料,编制该公司的6月份资产负债表。

资产负债表

编制单位:　　　　年　月　日　　　　单位:元

资产	期末余额	年初余额	负债和所有者权益	期末余额	年初余额
流动资产:			流动负债:		
货币资金			短期借款		
短期投资			应付账款		
应收票据			预收账款		
应收账款			应付职工薪酬		
预付账款			应交税费		
应收股利			应付利息		

续　表

资产	期末余额	年初余额	负债和所有者权益	期末余额	年初余额
应收利息			应付利润		
其他应收款			其他应付款		
存货			其他流动负债		
其他流动资产			流动负债合计		
流动资产合计					
非流动资产：			非流动负债：		
长期债券投资			长期借款		
长期股权投资			递延收益		
固定资产原价			其他非流动负债		
减：累计折旧			非流动负债合计		
固定资产账面价值			负债合计		
固定资产清理			所有者权益（或股东权益）：		
生产性生物资产			实收资本（或股本）		
无形资产			资本公积		
长期待摊费用			盈余公积		
其他非流动资产			未分配利润		
非流动资产合计			所有者权益（或股东权益）合计		
资产总计			负债和所有者权益（或股东权益）总计		

企业负责人：×××　　　　主管会计：×××　　　　制表：×××

实训任务二：编制利润表

资料：蓝海公司 2016 年 6 月有关损益类账户的累计发生额如表 3-7 所示：

表 3-7　损益类账户发生额　　　　单位：元

会计科目	借方发生额	贷方发生额
主营业务收入		1250000.00
其他业务收入		250000.00

续　表

会计科目	借方发生额	贷方发生额
公允价值变动损益		28500.00
投资收益		31500.00
主营业务成本	850000.00	
其他业务成本	190000.00	
营业税金及附加	75000.00	
销售费用	150000.00	
管理费用	60000.00	
财务费用	30000.00	
资产减值损失	10000.00	
营业外收入		40000.00
营业外支出	35000.00	
所得税费用	50000.00	
合计	1450000.00	1600000.00

要求：根据以上资料，编制该公司的 6 月份利润表。

利润表

编制单位：　　　　　　年　月　　　　　　　　　　　　　　　　单位：元

项目	本期金额	上期金额
一、营业收入		
减：营业成本		
营业税金及附加		
销售费用		
管理费用		
财务费用		
资产减值损失		
加：公允价值变动损益（损失以“－”号填列）		
投资收益（损失以“－”号填列）		

续 表

项目	本期金额	上期金额
二、营业利润		
加:营业外收入		
减:营业外支出		
三、利润总额		
减:所得税费用		
四、净利润		

企业负责人: 主管会计: 制表:

[实训提示]

1.资产负债表的编制格式有账户式、报告式和财务状况式三种。我国企业会计制度规定,要求采用的是账户式的资产负债表。

2.资产负债表的“年初余额”栏的填制,是根据上年末资产负债表“期末余额”栏内各项数字填列。如果本年度资产负债表规定的各个项目的名称和内容同上年度不相一致,应对上年年末资产负债表各项目的名称和数字按照本年度的规定进行调整,填入本表“年初余额”内。

3.一般情况下,资产类项目直接根据其总账科目的借方余额填列,负债类项目直接根据其总账科目的贷方余额填列。但某些项目,如“应付职工薪酬”“应交税费”“其他应交款”“其他应付款”等流动负债项目,如果账户期末余额在借方,则以“－”号填列。

4.填制会计报表时,无金额的栏目显示空白。

[实训思考]

1.资产负债表中的“应收账款”项应如何填写?

2.会计报表需要保管多长时间?

任务十　会计资料的装订和保管

[能力目标]

通过会计凭证装订与会计资料保管的实训，学生应掌握会计资料的装订与保管的方法。

[实训用具]

实训二、实训三、实训四、实训五、实训六、实训九的资料。

[内容介绍]

一、会计资料的装订规范

(一)会计凭证的装订

1.会计凭证装订前的整理。

会计凭证的整理范围包括原始凭证、记账凭证、科目汇总表等。科目汇总表的工作底稿也可以装订在内，作为科目汇总表的附件。

会计凭证装订前的整理工作，主要是对凭证进行排序、粘贴和折叠。整理规范有如下几点：

(1)对面积大于记账凭证的原始凭证采用折叠的方法，按照记账凭证的面积尺寸，将原始凭证先自右向左，再自下向上两次折叠。折叠时应注意将凭证的左上角或左侧面空出，以便于装订后的展开查阅。

(2)对于纸张面积过小的原始凭证，则采用粘贴的方法，即按一定次序和类别将原始凭证粘贴在一张与记账凭证大小相同的白纸上。粘贴时要注意，应尽量将同类同金额的单据粘在一起；如果是板状票证，可以将票面票底轻轻撕开，厚纸板弃之不用。粘贴完成后，应在白纸一旁注明原始凭证的张数和合计金额。

(3)对于纸张面积略小于记账凭证的原始凭证，则可以用回形针或大头针别在记账凭证后面，待装订凭证时，抽去回形针或大头针。

(4)对于数量过多的原始凭证，如工资结算表、领料单等，可以单独装订保管，但应在封面上注明原始凭证的张数、金额，所属记账凭证的日期、编号、种类。封面应一式两份，一份作为原始凭证装订成册的封面，封面上注明“附件”字样，另一份附在记账凭证的后面，同时在记账凭证上注明“附件另订”，以备查考。

(5)各种经济合同、存出保证金收据以及文件等重要原始凭证，应当另编目录，单独登记保管，并在有关的记账凭证和原始凭证上相互注明日期和编号。

2.会计凭证的装订。

凭证装订是指将整理完毕的会计凭证加上封面和封底，装订成册，并在装订线上加贴封签的一系列工作。

会计凭证不得跨月装订。记账凭证少的，可以一个月装订一本；一个月内凭证数量较多的，可装订成若干册。并在凭证封面上注明本月总计册数和本册数。采用科目汇总表会计核算形式的企业，原则上以一张科目汇总表及所附的记账凭证、原始凭证装订成一册，凭证少的，也可将若干张科目汇总表及相关记账凭证、原始凭证合并装订成一册。序号每月一编。

装订之前，要设计一下，看一个月的记账凭证究竟订成几册为好。每册的厚薄应基本保持一致，厚度一般以1.5—2.0厘米为宜。不能把几张同属于一份记账凭证及所附的原始凭证拆开装订在两册之中。另外，还要再次检查一下所附原始凭证是否全部加工折叠、整理完毕。凡超过记账凭证宽度和长度的原始凭证，都要整齐地折叠进去。要特别注意装订线眼处的折叠方法，防止装订以后再也翻不开了。

装订成册的会计凭证必须加盖封面，封面上应注明单位名称、年度、月份和起讫日期、凭证种类、起讫号码，由装订人在装订线封签外签名或者盖章。会计凭证封面由分公司统一格式进行印制。

正式装订时，准备好凭证封皮、铁锥或装订机，以及线绳、铁夹、胶水等。按以下顺序进行装订：

(1)将凭证封面和封底裁开，分别附在凭证前面和后面，再拿一张质地相同的纸，放在封面上面，做护角之用。磕迭整齐，用两个铁夹分别夹住凭证的上侧和左侧。

(2)用铅笔在凭证的左上角画一个边长为5厘米的分角线,将直角分成两个45°角,如图3 2所示。

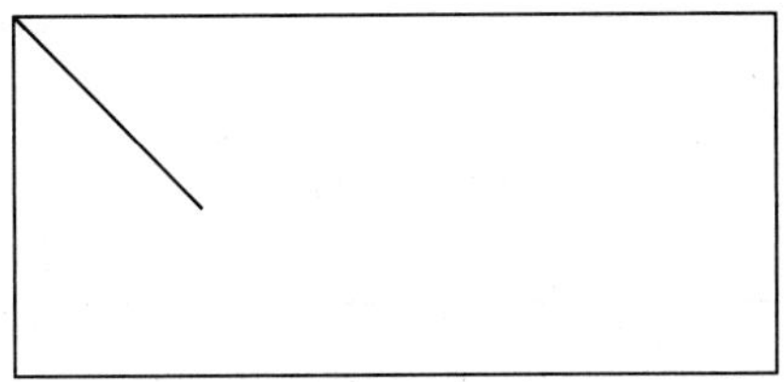

图3-2　分角线

(3)在分角线的适当位置上选两个点打孔作为装订线眼,如图3-3所示。这两孔的位置可在距左上角的顶端2—4厘米的范围内确定。

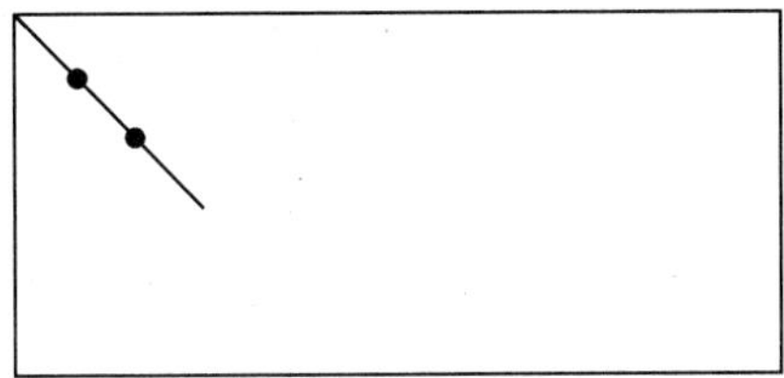

图3-3　打孔

(4)用缝毛衣针引线绳沿虚线方向穿绕两孔若干次,并在凭证背面打结,如图3-4所示。

图3-4　穿线打结

(5)将放在最上方的牛皮纸裁成一条宽6厘米左右的包角纸条,先从记账凭证的背面折叠纸条粘贴成如图3-5所示形状。

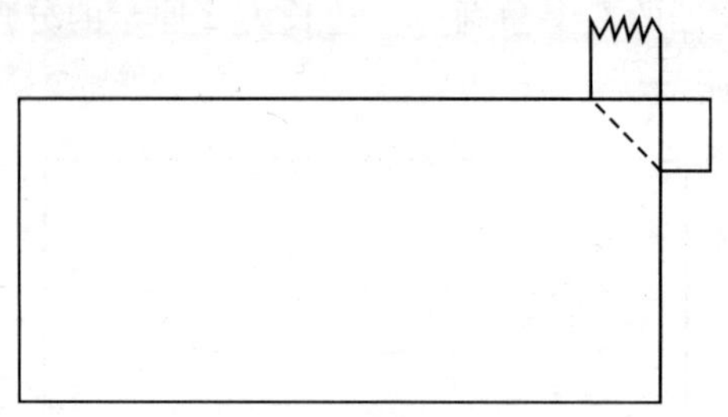

图 3-5　背面情况

(6)从正面折叠纸条,粘贴成如图 3-6 所示形状。

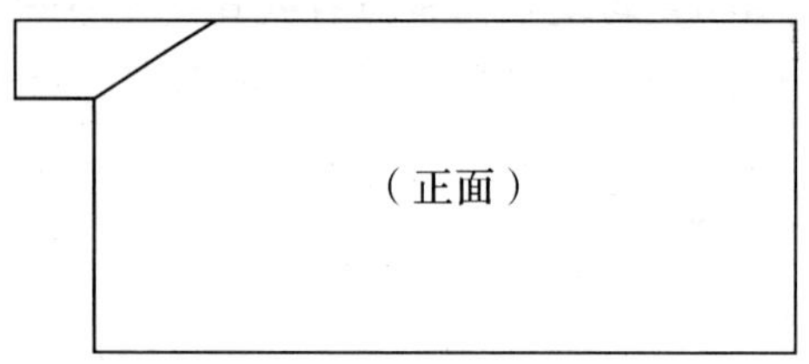

图 3-6　正面情况

(7)将正面未粘叠的包角纸条向后折叠,裁去一个三角形,与背后的包角纸条重叠、粘牢。包角后的记账凭证如图 3-7 所示。

图 3-7　包角后的记账凭证

(8)待晾干后,在凭证本的侧脊上面写上“某年某月第几册共几册”的字样。装订人在装订线封签处签名或者盖章。

(二)会计账簿的装订

1. 会计账簿装订前的准备工作。

(1)首先按账簿启用表的使用页数核对各个账户是否相符,账页数是否齐全,序号排列是否连续。

(2)按会计账簿封面、账簿启用表、账户目录、该账簿按页数顺序排列的账页、会计账簿装订封底的顺序装订。

2.活页账簿装订要求。

(1)保留已使用过的账页,将账页数填写齐全,去除空白页和撤掉账夹,用质量好的牛皮纸做封面、封底,装订成册。

(2)多栏式活页账、三栏式活页账、数量、金额式活页账等不得混装,应按同类业务、同类账页装订在一起。

(3)在本账的封面上填写好账目的种类,编好卷号,由会计主管人员和装订人(经办人)签章。

3.账簿装订后的其他要求。

会计账簿应牢固、平整,不得有折角、缺角、错页、掉页、加空白纸的现象。会计账簿的封口要严密,封口处要加盖有关印章。封面应齐全、平整,并注明所属年度及账簿名称、编号,编号为一年一编,编号顺序为总账、现金日记账、银行存(借)款日记账、分户明细账。

(三)会计报表的装订

会计报表装订前要按编报目录核对是否齐全,整理报表页数,上边和左边对齐压平,防止折角,如有损坏部位要进行修补,最后完整无缺地装订。

会计报表装订顺序为:会计报表封面、会计报表编制说明、各种会计报表按会计报表的编号顺序排列、会计报表的封底;按保管期限编制卷号。

二、会计资料的保管

会计资料就是会计资料立卷、归档形成的重要文献,包括会计凭证、会计账簿和会计报表以及其他会计资料等会计核算的专业材料。

会计凭证类:原始凭证、记账凭证、汇总凭证和其他凭证。

会计账簿类:总分类账、明细分类账、日记账、固定资产卡片、辅助账簿和其他会计账簿。

会计报告类:月度、季度、半年度和年度会计报告,包括会计报表、附表及其文字说明。

其他会计资料类:银行存款余额调节表、银行对账单、其他应当保存的会计核算专业资料,会计档案移交清册、保管清册和销毁清册。

(一)会计档案的移交归档

1.每年形成的会计档案,由财务部按照归档要求,负责整理立卷,装订成册，编制会计档案保管清册。在会计年度终了后，可暂由本会计部门保管一年。期满之后，由会计部门编制移交清册，移交本单位档案部门统一保管。

2.移交档案部门保管的会计档案原则上应该保持原卷册的封装。个别需要拆封重新整理的，档案部门应当会同财务部和经办人共同拆封整理，以分清责任。

(二)会计档案的保管

1.会计档案的保管期限分永久、定期两类。定期保管期限分为三年、五年、十年、十五年、二十五年，共五类，如表3-8所示，保管期限从会计年度终了后的第一天算起。

表3-8 会计档案保管期限表

档案类别	序号	档案名称	保管期限(年)	备注
凭证类	1	原始凭证	15	
	2	记账凭证	15	
	3	汇总凭证	15	
会计账簿类	4	总账	15	
	5	明细账	15	
	6	日记账	15	现金及银行日记账保管25年
	7	固定资产卡片	15	固定资产报废清理后保管5年
	8	辅助账簿	15	
财务报告类	9	月、季报告	3	包括汇总财务报告及文字分析
	10	年度报告	永久	包括汇总财务报告及文字分析
其他类	11	会计移交清册	15	
	12	会计档案保管清册	永久	
	13	会计档案销毁清册	永久	
	14	银行余额调节表	5	
	15	银行对账单	5	

2.会计档案室的要求：应选择在干燥防水的地方，并远离易燃品堆放地，周围应备有防火器材；室内应经常保持清洁卫生，以防虫蛀、鼠咬；保持通风透光，并有适当的空间、通道和查阅的地方，并防止潮湿。

3.会计档案应放在专用的铁皮档案柜里，按顺序码放整齐，以便查找。

4.设置归档登记簿、档案目录登记簿、档案借阅登记簿，严防毁坏损失、散失和泄密。

5.使用电子计算机进行会计核算的，应当保存打印出来的纸质会计档案，使用磁盘、光盘等磁性介质保存会计档案，应报财政局备案。会计电算化档案保管要注意防盗、防磁等。

（三）会计档案的借阅

1.会计档案为本公司所用，原则上不得借出。本公司人员需要档案资料，在登记报批获准后由档案管理人员陪同翻阅或者复印。

2.外部借阅会计档案时，应持有单位正式介绍信，经会计主管人员和单位领导批准后，方可办理借阅手续；由档案部门建立健全会计档案查阅、复制、登记制度。

3.借阅手续：借阅人应认真填写档案借阅登记簿，将借阅人姓名、日期、数量、内容、归期等情况登记清楚。

4.借阅会计档案人员不得在案卷中乱画、标记、拆散原卷册，也不得涂改抽换、携带外出或复制原件（如有特殊情况，须经领导批准后方能携带外出或复制原件）。

（四）会计档案的销毁

保管期满的会计档案，可以按照以下程序进行销毁：

1.会计档案保管期满，需要销毁时由档案部门提出销毁意见，会同财务部门共同鉴定，编制会计档案销毁清册（注明名称、卷号、册数、起止年度和档案编号、应保管期限、已保管期限、销毁时间等内容），经单位领导审批签署意见，报请上级主管单位批准后方可予以销毁。

2.销毁会计档案时，由档案部门和财务部共同派员监销。在销毁前清点所要销毁的会计档案；销毁后，经办人应在会计档案销毁清册上签名盖章；注明“已销毁”字样和销毁日期，以示负责，同时将监销情况写出书面报告一式两份，一份报单位领导，一份归入档案备查。

3.会计档案保管期满，但未结清的债权债务原始凭证和涉及其他未了事项的原始凭证，不得销毁，应当单独抽出另行立卷，由档案部门保管到未了事项完结时为止。单独抽出立卷的会计档案，应当在会计档案销毁清单和会计档案保管清册中列明。

4. 在建设期间的会计档案，不得销毁。

［实训任务］

要求：对综合实训模块所填制的会计凭证、会计账簿、会计报表按照正确的方法进行装订和整理。

［实训提示］

1. 每年形成的会计档案，应按时间顺序、内容、数量分别整理装订。财务部应设立专人专柜进行保管。

2. 会计档案，原则上不得借出。

3. 外公司如调阅会计档案，要有正式的介绍信并经财务总监批准。同时要详细登记被调阅的档案名称、日期、调阅人的单位、姓名、调阅理由和归还时间。

4. 会计资料的装订和整理工具有锥子、专门用于装订凭证的针（回形针、大头针）、线、胶水、对角纸（会计装订专用的）。

5. 年度终了后，会计资料可暂由财会部门保管一年，期满后，编造清册移交本单位的档案部门保管。

6. 装订成册的会计凭证要按年月顺序排列，并指定专人保管，但出纳不得兼管会计档案。

［实训思考］

1. 保管期限为 15 年的会计档案有哪些？

2. 需要永久保管的会计档案有哪些？

3. 会计档案如需外借，需要办理哪些手续？

4. 会计凭证装订的厚度一般多少为宜？

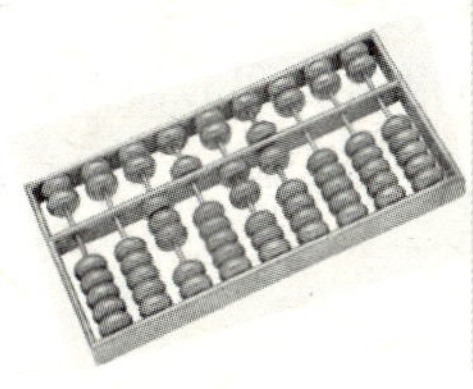

基础会计综合实训

任务一 记账凭证核算程序实训

[能力目标]

通过本部分内容的实训,学生应全部、系统地掌握记账凭证核算程序下的会计循环的步骤及各步骤的操作,即证、账、表的基本操作技能。

[实训用具]

1. 收款凭证、付款凭证、转账凭证。
2. 原始凭证。
3. 各类账页。
4. 会计报表。
5. 凭证封面。
6. 计算器、水笔、印鉴、固定胶、长尾夹、裁纸刀、装订线、直尺等。

[内容介绍]

一、记账凭证账务核算程序的凭证账簿设置

记账凭证账务核算程序是最基本的一种账务处理程序。它的主要特点是根据记账凭证逐笔登记总分类账。在这一程序中,记账凭证可以使用通用

记账凭证，也可以使用收款凭证、付款凭证和转账凭证。需要设置库存现金日记账、银行存款日记账、明细分类账和总分类账。其中库存现金日记账、银行存款日记账和总分类账一般采用三栏式，其他分类账则根据管理的需要选择，分别可以采用三栏式、多栏式和数量金额式。

二、记账凭证核算程序的财务处理程序

1. 根据原始凭证或原始凭证汇总表按不同的经济业务类型分别填制收款凭证、付款凭证和转账凭证。

2. 根据现金收、付款凭证逐笔序时登记现金日记账，根据银行存款收、付款凭证及其所附的银行结算凭证逐笔序时登记银行存款日记账。

3. 根据记账凭证及所附的原始凭证（或原始凭证汇总表）逐笔登记各有关明细分类账。

4. 根据各种记账凭证逐笔登记总分类账。

5. 根据对账的具体要求，将现金日记账、银行存款日记账和各种明细分类账定期与总分类账相互核对。

6. 期末，根据总分类账和明细分类账的有关资料编制会计报表，如图 4-1 所示。

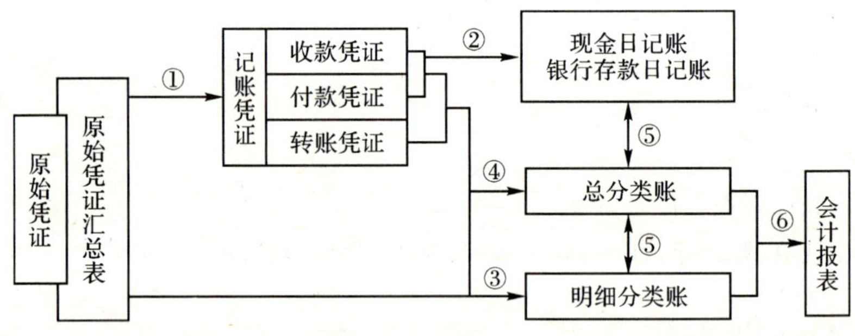

图 4-1 记账凭证核算程序

三、记账凭证账务处理程序的优缺点和适用范围

1.主要优点如下：

(1)会计凭证和账簿格式及账务处理程序简单明了，易于理解和运用。

(2)由于总分类账是直接根据各种记账凭证逐笔登记的，因此总分类账能比较详细和具体地反映各项经济业务，便于查账。

2.主要缺点：由于要根据记账凭证逐笔登记总分类账，故登记总分类账的工作量较大。

3.适用范围：一般适用于规模较小、业务量较少及记账凭证数量不多的企业。

[实训任务]

资料一：公司基本情况

1.公司情况。

公司名称：新风实业有限责任公司(以下简称新风公司)

经营地址：昌吉市建设路21号

基本存款账户开户行：中国工商银行昌吉市分行建设路分理处

账　　号：68975224486545654478

纳税人登记号：897115401121566，为增值税一般纳税人，税率为17%

主要产品：生产A、B两种产品

机构设置：公司内设一个生产车间(该生产车间进行全部工艺流程的加工)，另设若干个党群和行政职能部门、一个销售机构。

会计核算组织：公司集中核算

2.主要人员。

法人代表：吴晨阳

会计主管：李菲

会　　计：实训学生姓名(自行填写)

出　　纳：王其

保 管 员：汪洋

3.公司会计制度。

会计核算程序:记账凭证账务处理程序

成本核算:采用品种法计算产品成本

盈余公积:在年末一次提取,法定盈余公积提取比例为10%

资料二:期初有关账户的资料

1.201×年11月末各总分类账户余额,如表4-1所示。

表4-1　各总分类账户余额表　　单位:元

账　户	借或贷	金　额	账　户	借或贷	金　额
库存现金	借	3000.00	累计折旧	贷	2222000.00
银行存款	借	4942100.00	应付票据	贷	50000.00
交易性金融资产	借	350000.00	短期借款	贷	200000.00
应收票据	借	100000.00	应付账款	贷	106100.00
应收账款	借	150000.00	预收账款	贷	100000.00
其他应收款	借	6000.00	应付职工薪酬	贷	95000.00
原材料	借	735000.00	应交税费	贷	45000.00
库存商品	借	2220000.00	应付利息	贷	40000.00
预付账款	借	23000.00	实收资本	贷	9000000.00
固定资产	借	7640000.00	资本公积	贷	2000000.00
无形资产	借	375000.00	盈余公积	贷	164000.00
			本年利润	贷	2308000.00
			未分配利润	贷	214000.00
合　计		16544100.00			16544100.00

2.201×年11月末有关明细分类账户余额,如表4-2—4-6所示。

表4-2　库存商品明细账户余额表　　单位:元

产品名称	单　位	数　量	单　价	金　额
A产品	件	10000	110.00	1100000.00
B产品	件	8000	140.00	1120000.00
合　计				2220000.00

表 4-3　原材料明细账户余额表　　单位:元

材料名称	单　位	数　量	单　价	金　额
甲材料	千克	6000	20.00	120000.00
乙材料	千克	4500	60.00	270000.00
丙材料	千克	4500	50.00	225000.00
丁材料	千克	8000	15.00	120000.00
合　计				735000.00

表 4-4　应收账款明细账户余额表　　单位:元

一级科目	明细科目	借或贷	金　额
应收账款	光华建材有限责任公司	借	58500.00
	红星实业有限责任公司	借	91500.00
合　计			150000.00

表 4-5　应付账款明细账户余额表　　单位:元

一级科目	明细科目	借或贷	金　额
应付账款	华运机电有限责任公司	贷	93600.00
	庭州建材有限责任公司	贷	12500.00
合　计			106100.00

表 4-6　应交税费及其他应交款明细账户余额表　　单位:元

一级科目	明细科目	借或贷	金　额
应交税费	未交增值税	贷	30000.00
	应交所得税	贷	8000.00
	应交城市维护建设税	贷	4900.00
	应交教育费附加	贷	2100.00
合　计			45000.00

3.201×年1—11月损益类账户累计发生额,如表4-7所示(均已按月结转)。

表 4-7 损益类账户累计发生额一览表 单位:元

账户名称	借方发生额	账户名称	贷方发生额
主营业务成本	9570000.00	主营业务收入	14850000.00
营业税金及附加	95000.00	其他业务收入	1800000.00
其他业务成本	800000.00	投资收益	795000.00
管理费用	1730000.00	营业外收入	10000.00
销售费用	1550000.00		
财务费用	150000.00		
营业外支出	120150.00		
所得税费用	1131850.00		
合 计	15147000.00		17455000.00

资料三:该公司 12 月份发生的业务如下

1.1 日,收到光华公司归还前欠货款 58500 元。

中国工商银行进账单(收账通知) 1

201×年 12 月 1 日 第 21 号

出票人	全 称	光华建材有限责任公司	持票人	全 称	新风实业有限责任公司
	账 号	3600044900652377218		账 号	6897522448654565478
	开户银行	武汉市石化支行		开户银行	昌吉市工行建设路分理处
人民币(大写)伍万捌仟伍佰元整				千百十万千百十元角分	¥5850000
票据种类	转账支票				
票据张数	1 张				
单位主管 会计 复核 记账			持票人开户行盖章		

中国工商银行 昌吉市建设支行 转讫

此联是持票人开户银行交给持票人的收账通知

2.2 日，接受东方公司投资的货币资金 250000 元，存入银行。

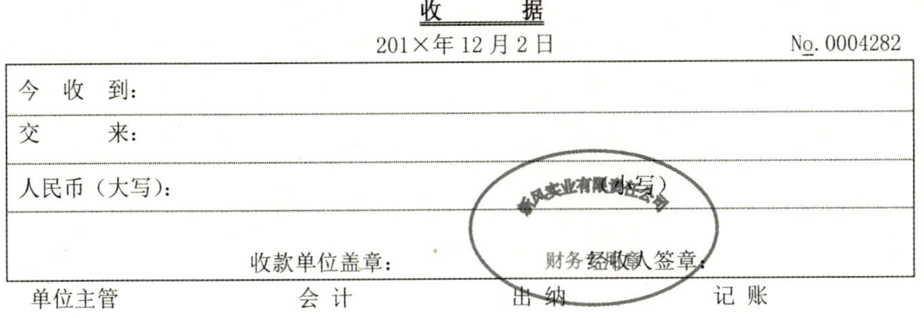

收　　据

201×年 12 月 2 日　　　　No. 0004282

今　收　到：
交　　　来：
人民币（大写）：　　　　　　（小写）
收款单位盖章：　　　　　　经收人签章：

单位主管　　　会 计　　　出 纳　　　记 账

中国工商银行进账单（收账通知）　1

201×年 12 月 2 日　　　　第 21 号

出票人	全　　称	东方公司	持票人	全　　称	新风实业有限责任公司
	账　　号	2300011700325100429		账　　号	6897522448654565478
	开户银行	青州市中行天山支行		开户银行	昌吉市工行建设路分理处
人民币（大写）贰拾伍万元整				千百十万千百十元角分	￥25000000
票据种类	转账支票				
票据张数	1 张				
单位主管　会计　复核　记账				持票人开户行盖章	

此联是持票人开户银行交给持票人的收账通知

3.2 日，从武汉市前进建材工厂购入甲材料 1000 千克，每千克 20 元，计 20000 元，增值税 3400 元；乙材料 2000 千克，每千克 60 元，计 120000 元，增值税 20400 元。材料已验收入库，款项以银行存款支付。

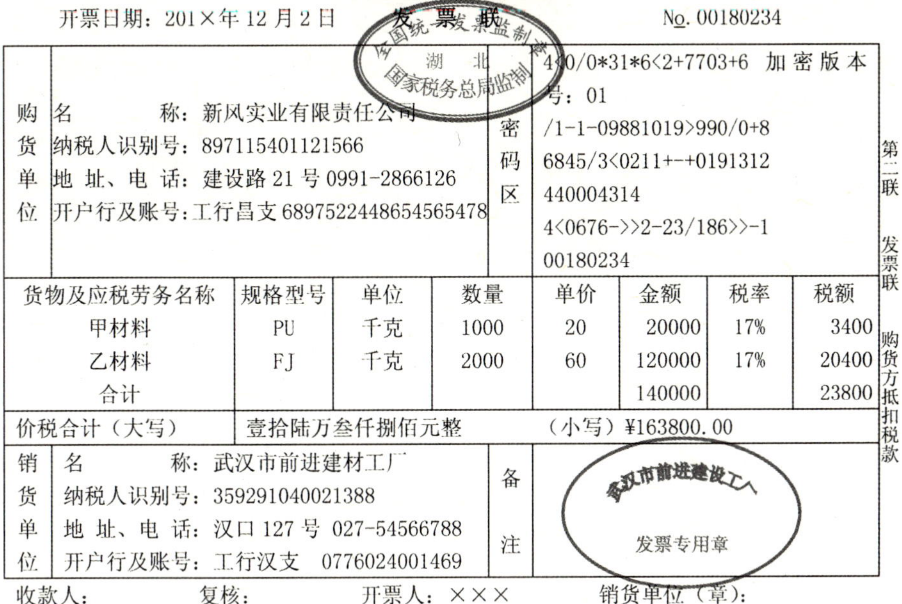

湖北省增值税专用发票

开票日期：201×年12月2日　　发　票　联　　No. 00180234

购货单位	名　　称：新风实业有限责任公司 纳税人识别号：897115401121566 地 址、电 话：建设路21号 0991-2866126 开户行及账号：工行昌支 6897522448654565478	密码区	4<0/0*31*6<2+7703+6 加密版本号：01 /1-1-09881019>990/0+8 6845/3<0211+-+0191312 440004314 4<0676->>2-23/186>>-1 00180234

货物及应税劳务名称	规格型号	单位	数量	单价	金额	税率	税额
甲材料	PU	千克	1000	20	20000	17%	3400
乙材料	FJ	千克	2000	60	120000	17%	20400
合计					140000		23800
价税合计（大写）	壹拾陆万叁仟捌佰元整			（小写）¥163800.00			

销货单位	名　　称：武汉市前进建材工厂 纳税人识别号：359291040021388 地 址、电 话：汉口127号 027-54566788 开户行及账号：工行汉支　0776024001469	备注	

收款人：　　复核：　　开票人：×××　　销货单位（章）：

第二联　发票联　购货方抵扣税款

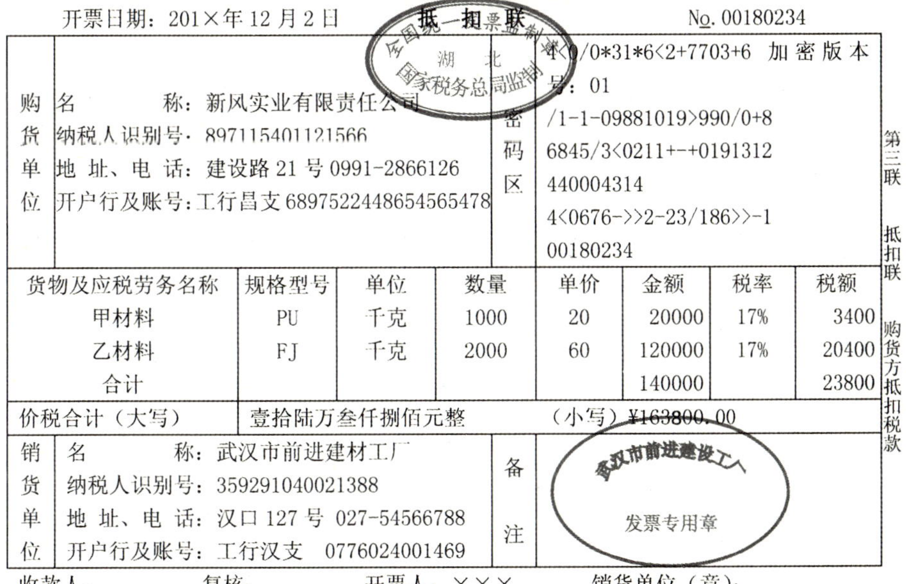

湖北省增值税专用发票

开票日期：201×年12月2日　　抵　扣　联　　No. 00180234

购货单位	名　　称：新风实业有限责任公司 纳税人识别号：897115401121566 地 址、电 话：建设路21号 0991-2866126 开户行及账号：工行昌支 6897522448654565478	密码区	4<0/0*31*6<2+7703+6 加密版本号：01 /1-1-09881019>990/0+8 6845/3<0211+-+0191312 440004314 4<0676->>2-23/186>>-1 00180234

货物及应税劳务名称	规格型号	单位	数量	单价	金额	税率	税额
甲材料	PU	千克	1000	20	20000	17%	3400
乙材料	FJ	千克	2000	60	120000	17%	20400
合计					140000		23800
价税合计（大写）	壹拾陆万叁仟捌佰元整			（小写）¥163800.00			

销货单位	名　　称：武汉市前进建材工厂 纳税人识别号：359291040021388 地 址、电 话：汉口127号 027-54566788 开户行及账号：工行汉支　0776024001469	备注	

收款人：　　复核：　　开票人：×××　　销货单位（章）：

第三联　抵扣联　购货方抵扣税款

收　料　单

201×年 12 月 2 日　　　　　　　　　　No. 045301

供货单位:武汉市前进建材工厂						实际成本											
编号	材料名称	规格	送验数量	实收数量	单位	单价	运杂费	金额								
								百	十	万	千	百	十	元	角	分
003	甲材料															
006	乙材料															
合　计																
备　注:								附单据 2 张								

第二联　送会计部分

主管:　　　　会计:　　　　保管:汪洋　　　　复核:　　　　验收:张志强

中国工商银行转账支票存根	中国工商银行　　转账支票　　　　No: 01447365
支票号码: 01447365	出票日期(大写)　　年　　月　　日　付款行名称:
附加信息:	本支票付款期限十天　收款人:　　　　出票人账号:
	人民币(大写)　亿 千 百 十 万 千 百 十 元 角 分
	用途
	上列款项请从我账户内支付
出票日期 201×年 12 月 2 日	泰风实业有限责任公司 财务专用章
收款人:	
金　额:	出票人签章　　　　复核　　　　记账
用　途:	
单位主管　　　　会计	127

4.12 月 2 日,采购人员张小红出差,预借差旅费 3000 元,以现金付讫。

借　款　单

201×年 12 月 2 日

借款部门或姓名:张小红					
借款事由:出差					
共需天数:一个月					
借款金额(人民币大写):叁仟元整　　　　(小写)¥3000.00					
领导批示	同意 吴晨阳	财务负责人	同意 李菲	借款人签章	张小红

5.12 月 2 日,向工商银行借入为期 3 个月的流动资金周转贷款 80000 元。年利率为 5%。

中国工商银行（短期借款）借款凭证（回单）　④

201×年 12 月 2 日　　　　　银行编号：3040126

名　　称	新风实业有限责任公司	借款单位	名　　称	新风实业有限责任公司
往来账户	050101100228045		放款账户	050101100132023
开户银行	工行昌支		开户银行	工行昌支
还款期限	3 个月	利率	5%	起息日期 201×.12.2

申请金额	人民币（大写）捌万元整		亿	千	百	十	万	千	百	十	元	角	分
借款原因 用　途	周转贷款	银行核定金额				¥	8	0	0	0	0	0	0

备注：	期限	计划还款	计划还款金额
	上述借款业已同意贷给并转入你单位往来账户，借款到期时应按期归还。　此致 借款单位 （银行盖章）　　　　201×年 12 月 2 日		

（印章：中国工商银行 昌吉市建设支行 转讫）

6. 12 月 3 日，以银行存款支付生产车间设备维修费 5380 元。

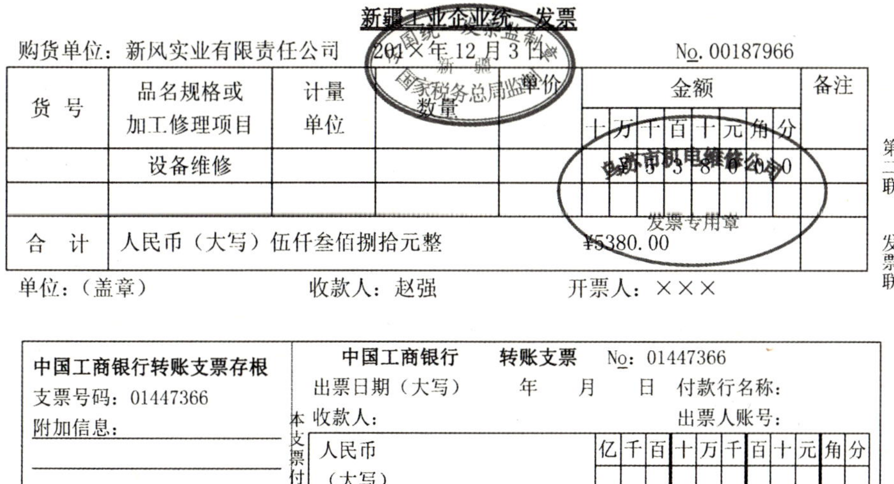

新疆工业企业统一发票

购货单位：新风实业有限责任公司　　201×年 12 月 3 日　　No. 00187966

货　号	品名规格或加工修理项目	计量单位	数量	单价	金额（十 万 千 百 十 元 角 分）	备注
	设备维修				5 3 8 0 0 0	
合　计	人民币（大写）伍仟叁佰捌拾元整				¥5380.00	

单位：（盖章）　　　收款人：赵强　　　开票人：×××

第二联　发票联

（印章：全国统一发票监制章 新疆 国家税务总局监制；昌吉市机电维修公司 发票专用章）

中国工商银行转账支票存根	中国工商银行　转账支票　No：01447366
支票号码：01447366 附加信息： 出票日期 201×年 12 月 3 日 收款人： 金　额： 用　途： 单位主管　　　会计	出票日期（大写）　年　月　日　付款行名称： 收款人：　　　　出票人账号： 人民币（大写）　亿 千 百 十 万 千 百 十 元 角 分 用途 上列款项请从 我账户内支付 出票人签章　　　复核　　　记账 （本支票付款期限十天） （印章：新风实业有限责任公司 财务专用章）

7.12 月 3 日，从星海工厂购入丙材料 500 千克，单价 49 元，计 24500 元；增值税 4165 元，运费 500 元(暂不考虑增值税)，款项尚未支付，材料尚未入库。

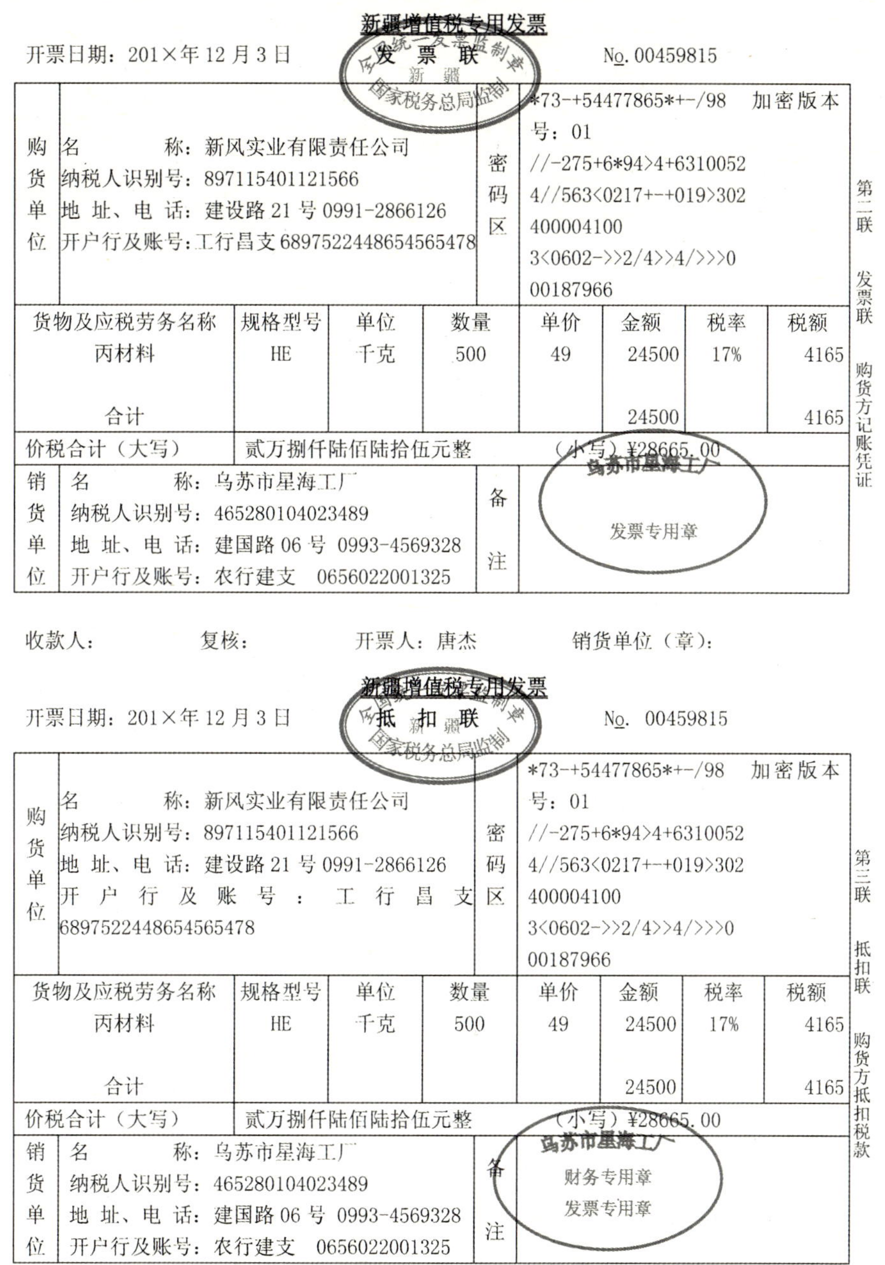

新疆增值税专用发票

发票联

全国统一发票监制章　新疆　国家税务总局监制

开票日期：201×年 12 月 3 日　　　　No. 00459815

购货单位	名　　称：新风实业有限责任公司 纳税人识别号：897115401121566 地 址、电 话：建设路 21 号 0991-2866126 开户行及账号：工行昌支 6897522448654565478	密码区	*73-+54477865*+-/98　加密版本号：01 //-275+6*94>4+6310052 4//563<0217+-+019>302 400004100 3<0602->>2/4>>4/>>>0 00187966

货物及应税劳务名称	规格型号	单位	数量	单价	金额	税率	税额
丙材料	HE	千克	500	49	24500	17%	4165
合计					24500		4165
价税合计（大写）	贰万捌仟陆佰陆拾伍元整			（小写）¥28665.00			

销货单位	名　　称：乌苏市星海工厂 纳税人识别号：465280104023489 地 址、电 话：建国路 06 号 0993-4569328 开户行及账号：农行建支 0656022001325	备注	乌苏市星海工厂 发票专用章

收款人：　　　复核：　　　开票人：唐杰　　　销货单位（章）：

第二联　发票联　购货方记账凭证

新疆增值税专用发票

抵扣联

全国统一发票监制章　新疆　国家税务总局监制

开票日期：201×年 12 月 3 日　　　　No. 00459815

购货单位	名　　称：新风实业有限责任公司 纳税人识别号：897115401121566 地 址、电 话：建设路 21 号 0991-2866126 开户行及账号：工行昌支 6897522448654565478	密码区	*73-+54477865*+-/98　加密版本号：01 //-275+6*94>4+6310052 4//563<0217+-+019>302 400004100 3<0602->>2/4>>4/>>>0 00187966

货物及应税劳务名称	规格型号	单位	数量	单价	金额	税率	税额
丙材料	HE	千克	500	49	24500	17%	4165
合计					24500		4165
价税合计（大写）	贰万捌仟陆佰陆拾伍元整			（小写）¥28665.00			

销货单位	名　　称：乌苏市星海工厂 纳税人识别号：465280104023489 地 址、电 话：建国路 06 号 0993-4569328 开户行及账号：农行建支 0656022001325	备注	乌苏市星海工厂 财务专用章 发票专用章

收款人：　　　复核：　　　开票人：唐杰　　　销货单位（章）：

第三联　抵扣联　购货方抵扣税款

公路、内河货物运输业统一发票（代开）

开票日期：201×年12月3日　　　　**发　票　联**　　　　No. 34501002956

机打代码 机打代码 机器编号	00295632 20062579	税控码		
收货人及纳税人识别号	新风实业有限责任公司 897115401121566	承运人及纳税人识别号	乌苏市顺风汽车运输队 465280104065267	
运输项目及金额	公路货物运输 500.00	其他及金额	乌苏市地方税务局 代开发票专用章	备注（手写无效） 代开单位盖章
运费小计	¥500.00	其他费用小计	¥0.00	
合计（大写）	伍佰元整		（小写）¥500.00	
代开单位及代号	乌苏市地方税务局 345010900	扣缴税额、税率 完税凭证号码	35.00（税率）7% 20040980391	

第二联　发票联　付款方记账凭证

（注：暂不考虑运费的增值税进项税抵扣）　　　　开票人：陆红光

8.12月4日，销售给光明工厂A产品1000件，单价200元，计200000元；增值税34000元。收到光明工厂开出的为期两个月的商业承兑汇票一张，面额为234000元。

新疆增值税专用发票

开票日期：201×年12月4日　　　　**记　账　联**　　　　No. 00187967

全国统一发票监制章　新疆　国家税务总局监制

购货单位	名　　称：光明工厂 纳税人识别号：897115401121566 地址、电话：文化路6号　0991-2354760 开户行及账号：商行乌支4700031509002525553	密码区	7/1>>61<98>8->*5　加密版本号：01 3/9>3327867>383527567 97/>5-710079>-08/1312 440004314 *38426>>2-23/186>>49 00187967				
货物及应税劳务名称	规格型号	单位	数量	单价	金额	税率	税额
A产品		件	1000	200	200000	17%	34000
合计					200000		34000
价税合计（大写）	贰拾叁万肆仟元整			（小写）¥234000.00			
销货单位	名　　称：新风实业有限责任公司 纳税人识别号：897115401121566 地址、电话：建设路21号0991-2866126 开户行及账号：工行昌支6897522448654565478	备注	新风实业有限责任公司 发票专用章				

第一联　记账联　销货方记账凭证

收款人：　　复核：　　开票人：冯小刚　　销货单位（章）：

商业承兑汇票

签发日期　　　　贰零壹×年壹拾贰月零肆日　　　　第 21 号

<table>
<tr><td rowspan="3">付款人</td><td>全　称</td><td colspan="3">光明工厂</td><td rowspan="3">收款人</td><td>全　称</td><td colspan="3">新风实业有限责任公司</td></tr>
<tr><td>账　号</td><td colspan="3">470003150900252553</td><td>账　号</td><td colspan="3">6897522448654565478</td></tr>
<tr><td>开户银行</td><td>商行乌支</td><td>行号</td><td></td><td>开户银行</td><td>工行昌支</td><td>行号</td><td></td></tr>
<tr><td colspan="2">汇票金额</td><td colspan="7">人民币（大写）贰拾叁万肆仟元整</td><td>千百十万千百十元角分
¥ 2 3 4 0 0 0 0 0</td></tr>
<tr><td colspan="2">汇票到期日</td><td colspan="3">201×年 2 月 3 日</td><td colspan="5">交易合同号码</td></tr>
<tr><td colspan="5">本汇票已经本单位承兑，到期日无条件支付票款。此致
收款人
付款人盖章
负责：杜荣华　经办：李强　201×年 12 月 4 日</td><td colspan="5">汇票签发人盖章
负责：杜荣华　经办：李强</td></tr>
</table>

9. 12 月 5 日，从长城机电公司购入不需要安装的机床一台，价款 200000 元，增值税 34000 元，款项以银行存款支付。

固定资产验收交接单

No. 0001234

201×年 12 月 5 日　　　　金额：元

资产名称	规格	计量单位	数量	单价或工程造价	安装费用	其他费用	合计	已提折旧
机床	W6	台	1	234000			234000	
资产来源	购入	制造厂名	长城机电	使用年限	10 年	估计残值	8000	
合计人民币（大写）贰拾叁万肆仟元整							（小写）¥234000.00	

验收人：刘静　　接管人：赵红斌　　主管：　　会计：

<table>
<tr><td>中国工商银行转账支票存根
支票号码：01447367
附加信息：

出票日期 201×年 12 月 5 日
收款人：
金　额：
用　途：
单位主管　　会计</td><td>中国工商银行　转账支票　No：01447367
出票日期（大写）　年　月　日　付款行名称：
收款人：　出票人账号：
人民币（大写）　亿千百十万千百十元角分
用途
上列款项请从
我账户内支付
出票人签章　　复核　　记账
（本支票付款期限十天）</td></tr>
</table>

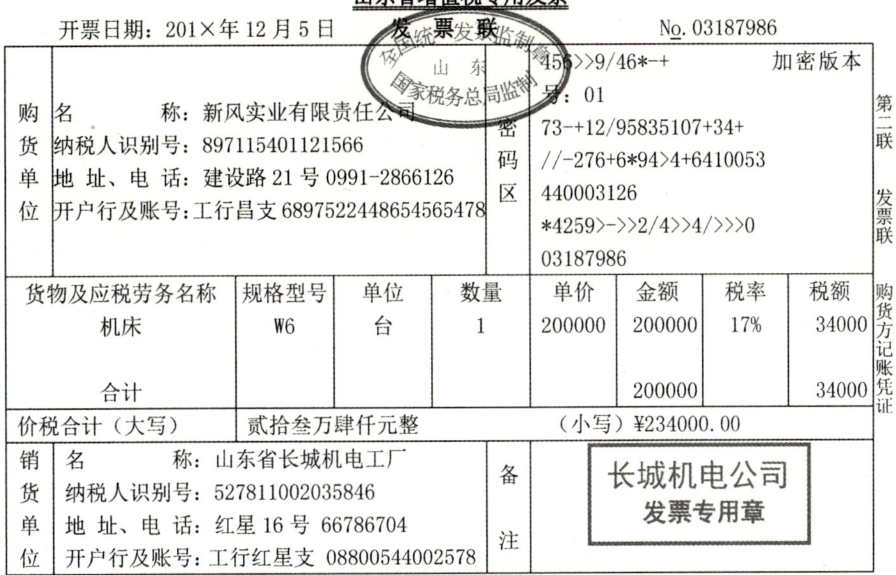

山东省增值税专用发票

发　票　联

开票日期：201×年 12 月 5 日　　　　No. 03187986

（印章：全国统一发票监制章　山　东　国家税务总局监制）

购货单位	名　　称：新风实业有限责任公司 纳税人识别号：897115401121566 地 址、电 话：建设路 21 号 0991-2866126 开户行及账号：工行昌支 6897522448654565478	密码区	456>>9/46*-+　加密版本号：01 73-+12/95835107+34+ //-276+6*94>4+6410053 440003126 *4259>->>2/4>>4/>>>0 03187986

货物及应税劳务名称	规格型号	单位	数量	单价	金额	税率	税额
机床	W6	台	1	200000	200000	17%	34000
合计					200000		34000
价税合计（大写）	贰拾叁万肆仟元整			（小写）¥234000.00			

销货单位	名　　称：山东省长城机电工厂 纳税人识别号：527811002035846 地 址、电 话：红星 16 号 66786704 开户行及账号：工行红星支 08800544002578	备注	长城机电公司 发票专用章

第二联　发票联　购货方记账凭证

山东省增值税专用发票

抵　扣　联

开票日期：201×年 12 月 5 日　　　　No. 03187986

（印章：全国统一发票监制章　山　东　国家税务总局监制）

购货单位	名　　称：新风实业有限责任公司 纳税人识别号：897115401121566 地 址、电 话：建设路 21 号 0991-2866126 开 户 行 及 账 号 ： 工 行 昌 支 6897522448654565478	密码区	456>>9/46*-+　加密版本号：01 73-+12/95835107+34+ //-276+6*94>4+6410053 440003126 *4259>->>2/4>>4/>>>0 03187986

货物及应税劳务名称	规格型号	单位	数量	单价	金额	税率	税额
机床	W6	台	1	200000	200000	17%	34000
合计					200000		34000
价税合计（大写）	贰拾叁万肆仟元整			（小写）¥234000.00			

销货单位	名　　称：山东省长城机电工厂 纳税人识别号：527811002035846 地 址、电 话：红星 16 号 66786704 开户行及账号：工行红星支 08800544002578	备注	长城机电公司 发票专用章

第三联　抵扣联　购货方抵扣税款

10. 12 月 5 日，以银行存款预付下年度财产保险费 12000 元。

中国财产保险股份有限公司昌吉分公司保险费专用发票

201×年 12 月 5 日　　　　No. 0001310

投保人	险种	保险金额	保险费率	保险费	备注
新风公司	财产险	12000000	1‰	12000.00	预付下年度保险费
合计人民币（大写）壹万贰仟元整				¥12000.00	

（印章：中国财险昌吉分公司 收费专用章）

复核：黄同　　经办：金明学　　业务员：陈兵　　单位：（盖章）

中国工商银行转账支票存根

支票号码：01447368

附加信息：

出票日期 201×年 12 月 5 日

收款人：

金　额：

用　途：

单位主管　　会计

中国工商银行　转账支票　No：01447368

出票日期（大写）　年　月　日　付款行名称：

收款人：　　出票人账号：

本支票付款期限十天

人民币（大写）	亿	千	百	十	万	千	百	十	元	角	分

用途________

上列款项请从我账户内支付

出票人签章　　复核　　记账

（印章：新风实业有限责任公司 财务专用章）

11.12 月 6 日，从武汉市前进建材工厂购入甲材料 2000 千克，单价 20 元，计 40000 元；丁材料 3000 千克，单价 15 元，计 45000 元。增值税 14450 元。运费 5000 元（按重量比例分摊，不考虑增值税），材料已验收入库，开出面额为 104450 元的商业承兑汇票一张，期限为三个月。

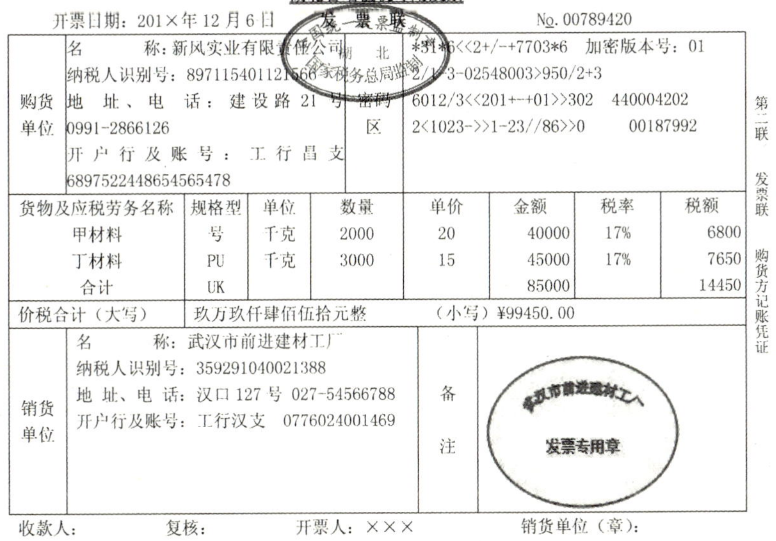

湖北省增值税专用发票

开票日期：201×年 12 月 6 日　　发票联　　No. 00789420

（印章：全国统一发票监制章 湖北 国家税务总局监制）

购货单位	名称：新风实业有限责任公司 纳税人识别号：897115401121566 地址、电话：建设路 21 号 0991-2866126 开户行及账号：工行昌支 6897522448654565478	密码区	*31*6<<2+/-+7703*6　加密版本号：01 2/1-3-02548003>950/2+3 6012/3<<201+-+01>>302　440004202 2<1023->>1-23//86>>0　00187992

货物及应税劳务名称	规格型号	单位	数量	单价	金额	税率	税额
甲材料	PU	千克	2000	20	40000	17%	6800
丁材料	UK	千克	3000	15	45000	17%	7650
合计					85000		14450
价税合计（大写）	玖万玖仟肆佰伍拾元整			（小写）¥99450.00			

销货单位	名称：武汉市前进建材工厂 纳税人识别号：359291040021388 地址、电话：汉口 127 号 027-54566788 开户行及账号：工行汉支 0776024001469	备注	（印章：武汉市前进建材工厂 发票专用章）

收款人：　　复核：　　开票人：×××　　销货单位（章）：

第二联　发票联　购货方记账凭证

公路、内河货物运输业统一发票（代开）

开票日期：201×年12月6日　　发票联　　No. 00256010768

机打代码 机器编号	00125326 20061009		税控码	
收货人及 纳税人识别号	新风实业有限责任公司 897115401121566		承运人及纳 税人识别号	汉口神龙汽车运输队 359291040065796
运输项目 及金额	公路货物运输 5000.00	其他及 金额		（手写无效） 代开单位盖章
运费小计	¥5000.00		其他费用小计	¥0.00
合计（大写）	伍仟元整			（小写）¥5000.00
代开单位及 代号	汉口市地方税务局 354020876		扣缴税额、税率完 税凭证号码	350.00（税率）7% 20061007402

（注：暂不考虑运费的增值税进项税抵扣）　　开票人：张瑜

第二联　发票联　付款方记账凭证

湖北省增值税专用发票

开票日期：201×年12月6日　　抵扣联　　No. 00789420

购货单位	名　　称：新风实业有限责任公司 纳税人识别号：897115401121566 地址、电话：建设路21号 0991-2866126 开户行及账号：工行昌支 6897522448654565478	密码区	*31*6<<2+/−+7703*6　加密版本号：01 2/1-3-02548003>950/2+3 6012/3<<201+−+01>>302 440004202 2<1023−>>1−23//86>>0 00187992

货物及应税劳务名称	规格型号	单位	数量	单价	金额	税率	税额
甲材料	PU	千克	2000	20	40000	17%	6800
丁材料	UK	千克	3000	15	45000	17%	7650
合计					85000		14450
价税合计（大写）	玖万玖仟肆佰伍拾元整				（小写）¥99450.00		

销货单位	名　　称：武汉市前进建材工厂 纳税人识别号：359291040021388 地址、电话：汉口127号 027-54566788 开户行及账号：工行汉支　0776024001469	备注	武汉市前进建材工厂 发票专用章

收款人：　　复核：　　开票人：×××　　销货单位（章）：

第三联　抵扣联　购货方抵扣税款

运费分配表

201×年 12 月 6 日　　　　No. 045302

材料名称	购进重量(千克)	发生运费	分配率	分配金额(元)
甲材料	2000			
丁材料	3000			
合计	5000	5000		5000

会计：　　　制单：赵红　　　复核：

收　料　单

201×年 12 月 6 日　　　　No. 045302

供货单位：武汉市前进建材工厂						实际成本										
编号	材料名称	规格	送验数量	实收数量	单位	单价	运杂费	金额								
								百	十	万	千	百	十	元	角	分
003	甲材料	PU	2000	2000	千克											
006	丁材料	UK	3000	3000	千克											
合　计																
备　注：								附单据 2 张								

第二联　送会计部分

主管：　　会计：　　保管：汪洋　　复核：　　验收：张志强

商业承兑汇票

签发日期　　贰零壹×年壹拾贰月零陆日　　第 11 号

付款人	全　称	新风实业有限责任公司		收款人	全　称	武汉市前进建材工厂	
	账　号	6897522448654565478			账　号	0776024001469	
	开户银行	工行昌支	行号		开户银行	工行汉支	行号
汇票金额	人民币（大写）壹拾万肆仟肆佰伍拾元整			千百十万千百十元角分	¥ 1 0 4 4 5 0 0 0		
汇票到期日	201×年 3 月 5 日			交易合同号码			
汇票已经本单位承兑，到期日无条件支付票款。此致 收款人 付款人盖章 负责：杜荣华　经办：李强　201×年 12 月 6 日				汇票签发人盖章 负责：杜荣华　经办：李强			

（印章：新风实业有限责任公司 发票专用章）

12. 12 月 6 日，3 日购进的丙材料到达企业，验收无误入库，并以银行存款支付货款。

收 料 单

201×年 12 月 6 日　　　　N o. 045303

供货单位：乌苏市星海工厂						实际成本											
编号	材料名称	规格	送验数量	实收数量	单位	单价	运杂费	金额									
								百	十	万	千	百	十	元	角	分
005	丙材料	HE	500	500	千克											
合　计																
备　注：								附单据 2 张								

第二联 送会计部分

主管：　　会计：　　保管：汪洋　　复核：　　验收：张志强

中国工商银行转账支票存根
支票号码：01447369
附加信息：

出票日期　年　月　日
收款人：
金　额：
用　途：
单位主管　　会计

中国工商银行　转账支票　No：01447369
出票日期（大写）　年　月　日　付款行名称：
收款人：　出票人账号：
本支票付款期限十天

人民币（大写）	亿	千	百	十	万	千	百	十	元	角	分

用途
上列款项请从
我账户内支付
新风实业有限责任公司 财务专用章
出票人签章　复核　记账

13. 12 月 7 日，签发转账支票一张，预付向阳工厂货款 100000 元。

中国工商银行转账支票存根
支票号码：01447370
附加信息：

出票日期　年　月日
收款人：
金　额：
用　途：
单位主管　　会计

中国工商银行　转账支票　No：01447370
出票日期（大写）　年　月　日　付款行名称：
收款人：　出票人账号：
本支票付款期限十天

人民币（大写）	亿	千	百	十	万	千	百	十	元	角	分

用途
上列款项请从
我账户内支付
新风实业有限责任公司 财务专用章
出票人签章　复核　记账

收　　据

201×年 12 月 7 日　　　　No. 0015013

今　收　到：新风实业有限责任公司
交　　　来：预付货款
人民币（大写）：壹拾万元整　　　　¥100000.00
收款单位盖章：　　　　经收人签章：王万州

（印章：向阳工厂 财务专用章）

单位主管：　　会 计：　　出 纳：海江红　　记 账：

14. 12 月 9 日，签发转账支票支付产品广告费 4500 元。

新疆广告业专用发票

No. 0056384

客户名称：新风实业有限责任公司　　201×年 12 月 9 日

（印章：全国统一发票监制章 新疆 国家税务总局监制）

项　目	单　位	数　量	单　价	十	万	千	百	十	元	角	分
				金额							
广告费	次	1	4 500			4	5	0	0	0	0
合计人民币（大写）肆仟伍佰元整			¥4500.00								

单位：（盖章）　　　　开票人：胡玉青

（印章：市创意广告有限公司 发票专用章）

中国工商银行转账支票存根	中国工商银行　转账支票　No: 01447371
支票号码：01447371	出票日期（大写）　年　月　日　付款行名称：
附加信息：	收款人：　　出票人账号：
	人民币（大写）　亿 千 百 十 万 千 百 十 元 角 分
	用途
出票日期 201×年 12 月 9 日	上列款项请从
收款人：市创意广告有限公司	我账户内支付
金　额：¥4500.00	出票人签章　　复核　　记账
用　途：支付广告费用	
单位主管　　会计	

本支票付款期限十天

（印章：新风实业有限责任公司 财务专用章）

15. 12 月 10 日，取现金发放职工工资 85000 元。

中国工商银行现金支票存根
支票号码：02587350
附加信息：

出票日期 201×年　月　日
收款人：
金　额：
用　途：
单位主管　　会计

本支票付款期限十天

中国工商银行　　现金支票　　No：02587350
出票日期（大写）　年　月　日　付款行名称：
收款人：　　出票人账号：

人民币（大写）	亿	千	百	十	万	千	百	十	元	角	分

用途
上列款项请从
我账户内支付
新风实业有限责任公司 财务专用章
出票人签章　　复核　　记账

201×年 12 月份工资发放表　　单位：元

序号	姓名	岗位工资	奖金	应发工资	扣款（略）	实发
1	吴晨阳	3000	2000	5000		5000
2	王磊	800	400	1200		1200
3	张燕	1200	500	1700		1700
4	刘强	1500	800	2300		2300
…	…	…	…	…	…	…
102	赵小兵	750	300	1050		1050
合计		51000	34000	85000		85000

16. 12 月 10 日，以转账方式上交上月的税金及教育费附加共 45000 元。（教育费附加 2100 元，城市建设维护税 4900 元，所得税 8000 元，增值税 30000 元）。

中华人民共和国　　　　　　　　　　　　　　　　　　　　地

税收缴款书

隶属关系：县级市　　　　　　　　　　　　新地缴电 20050254362 号

注册类型：其他有限责任公司　填发日期：201×年 12 月 10 日　征收机关：昌吉市地税局

缴款单位	代码	265230101090615	预算科目	编码	7003 教育费附加
	全称	新风实业有限责任公司		款项	教育费附加
	开户银行	工行昌支		级次	县（市）级
	账号	6897522448654565478	收缴国库		昌吉市支库

税款所属时期　201×　年 11 月　日			税款限缴日期　201×年 12 月 10 日		
品目名称	课税数量	计税金额或销售收入	税率或单位税额	已缴或扣除额	实缴金额
教育费附加		70000.00	3%		2100.00
金额合计(大写)贰仟壹佰元整					（小写）¥2100.00
经办人：张文明	填票人：刘玉萍	上列款项已核收记入收款单位账户 国库（银行）盖章			备注

第一联收据国库收款盖章后退缴款单位作完税凭证

中华人民共和国　　　　　　　　　　　　　　　　　　　　地

税收缴款书

隶属关系：县级市　　　　　　　　　　　　新地缴电 20050254362 号

注册类型：其他有限责任公司　填发日期：201×年 12 月 10 日　征收机关：昌吉市地税局

缴款单位	代码	265230101090615	预算科目	编码	1003 城市建设维护税
	全称	新风实业有限责任公司		款项	城市建设维护税
	开户银行	工行昌支		级次	县（市）级
	账号	6897522448654565478	收缴国库		昌吉市支库

税款所属时期　201×　年 11 月　日			税款限缴日期　201×年 12 月 10 日		
品目名称	课税数量	计税金额或销售收入	税率或单位税额	已缴或扣除额	实缴金额
城市建设维护税		70000.00	7%		4900.00
金额合计(大写)肆仟玖佰元整					（小写）¥4900.00
经办人：张文明	填票人：刘玉萍	上列款项已核收记入收款单位账户 国库（银行）盖章			备注

第一联收据国库收款盖章后退缴款单位作完税凭证

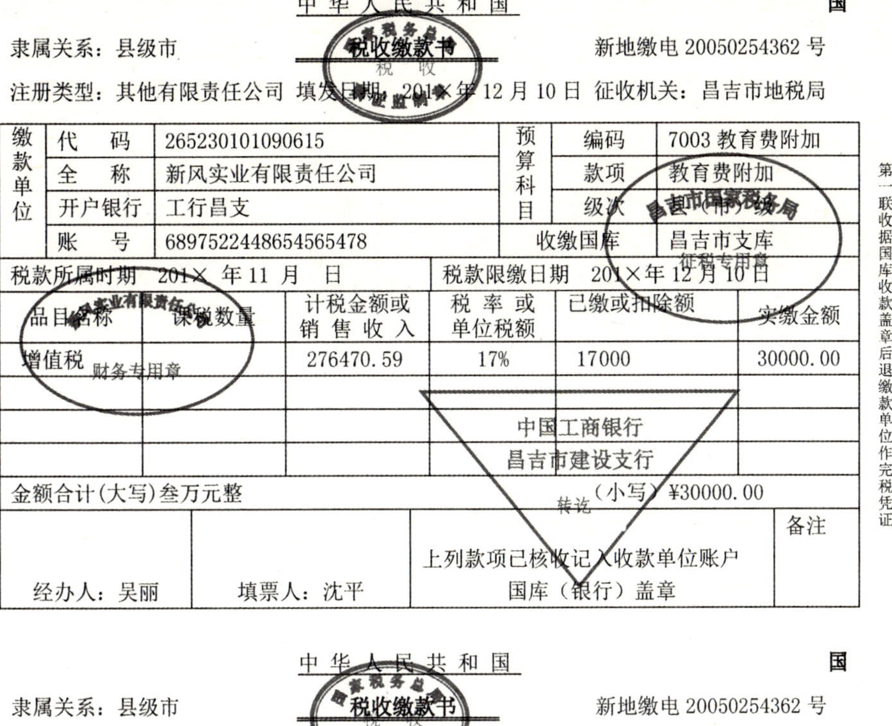

中华人民共和国　　　　　　　　　　　　　国

税收缴款书

隶属关系：县级市　　　　　　　　　　　新地缴电 20050254362 号

注册类型：其他有限责任公司　填发日期：201×年12月10日　征收机关：昌吉市地税局

缴款单位	代码	265230101090615	预算科目	编码	7003 教育费附加
	全称	新风实业有限责任公司		款项	教育费附加
	开户银行	工行昌支		级次	县（市）级
	账号	6897522448654565478	收缴国库		昌吉市支库
税款所属时期 201×年11月　日			税款限缴日期 201×年12月10日		

品目名称	课税数量	计税金额或销售收入	税率或单位税额	已缴或扣除额	实缴金额
增值税		276470.59	17%	17000	30000.00
金额合计（大写）叁万元整			（小写）¥30000.00		
经办人：吴丽	填票人：沈平	上列款项已核收记入收款单位账户 国库（银行）盖章			备注

第一联收据国库收款盖章后退缴款单位作完税凭证

中华人民共和国　　　　　　　　　　　　　国

税收缴款书

隶属关系：县级市　　　　　　　　　　　新地缴电 20050254362 号

注册类型：其他有限责任公司　填发日期：201×年12月10日　征收机关：昌吉市地税局

缴款单位	代码	265230101090615	预算科目	编码	0483 企业所得税
	全称	新风实业有限责任公司		款项	企业所得税
	开户银行	工行昌支		级次	县（市）级
	账号	6897522448654565478	收缴国库		昌吉市支库
税款所属时期 201×年11月　日			税款限缴日期 201×年12月10日		

品目名称	课税数量	计税金额或销售收入	税率或单位税额	已缴或扣除额	实缴金额
所得税		320000	25		8000.00
金额合计（大写）捌仟元整			（小写）¥8000.00		
经办人：吴丽	填票人：沈萍	上列款项已核收记入收款单位账户 国库（银行）盖章			备注

第一联收据国库收款盖章后退缴款单位作完税凭证

国家税务总局　税收　监制　昌吉市国家税务局　征税专用章　新风实业有限责任公司　财务专用章　中国工商银行　昌吉市建设支行　转讫

17．12月11日，出售甲材料500千克，规格为PU，销售价款为15000元，增值税2550元，款收到，存入银行。

新疆增值税专用发票

记 账 联

国家税务总局监制

开票日期：201×年 12 月 11 日　　　　No. 00187968

购货单位	名 称：黄河公司 纳税人识别号：465280104034568 地 址、电 话：天泄路 16 号 0991-2358542 开户行及账号：工行乌支 4700031509003254896			密码区	0234>>78<98>8->*5 加密版本号：01 2/4>33>>721>383520147 65/>5-711200>-18/0012 440004320 *38//126>>2-203//86>>>0 00187968		
货物及应税劳务名称	规格型号	单位	数量	单价	金额	税率	税额
合计							
价税合计（大写）	（小写）¥						
销货单位	名 称： 纳税人识别号： 地 址、电 话： 开户行及账号：			备注	新风实业有限责任公司 发票专用章		

收款人：　　复核：　　开票人：冯小刚　　销货单位（章）：

第一联 记账联 销货方记账凭证

中国工商银行进账单（收账通知）　1

201×年 12 月 11 日　　　　第 36 号

出票人	全 称		持票人	全 称	
	账 号			账 号	
	开户银行			开户银行	
人民币（大写）			千 百 十 万 千 百 十 元 角 分		
票据种类		中国工商银行 昌吉市建设支行 转讫			
票据张数					
单位主管 会计 复核 记账		持票人开户行盖章			

此联是持票人开户银行交给持票人的收账通知

18.12 月 11 日，销售给五环工厂 A 产品 2500 件，单价 200 元，B 产品，500 件，单价 150 元，增值税 97750 元，款收到，存入银行。

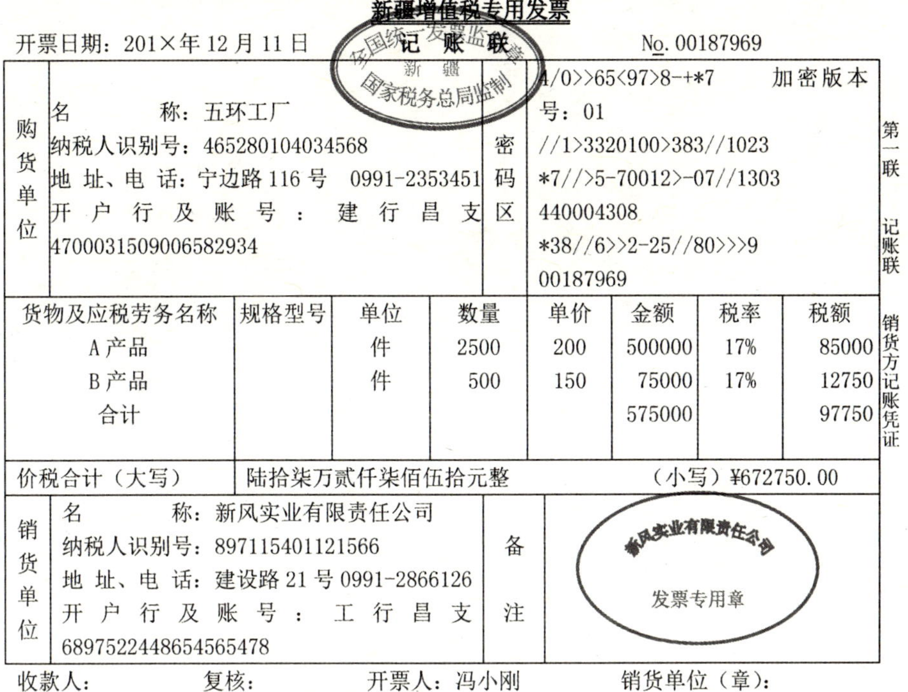

新疆增值税专用发票

开票日期：201×年 12 月 11 日　　　　**记　账　联**　　　　No.00187969

购货单位	名　　称：五环工厂 纳税人识别号：465280104034568 地址、电话：宁边路 116 号　0991-2353451 开户行及账号：建行昌支 4700031509006582934	密码区	4/0>>65<97>8-+*7　加密版本号：01 //1>3320100>383//1023 *7//>5-70012>-07//1303 440004308 *38//6>>2-25//80>>>9 00187969

货物及应税劳务名称	规格型号	单位	数量	单价	金额	税率	税额
A 产品		件	2500	200	500000	17%	85000
B 产品		件	500	150	75000	17%	12750
合计					575000		97750
价税合计（大写）	陆拾柒万贰仟柒佰伍拾元整				（小写）¥672750.00		

销货单位	名　　称：新风实业有限责任公司 纳税人识别号：897115401121566 地址、电话：建设路 21 号 0991-2866126 开户行及账号：工行昌支 68975224486545 65478	备注	

收款人：　　　复核：　　　开票人：冯小刚　　　销货单位（章）：

第一联　记账联　销货方记账凭证

中国工商银行进账单（收账通知）　1

201×年 12 月 11 日　　　　第 37 号

出票人	全　称		持票人	全　称	
	账　号			账　号	
	开户银行			开户银行	
人民币（大写）				千百十万千百十元角分	
票据种类					
票据张数					
单位主管　会计　复核　记账			持票人开户行盖章		

中国工商银行
昌吉市建设支行
转讫

此联是持票人开户银行交给持票人的收账通知

19.12 月 12 日，用银行存款支付本月电费 15000 元，增值税 2550 元，其中生产 A 产品耗用 5000 元，生产 B 产品耗用 6000 元，生产车间照明耗用 2500 元，行政管理部门耗用 1500 元。

新疆增值税专用发票

发　票　联

全国统一发票监制章 新疆 国家税务总局监制

开票日期：201×年12月12日　　　　No. 00198254

<table>
<tr><td>购货单位</td><td colspan="3">名　　　称：新风实业有限责任公司
纳税人识别号：897115401121566
地 址、电 话：建设路21号 0991-2866126
开户行及账号：工行昌支 6897522448654565478</td><td>密码区</td><td colspan="4">*48>>78<90>>0+*7　加密版本号：01
4/1>3320119>302//2014
98//>4-+10>>>-02//2389
440004189
*38//6>>2-25//80>>>-2
00188543</td></tr>
<tr><td colspan="2">货物及应税劳务名称</td><td>规格型号</td><td>单位</td><td>数量</td><td>单价</td><td>金额</td><td>税率</td><td>税额</td></tr>
<tr><td colspan="2">电</td><td></td><td>千瓦时</td><td>30000</td><td>0.5</td><td>15000</td><td>17%</td><td>2550</td></tr>
<tr><td colspan="2">合计</td><td></td><td></td><td>30000</td><td></td><td>15000</td><td></td><td>2550</td></tr>
<tr><td colspan="2">价税合计（大写）</td><td colspan="7">壹万柒仟伍佰伍拾元整　　　（小写）¥17550.00</td></tr>
<tr><td>销货单位</td><td colspan="3">名　　　称：昌吉市电业公司
纳税人识别号：465280104056286
地 址、电 话：健康路12号 0991-2865023
开户行及账号：农行昌支 35000125090015122244</td><td>备注</td><td colspan="4">昌吉市电力公司 发票专用章</td></tr>
</table>

收款人：　　　复核：　　　开票人：毛建华　　　销货单位（章）：

第二联　发票联　购货方记账凭证

新疆增值税专用发票

抵　扣　联

全国统一发票监制章 新疆 国家税务总局监制

开票日期：201×年12月12日　　　　No. 00198254

<table>
<tr><td>购货单位</td><td colspan="3">名　　　称：新风实业有限责任公司
纳税人识别号：897115401121566
地 址、电 话：建设路21号 0991-2866126
开户行及账号：工行昌支 6897522448654565478</td><td>密码区</td><td colspan="4">*48>>78<90>>0+*7　加密版本号：01
4/1>3320119>302//2014
98//>4-+10>>>-02//2389
440004189
*38//6>>2-25//80>>>-2
00188543</td></tr>
<tr><td colspan="2">货物及应税劳务名称</td><td>规格型号</td><td>单位</td><td>数量</td><td>单价</td><td>金额</td><td>税率</td><td>税额</td></tr>
<tr><td colspan="2">电</td><td></td><td>千瓦时</td><td>30000</td><td>0.5</td><td>15000</td><td>17%</td><td>2550</td></tr>
<tr><td colspan="2">合计</td><td></td><td></td><td>30000</td><td></td><td>15000</td><td></td><td>2550</td></tr>
<tr><td colspan="2">价税合计（大写）</td><td colspan="7">壹万柒仟伍佰伍拾元整　　　（小写）¥17550.00</td></tr>
<tr><td>销货单位</td><td colspan="3">名　　　称：昌吉市电业公司
纳税人识别号：465280104056286
地 址、电 话：健康路12号 0991-2865023
开户行及账号：农行昌支 35000125090015122244</td><td>备注</td><td colspan="4">昌吉市电力公司 发票专用章</td></tr>
</table>

第三联　抵扣联　购货方抵扣税款

电费分配表

201×年 12 月 12 日　　　　单位：元

车间、部门		应分配金额	备注
生产车间用电	A 产品负担	5000	
	B 产品负担	6000	
车间照明用电		2500	
行政管理部门用电		1500	
合计		15000	

电费分配表

201×年 12 月 31 日　　　　单位：元

车间、部门		应分配金额	备注
生产车间用电	A 产品负担	5000	
	B 产品负担	6000	
车间照明用电		2500	
行政管理部门用电		1500	
合计		15000	

中国工商银行转账支票存根

支票号码：01447372

附加信息：

出票日期 201×年 12 月 12 日

收款人：昌吉市电力公司
金　额：￥17550.00
用　途：支付电费

单位主管　　　　会计

中国工商银行　　转账支票　　No：01447372

出票日期（大写）　　年　　月　　日　付款行名称：

收款人：　　　　出票人账号：

本支票付款期限十天

人民币（大写）	亿	千	百	十	万	千	百	十	元	角	分

用途＿＿＿＿＿＿＿＿

上列款项请从

我账户内支付

出票人签章　　蓄风实业有限责任公司 财务专用章　　复核　　　　记账

20. 12 月 13 日，用银行存款支付本月水费 5000 元，增值税 650 元，其中生产 A 产品耗用 2000 元，生产 B 产品耗用 1500 元，生产车间耗用 1000 元，行政管理部门耗用 500 元。

新疆增值税专用发票

发　票　联

开票日期：201×年 12 月 13 日　　　　No. 00498705

购货单位	名　　称：新风实业有限责任公司 纳税人识别号：897115401121566 地 址、电 话：建设路 21 号 0991-2866126 开户行及账号：工行昌支 6897522448654565478	密码区	21//8>>08<9>>0+*7　加密版本号：01 5/1>3321278>32//2078 *9//>3-+12>>>-08//0015 440004320 12///-6>>2-25//18>>-1

货物及应税劳务名称	规格型号	单位	数量	单价	金额	税率	税额
水		m^3	3125	1.6	5000	13%	650
合计					5000		
价税合计（大写）	伍仟陆佰伍拾元整				（小写）¥5650.00		

销货单位	名　　称：昌吉市自来水公司 纳税人识别号：465280105201268 地 址、电 话：宁边路 15 号 0991-2875461 开 户 行 及 账 号 ： 农 行 昌 支 2500033800012425563	备注	昌吉市自来水公司 发票专用章

收款人：　　　复核：　　　开票人：张建江　　　销货单位（章）：

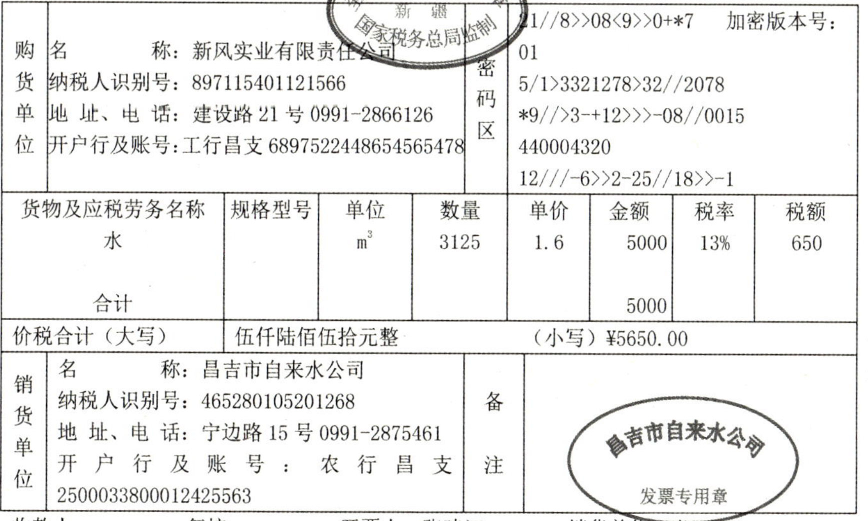

新疆增值税专用发票

抵　扣　联

开票日期：201×年 12 月 13 日　　　　No. 00498705

购货单位	名　　称：新风实业有限责任公司 纳税人识别号：897115401121566 地 址、电 话：建设路 21 号 0991-2866126 开户行及账号：工行昌支 6897522448654565478	密码区	21//8>>08<9>>0+*7　加密版本号：01 5/1>3321278>32//2078 *9//>3-+12>>>-08//0015 440004320 12///-6>>2-25//18>>-1

货物及应税劳务名称	规格型号	单位	数量	单价	金额	税率	税额
水		m^3	3125	1.6	5000	13%	650
合计					5000		
价税合计（大写）	伍仟陆佰伍拾元整				（小写）¥5650.00		

销货单位	名　　称：昌吉市自来水公司 纳税人识别号：465280105201268 地 址、电 话：宁边路 15 号 0991-2875461 开 户 行 及 账 号 ： 农 行 昌 支 2500033800012425563	备注	昌吉市自来水公司 发票专用章

收款人：　　　复核：　　　开票人：张建江　　　销货单位（章）：

第三联　抵扣联　购货方抵扣税款

中国工商银行转账支票存根	中国工商银行　　转账支票　　No：01447373
支票号码：01447373	出票日期（大写）　　年　　月　　日　付款行名称：
附加信息：	收款人：　　出票人账号：
	人民币（大写）　亿 千 百 十 万 千 百 十 元 角 分
出票日期201×年12月13日	用途
收款人：昌吉市自来水公司	上列款项请从我账户内支付
金　额：￥5650.00	出票人签章（新风实业有限责任公司 财务专用章）　复核　记账
用　途：支付水费	
单位主管　　会计	

本支票付款期限十天

水费分配表

201×年12月13日　　单位：元

车间、部门		应分配金额	备注
生产车间用水	A产品负担	2000	
	B产品负担	1500	
车间公共用水		1000	
行政管理部门用水		500	
合计		5000	

审　核：李菲　　会　计：　　制　单：赵梅

21.12月13日，张小红出差回来，报销差旅费2200元，退回现金800元。

票据粘贴处	票据粘贴单 年　月　日
	本张金额：　　元
	附　　件：　　张
	报销部门：
	报 销 人：
	报销单位负 责 人：
	会计审查：
	项　　目：
	人民币（大写）

10Z054945 乌站 售
乌鲁木齐→北京西　T70 次
201×年12月2日　14:19开　06车21号下铺
全　价 652.00 元　新空调硬座特快卧
限乘当日当次车
在 6 日内到有效

H033755 京 B 售
北京西→乌鲁木齐　T69 次
201×年12月8日　19:24开　11车10号下铺
全　价 652.00 元　新空调硬座特快卧
限乘当日当次车
在 3 日内到有效

北京巴士股份有限公司（一）专线票
票价：**2 元**　095030
报销凭证

北京巴士股份有限公司（一）专线票
票价：**2 元**　0950789
报销凭证

北京巴士股份有限公司（一）专线票
票价：**2 元**　0340658
报销凭证

北京巴士股份有限公司（一）专线票
票价：**2 元**　0340259
报销凭证

北京巴士股份有限公司（二）专线票
票价：**4 元**　0340698
报销凭证

北京巴士股份有限公司（二）专线票
票价：**4 元**　0340563
报销凭证

北京市服务业专用发票

发　票　联

（印章：全国统一发票监制章 北京市地方税务局监制）

单位（姓名）：新风实业有限责任公司　　　　开票时间：201×年 12 月 8 日

服务项目	单　位	数　量	单　价	金额 百	十	千	百	十	元	角	分
住宿费	天	4	65				2	6	0	0	0
小写金额合计						¥	2	6	0	0	0
大写金额　⊕佰⊕拾⊕万⊕仟贰佰陆拾零元零角零分											

（印章：北京市金鑫宾馆 发票专用章）

收款单位（印章）　　　　开票人：孙小兵

北京市行政事业性收费专用票据

201×年12月5日

交款单位或个人	新风实业有限责任公司	收费许可证号									200501208
收费项目名称	收费标准	金额									备注
		百	十	万	千	百	十	元	角	分	
培训费	350					3	5	0	0	0	
金额大写	人民币叁佰伍拾元整				¥	3	5	0	0	0	

收款单位（印章）　　　　开票人：张军强

差旅费报销单

报销部门：　　　　201×年12月13日

业务培训		姓名			职务			出差事由		
出差起止日期自201×年12月2日起至201×年12月10日共9天　附单据10张											
日期		起讫地点	差旅补助			交通费	住宿费	会务费	其他	小计
月	日		天数	标准	金额					
12	2	乌市——北京	6	30						
12	8	北京——乌市	3	30						
		合　计								
合计人民币(大写)贰仟贰佰元整										
预领金额:3000元			交(退)回金额　元　应补付金额　元							

单位负责人:吴晨阳　　会计主管:李菲　　部门主管:赵江　　报销人:张小红

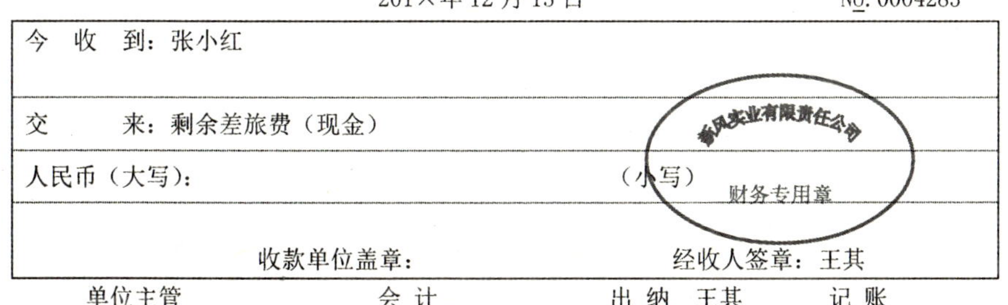

收　　据

201×年12月13日　　No.0004283

今　收　到：张小红

交　　来：剩余差旅费（现金）

人民币（大写）：　　　　（小写）

收款单位盖章：　　　　经收人签章：王其

单位主管　　会计　　出纳　王其　　记账

22.12 月 13 日，将现金 1000 元送存银行。

中国工商银行现金存款凭条（柜面交款专用）

201×年 12 月 13 日

存款人	全称	新风实业有限责任公司			
	账号	6897522448654565478	款项来源	预借差旅费剩余款	
	开户行	工行昌支	交款人	新风实业有限责任公司	

金额大写（币种）人民币捌佰元整	百	十	万	千	百	十	元	角	分
				¥	8	0	0	0	0

票面	张数	金额	票面	张数	金额	
100 元	3	300	5 角			中国工商银行 昌吉市建设支行 现金收讫
50 元	7	350	2 角			
20 元	5	100	1 角			
10 元	5	50	5 分			
5 元			2 分			
2 元			1 分			复核：　收款员：赵红霞
1 元						

此联由银行盖章后退回单位

会计：　　　　　复核：　　　　　记账：

23.12 月 13 日，从向阳工厂购进乙材料 2000 千克，每千克 60 元，计 120000 元，增值税 20400 元(已预付 100000 元)。货已验收入库，开出转账支票一张，补付余款 40400 元。

广西省增值税专用发票

开票日期：201×年 12 月 13 日　　　　发　票　联　　　　No. 02548215

（印章：全国统一发票监制章　广西　国家税务总局监制）

购货单位	名　　称：新风实业有限责任公司 纳税人识别号：897115401121566 地 址、电 话：建设路 21 号 0991-2866126 开户行及账号：工行昌支 6897522448654565478	密码区	7/1>>64>21<9>2->*8　加密版本号： 013/8>3328125>302257556 96//>>5-+5124<2>-07/3 440004021 *//89>>2-+312/45>>-3 02548215

货物及应税劳务名称	规格型号	单位	数量	单价	金额	税率	税额
乙材料	FJ	千克	2000	60	120000	17%	20400
合计					120000		20400
价税合计（大写）	壹拾肆万零肆佰元整			（小写）¥140400.00			

销货单位	名　　称：广西省向阳建材工厂 纳税人识别号：452000410032594 地 址、电 话：长安路 7 号 65872432 开户行及账号：市中行　2456726742658	备注	向阳工厂 财务专用章

第二联　发票联　购货方记账凭证

收款人：　　　复核：　　　开票人：李小龙　　　销货单位（章）：

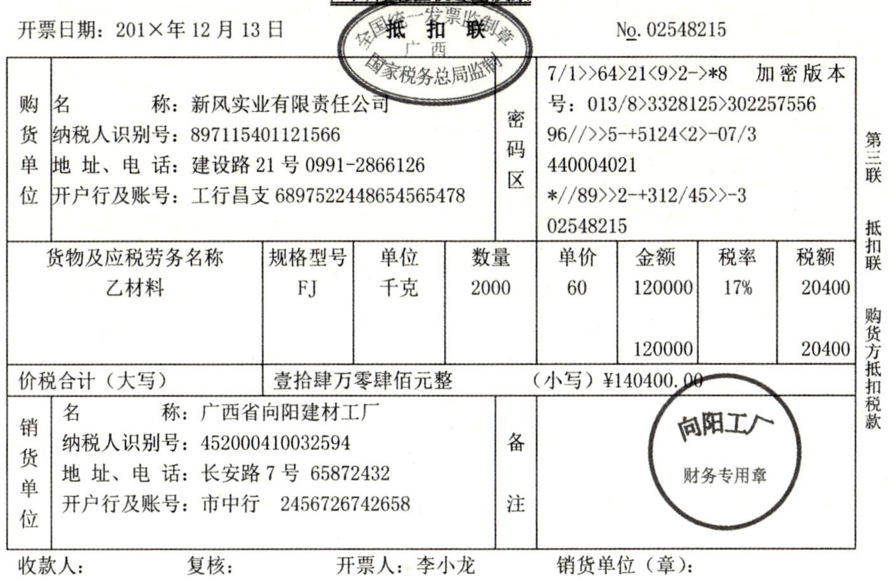

广西省增值税专用发票

抵　扣　联

开票日期：201×年 12 月 13 日　　　　No.02548215

购货单位	名　　称：新风实业有限责任公司 纳税人识别号：897115401121566 地 址、电 话：建设路 21 号 0991-2866126 开户行及账号：工行昌支 6897522448654565478	密码区	7/1>>64>21<9>2->*8　加密版本号：013/8>3328125>302257556 96//>>5-+5124<2>-07/3 440004021 *//89>>2-+312/45>>-3 02548215

货物及应税劳务名称	规格型号	单位	数量	单价	金额	税率	税额
乙材料	FJ	千克	2000	60	120000	17%	20400
					120000		20400
价税合计（大写）	壹拾肆万零肆佰元整			（小写）¥140400.00			

销货单位	名　　称：广西省向阳建材工厂 纳税人识别号：452000410032594 地 址、电 话：长安路 7 号 65872432 开户行及账号：市中行　2456726742658	备注	

收款人：　　　复核：　　　开票人：李小龙　　　销货单位（章）：

第三联　抵扣联　购货方抵扣税款

收　料　单

201×年 12 月 13 日　　　　No.045303

供货单位:广西向阳工厂						实际成本										
编号	材料名称	规格	送验数量	实收数量	单位	单价	运杂费	金额								
								百	十	万	千	百	十	元	角	分
004	乙材料															
合计																
备注：								附单据 1 张								

主管：　　　会计：　　　保管:汪洋　　　复核：　　　验收:张志强

第二联　送会计部分

中国工商银行转账支票存根	中国工商银行　转账支票　No: 01447374
支票号码: 01447374	出票日期（大写）　年　月　日　付款行名称:
附加信息:	收款人:　出票人账号:
	人民币（大写）　亿 千 百 十 万 千 百 十 元 角 分
出票日期 201×年 12 月 14 日	用途
收款人: 向阳工厂	上列款项请从我账户内支付
金　额: ¥40400.00	（新风实业有限责任公司 财务专用章）
用　途: 购材料	出票人签章　复核　记账
单位主管　会计	本支票付款期限十天

24.12 月 14 日，通过昌吉市政府向农村义务教育捐款 50000 元。

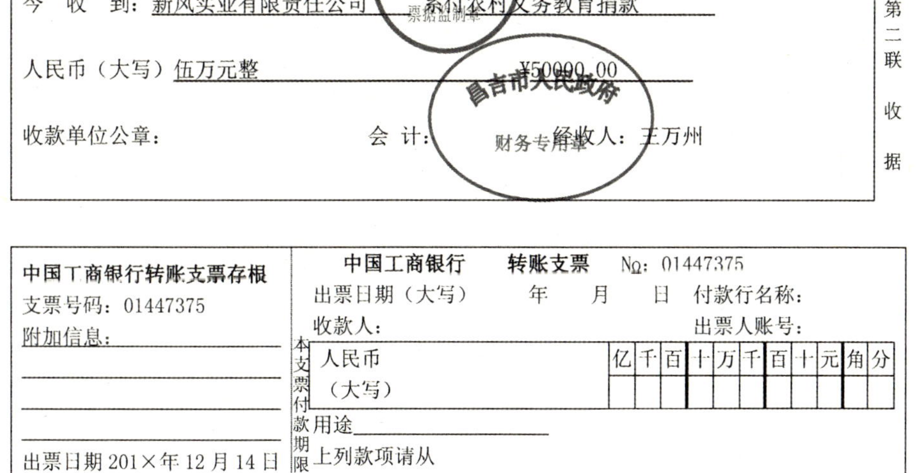

新疆维吾尔自治区行政事业单位收款收据

交款单位（个人）：新风实业有限责任公司　201×年 12 月 14 日　No.0843456

今　收　到：新风实业有限责任公司　系付农村义务教育捐款

人民币（大写）伍万元整　¥50000.00

收款单位公章：（昌吉市人民政府 财务专用章）　会　计：　经收人：王万州

第二联　收据

中国工商银行转账支票存根	中国工商银行　转账支票　No: 01447375
支票号码: 01447375	出票日期（大写）　年　月　日　付款行名称:
附加信息:	收款人:　出票人账号:
	人民币（大写）　亿 千 百 十 万 千 百 十 元 角 分
出票日期 201×年 12 月 14 日	用途
收款人: 昌吉市人民政府	上列款项请从我账户内支付
金　额: ¥50000.00	（新风实业有限责任公司 财务专用章）
用　途: 农村义务教育捐款	出票人签章　复核　记账
单位主管　会计	本支票付款期限十天

25.12 月 14 日，为生产 A 产品领用甲材料 7000 千克，乙材料 3000 千克，丙材料 800 千克。为生产 B 产品领用乙材料 5000 千克，丙材料 3600 千克，丁材料 10000 千克，甲、乙、丙、丁材料单位成本分别为 20 元、60 元、50 元、15 元。

领料单

领用单位:生产车间　　　　201×年 12 月 14 日　　　　凭证编号:086

用　途:生产 A 产品　　　　　　　　　　　　　　　发料仓库:2 号

材料编号	材料名称	规　格	计量单位	数　量		单　价	金　额
				请领	实发		
003	甲材料	PU	千克	7000	7000	20	140000
004	乙材料	FJ	千克	3000	3000	60	180000
005	丙材料	HE	千克	800	800	50	40000
合　计		叁拾陆万元整					360000
备　注						附单据 2 张	

第二联

领料人:张兵　　发料人:汪洋　　领料部门负责人:赵小刚

领料单

领用单位:生产车间　　　　201×年 12 月 14 日　　　　凭证编号:087

用　途:生产 B 产品　　　　　　　　　　　　　　　发料仓库:2 号

材料编号	材料名称	规　格	计量单位	数　量		单　价	金　额
				请领	实发		
004	乙材料	FJ	千克	5000	5000	60	300000
005	丙材料	HE	千克	3600	3600	50	180000
006	丁材料	UK	千克	10000	10000	15	150000
合　计		陆拾叁万元整					630000
备注						附单据 2 张	

第二联

领料人:张兵　　发料人:汪洋　　领料部门负责人:赵小刚

26.12 月 15 日,支付工商行政管理局的行政罚款 30000 元。

新疆维吾尔自治区非税收入一般缴款书（收 据）4　　No920191541×

填制日期：201×年 12 月 15 日　　　　执收单位名称：昌吉市工商行政管理局

付款人	全　称	新风实业有限责任公司	收款人	全　称	昌吉市财政局
	账　号	6897522448654565478		账　号	市中行北京中路分理处
	开户银行	工行昌支		开户银行	368536740248091001
币种：人民币	金额（大写）叁万元整			（小写）¥30000.00	

项目编码	项目名称	单位	数量	标准	金额
520345	商标侵权	元	1	1 万至 10 万	¥30000.00
执收单位（盖章） 经办人（签章）蒋秀红			备注：		

（印章：新疆维吾尔自治区财政厅 收费票据监制章；昌吉市工商行政管理局 非税收入专用章）

中国工商银行转账支票存根	中国工商银行　转账支票　No：01447376
支票号码：01447376 附加信息： 出票日期 201×年 12 月 14 日 收款人：昌吉市财政局 金　额：¥50000.00 用　途：罚款 单位主管　　会计	出票日期（大写）　年　月　日　付款行名称： 收款人：　　出票人账号： 本支票付款期限十天 人民币（大写）　亿 千 百 十 万 千 百 十 元 角 分 用途________ 上列款项请从 我账户内支付 出票人签章　　复核　　记账

（印章：新风实业有限责任公司 财务专用章）

27. 12 月 15 日，经股东会研究决定接受东风工厂的机器设备投资，确认价为 100000 元。

资产评估报告书

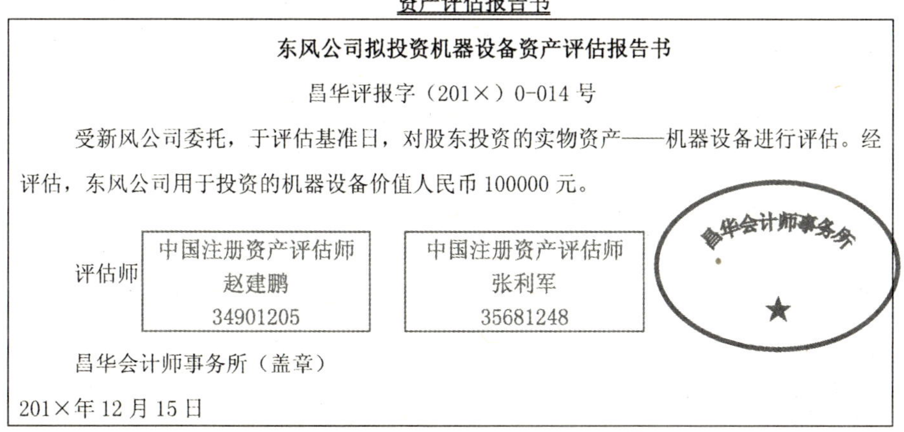

东风公司拟投资机器设备资产评估报告书

昌华评报字（201×）0-014 号

受新风公司委托，于评估基准日，对股东投资的实物资产——机器设备进行评估。经评估，东风公司用于投资的机器设备价值人民币 100000 元。

评估师　中国注册资产评估师 赵建鹏 34901205　　中国注册资产评估师 张利军 35681248

（印章：昌华会计师事务所）

昌华会计师事务所（盖章）

201×年 12 月 15 日

验 资 报 告

验资报告

昌华验字（201×）0-028 号

受新风公司委托，于评估基准日，对股东拟投资的实物资产——机器设备进行评估，经评估价值为人民币 100000 元，全体股东确认为人民币 100000 元。

注册会计师（章）　　张军强 中国注册会计师　　澎军 中国注册会计师

昌华会计师事务所（盖章）　　昌华会计师事务所

201×年 12 月 15 日

固定资产验收交接单　　N o. 0001235

201×年 12 月 5 日　　金额：元

资产名称	规格	计量单位	数量	单价或工程造价	安装费用	其他费用	合计	已提折旧
机床	C－6	台	1				100000	
资产来源	投资	制造厂名	神州机电	使用年限	10 年	估计残值	6000	
合计人民币(大写)壹拾万元整							(小写)¥100000.00	

验收人：刘静　　接管人：赵红斌　　主管：　　会计：

28. 12 月 16 日，签发现金支票，从银行提取现金 2000 元备用。

中国工商银行现金支票存根	中国工商银行　现金支票　No：02587351
支票号码：02587351	出票日期（大写）　年　月　日　付款行名称：
附加信息：	收款人：　出票人账号：
	人民币（大写）　亿 千 百 十 万 千 百 十 元 角 分
出票日期 201×年 12 月 16 日	用途
收款人：新风实业有限责任公司	上列款项请从我账户内支付
金　额：¥2000.00	出票人签章（新风实业有限责任公司 财务专用章）　复核　记账
用　途：备用	
单位主管　会计	

本支票付款期限十天

29. 12 月 17 日，以 800 元现金购买办公用品。

新疆商业企业统一发票

客户名称：新风实业有限责任公司　　　　　　　　201×年 12 月 17 日

品名规格	单位	数量	单价	金额							
				十	万	千	百	十	元	角	分
钢笔	支	20	18				3	6	0	0	0
稿纸	本	200	1				2	0	0	0	0
笔记本	本	80	3				2	4	0	0	0
合计（大写）捌佰元整						¥	8	0	0	0	0

第二联

惠民商务　发票专用章

销货单位（盖章）　　　　开票人：李丽娟　　　　收款人：王梅

30. 12 月 18 日，向华南工厂销售 A 产品 3500 件，单价 200 元，计 700000 元，B 产品 1000 件，单价 150 元，计 150000 元，增值税 144500 元。产品已发出，货款尚未收到。

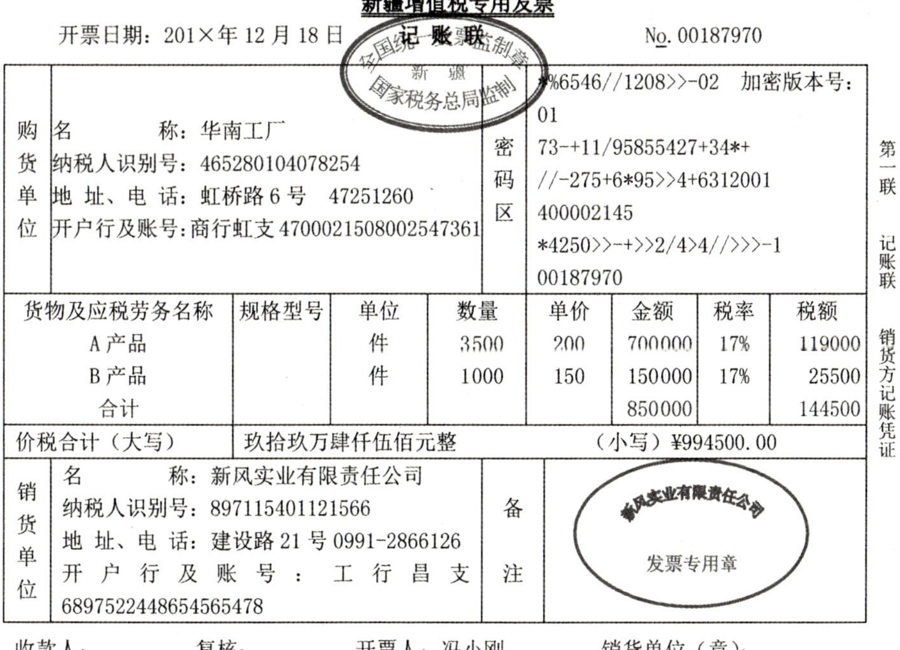

新疆增值税专用发票

记 账 联

开票日期：201×年 12 月 18 日　　　　　　　　No. 00187970

全国统一发票监制章　新疆　国家税务总局监制

购货单位	名　　称：华南工厂 纳税人识别号：465280104078254 地 址、电 话：虹桥路 6 号　47251260 开户行及账号：商行虹支 4700021508002547361	密码区	*%6546//1208>>-02　加密版本号：01 73-+11/95855427+34*+ //-275+6*95>>4+6312001 400002145 *4250>>-+>>2/4>4//>>>-1 00187970

货物及应税劳务名称	规格型号	单位	数量	单价	金额	税率	税额
A 产品		件	3500	200	700000	17%	119000
B 产品		件	1000	150	150000	17%	25500
合计					850000		144500
价税合计（大写）	玖拾玖万肆仟伍佰元整				（小写）¥994500.00		

销货单位	名　　称：新风实业有限责任公司 纳税人识别号：897115401121566 地 址、电 话：建设路 21 号 0991-2866126 开户行及账号：工行昌支 6897522448654565478	备注	新风实业有限责任公司　发票专用章

第一联　记账联　销货方记账凭证

收款人：　　　　复核：　　　　开票人：冯小刚　　　　销货单位（章）：

31. 12 月 20 日，生产车间领用丙材料 200 千克，丁材料 500 千克；公司管理部门领用丙材料 100 千克，丁材料 50 千克；销售部门领用丙材料 100 千克，丙、丁材料单位成本分别为 50 元、15 元。

领 料 单

领用单位：生产车间　　201×年 12 月 20 日　　凭证编号：088

用　途：车间耗用　　发料仓库：2 号

<table>
<tr><th rowspan="2">材料编号</th><th rowspan="2">材料名称</th><th rowspan="2">规　格</th><th rowspan="2">计量单位</th><th colspan="2">数　量</th><th rowspan="2">单　价</th><th rowspan="2">金　额</th></tr>
<tr><th>请领</th><th>实发</th></tr>
<tr><td>005</td><td>丙材料</td><td>HE</td><td></td><td></td><td></td><td></td><td></td></tr>
<tr><td>006</td><td>丁材料</td><td>UK</td><td></td><td></td><td></td><td></td><td></td></tr>
<tr><td></td><td></td><td></td><td></td><td></td><td></td><td></td><td></td></tr>
<tr><td colspan="2">合　计</td><td colspan="5"></td><td></td></tr>
<tr><td colspan="2">备注</td><td colspan="4"></td><td colspan="2">附单据 2 张</td></tr>
</table>

第二联

领料人：张兵　　发料人：汪洋　　领料部门负责人：赵小刚

领 料 单

领用单位：公司管理部门　　201×年 12 月 20 日　　凭证编号：089

用　途：管理用　　发料仓库：2 号

<table>
<tr><th rowspan="2">材料编号</th><th rowspan="2">材料名称</th><th rowspan="2">规　格</th><th rowspan="2">计量单位</th><th colspan="2">数　量</th><th rowspan="2">单　价</th><th rowspan="2">金　额</th></tr>
<tr><th>请领</th><th>实发</th></tr>
<tr><td>005</td><td>丙材料</td><td>HE</td><td></td><td></td><td></td><td></td><td></td></tr>
<tr><td>006</td><td>丁材料</td><td>UK</td><td></td><td></td><td></td><td></td><td></td></tr>
<tr><td></td><td></td><td></td><td></td><td></td><td></td><td></td><td></td></tr>
<tr><td colspan="2">合　计</td><td colspan="5"></td><td></td></tr>
<tr><td colspan="2">备注</td><td colspan="4"></td><td colspan="2">附单据 2 张</td></tr>
</table>

第二联

领料人：张兵　　发料人：汪洋　　领料部门负责人：赵小刚

领 料 单

领用单位：公司销售部门　　　　201×年 12 月 20 日　　　　凭证编号：090

用　途：办公用　　　　发料仓库：2 号

材料编号	材料名称	规　格	计量单位	数　量		单　价	金　额
				请领	实发		
005	丙材料	HE					
合　计							
备注						附单据 2 张	

第二联

领料人：张兵　　发料人：汪洋　　领料部门负责人：赵小刚

32. 12 月 21 日，以银行存款偿还到期的短期借款 100000 元，利息共计 2500 元(前期已预提利息 2083.3 元)。

中国工商银行转账支票存根

支票号码：01447377

附加信息：

出票日期 201×年 12 月 21 日

收款人：工行昌吉市建设支行
金　额：¥100000.00
用　途：归还短期借款

单位主管　　　　会计

中国工商银行　　转账支票　　No：01447377

出票日期（大写）　　年　　月　　日　付款行名称：

收款人：　　　　出票人账号：

人民币（大写）	亿	千	百	十	万	千	百	十	元	角	分

本支票付款期限十天

用途

上列款项请从

我账户内支付

泰风实业有限责任公司

财务专用章

出票人签章　　　　复核　　　　记账

中国工商银行特种转账贷方凭证

201×年 12 月 21 日

<table>
<tr><td>银行打印</td><td colspan="8">交易序号 41　交易代码 02234　工作日期 201×-12-20　工作时间 11:18:21　币种人民币
借方账号　9558803004100553402　户名　新风实业有限责任公司
贷方账号　6897522448654565478　户名　新风实业有限责任公司
金额 100000.00
转账归还到期贷款　借款合同号 00448</td></tr>
<tr><td colspan="2">业务类型</td><td colspan="7">转账</td></tr>
<tr><td rowspan="3">借方</td><td>户　　名</td><td colspan="2">新风实业有限责任公司</td><td rowspan="3">贷方</td><td>户　　名</td><td colspan="3">新风实业有限责任公司</td></tr>
<tr><td>账　　号</td><td colspan="2">9558803004100553402</td><td>账　　号</td><td colspan="3">6897522448654565478</td></tr>
<tr><td>开户银行</td><td>工行建支</td><td>行号</td><td>开户银行</td><td>工行建支</td><td>行号</td><td></td></tr>
<tr><td>金额</td><td colspan="6">币　种（大写）人民币壹拾万元整</td><td colspan="2">亿 千 百 十 万 千 百 十 元 角 分
¥ 1 0 0 0 0 0 0 0</td></tr>
<tr><td colspan="9">转账原因：
归还贷款（借款合同 00448 号）</td></tr>
</table>

中国工商银行 昌吉市建设支行 转讫

审　核：　　　　　　复　核：　　　　　　制　证：

银行借款利息计提表

201×年 12 月 21 日　　　　单位：元

贷款银行	借款种类	计息基数	利率	本月应计利息	备注
					前期已预提短期借款利息 2083.3 元
工行建支	短期借款	100000	5%	416.7	
合计				416.7	

审　核：李菲　　　　会　计：　　　　制　单：赵梅

中国工商银行利息转账专用传票

科目：　　　　201×年 12 月 21 日　　　　No. 0047386

收入利息单位	单位名称	工行昌吉市建设支行	支付利息单位	单位名称	新风实业有限责任公司
	账　　号	4700321462447284321		账　　号	6897522448654565478
利息金额	人民币（大写）贰仟伍佰元整				
计息存、贷款户　账　号	4700321432436581364		上列利息金额已从贵单位结算账付划转。中国工商银行昌吉市建设支行 转讫 开户银行盖章		
计算利息起讫时间	201×年 6 月 22 日起 201×年 12 月 21 日止				
计息积数	¥100000.00　年利率 5%				
备注：短期借款利息					

千	百	十	万	千	百	十	元	角	元
			¥	2	5	0	0	0	0

单位主管：　　　　会　计：　　　　记　账：

第一联

33.12 月 22 日，收到华南工厂本月 18 日的购料款 9945000 元。

中国工商银行进账单（收账通知）　1

201×年 12 月 22 日　　　　第 23 号

出票人	全　　称	华南工厂	持票人	全　　称	新风实业有限责任公司
	账　　号	4700021508002547361		账　　号	6897522448654565478
	开户银行	商行虹支		开户银行	昌吉市工行建设路分理处
人民币（大写）玖拾玖万肆仟伍佰元整					
票据种类	转账支票		中国工商银行昌吉市建设支行 转讫 持票人开户行盖章		
票据张数	1 张				
单位主管　会计　复核　记账					

千	百	十	万	千	百	十	元	角	分
	¥	9	9	4	5	0	0	0	0

此联是持票人开户银行交给持票人的收账通知

34.12 月 24 日，以现金报销行政管理部门招待费 400 元。

费 用 报 销 单

报销部门：厂部办公室　　　　201×年 12 月 24 日　　　　附件共＿2＿张

用　　途	金　额（元）	备注			
招待费用	400				
		部　门负责人签　批	同意 ×××	总理审核	
合　　计					
注：所有费用必须有部门会计和经理签字才可以报销，数额在 2000 元以下需通过财务经理审批，2000 元以上需总经理审批。					
金额大写：/万 / 仟 肆 佰 零 拾 零 元 零 角零 分		原借款：0　元		应退余款：0　元	

出纳　王其　　复核　李菲　　　　报销人　李美

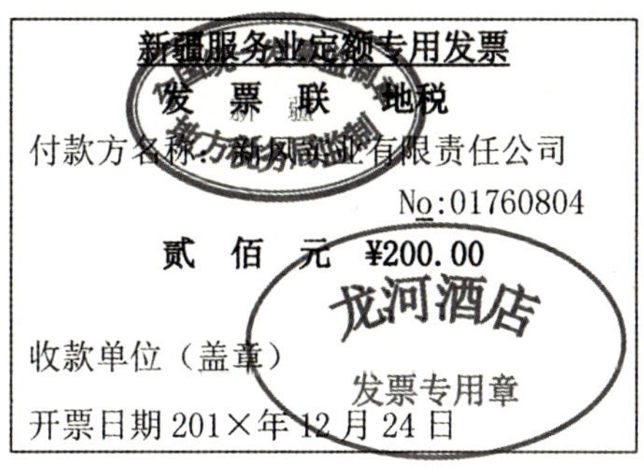

新疆服务业定额专用发票

发 票 联　地税

付款方名称：新风商业有限责任公司

No:01760804

贰 佰 元 ¥200.00

收款单位（盖章）

开票日期 201×年 12 月 24 日

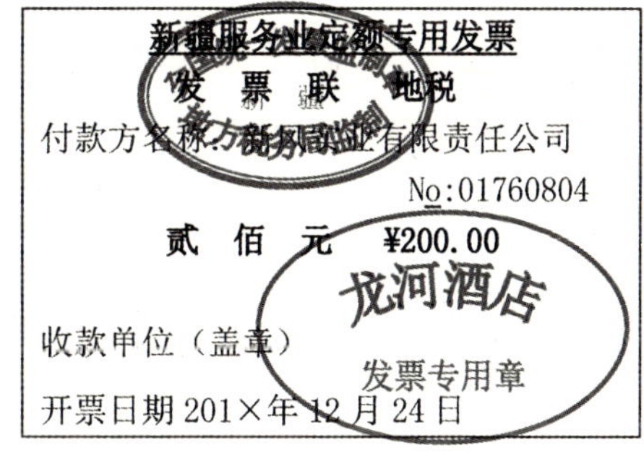

新疆服务业定额专用发票

发 票 联　地税

付款方名称：新风商业有限责任公司

No:01760804

贰 佰 元 ¥200.00

收款单位（盖章）

开票日期 201×年 12 月 24 日

35. 12 月 25 日，支付上月电话费 540 元。

新疆电信有限公司专用收据

收款日期 201×年 12 月 25 日　　　　No：B09296019

客户名称	新风实业有限责任公司			预　存　款	
合同号	6000000239431	业务号码	0991-2866126	上次结存	0.00
缴款内容	201×/11/01——201×/11/30			本次结余	0.00
上次余零	0.00	本次应付	¥540.00	本次余零	0.00
收款项目	月租 25.00　市话区内费 205.00　国内长途 260.00　互联网 50.00				
实收金额	(大写)伍佰肆拾元整			¥540.00	

（印章：中国电信新疆昌吉 发票专用章）

收款员：张小倩　　　　收款日期：201×/12/25

中国工商银行转账支票存根	中国工商银行　转账支票　No：01447378
支票号码：01447378	出票日期（大写）　年　月　日　付款行名称：
附加信息：	收款人：　出票人账号：
	本支票付款期限十天　人民币（大写）　亿 千 百 十 万 千 百 十 元 角 分
	用途
出票日期 201×年 12 月 25 日	上列款项请从我账户内支付
收款人：中国电信新疆昌吉中心局	
金　额：¥540.00	出票人签章　复核　记账
用　途：支付电话费	（印章：新风实业有限责任公司 财务专用章）
单位主管　会计	

36.12 月 25 日，接受东海公司捐赠的自产设备一套，发票价为 35100 元。

新疆增值税专用发票

开票日期：201×年 12 月 25 日　　抵　扣　联　　No. 00182583

购货单位	名　称：新风实业有限责任公司 纳税人识别号：897115401121566 地 址、电 话：建设路 21 号 0991-2866126 开户行及账号：工行昌支 6897522448654565478	密码区	*65/4>>6//208>>-03　加密版本号：01 7/3-13//585>>27+34*+-2 //-205+6//5>>4+63/20>1 400010258 *4//2>>-+>>2/4>4//>>>0 00182583

货物及应税劳务名称	规格型号	单位	数量	单价	金额	税率	税额
设备		台	1	30000	30000	17%	5100
合计		台	1	30000	30000	17%	5100
价税合计（大写）	叁万伍仟壹佰元整				（小写）¥35100.00		

销货单位	名　称：东海有限责任公司 纳税人识别号：465280104000456 地 址、电 话：文化路 1 号　2655026 开户行及账号：商行文支 4700022609003635476	备注	

收款人：　　复核：　　开票人：冯小刚　　销货单位（章）：

第三联　抵扣联　购货方抵扣税款

新疆增值税专用发票

开票日期：201×年 12 月 25 日　　发　票　联　　No. 00182583

购货单位	名　称：新风实业有限责任公司 纳税人识别号：897115401121566 地 址、电 话：建设路 21 号 0991-2866126 开户行及账号：工行昌支 6897522448654565478	密码区	*65/4>>6//208>>-03　加密版本号：01 7/3-13//585>>27+34*+-2 //-205+6//5>>4+63/20>1 400010258 *4//2>>-+>>2/4>4//>>>0 00182583

货物及应税劳务名称	规格型号	单位	数量	单价	金额	税率	税额
设备		台	1	30000	30000	17%	5100
合计		台	1	30000	30000	17%	5100
价税合计（大写）	叁万伍仟壹佰元整				（小写）¥35100.00		

销货单位	名　称：东海有限责任公司 纳税人识别号：465280104000456 地 址、电 话：文化路 1 号　2655026 开户行及账号：商行文支 4700022609003635476	备注	

收款人：　　复核：　　开票人：冯小刚　　销货单位（章）：

第二联　发票联　购货方记账凭证

固定资产验收交接单　　　　N o. 0001236

201×年 12 月 25 日　　　　金额:元

资产名称	规格	计量单位	数量	单价或工程造价	安装费用	其他费用	合计	已提折旧
设备	F－4	台	1				35100	
资产来源	受赠	制造厂名	昌华机电	使用年限	10 年	估计残值	35100	
合计人民币(大写)叁万伍仟壹佰元整						(小写)¥35100.00		

验收人:刘静　　　接管人:赵红斌　　　主管:　　　会计:

37. 12 月 25 日,以现金支付本厂职工李金生活困难补助费 200 元。

职工困难补助申请表(代现金收据)

201×年 12 月 25 日

申请人姓名		李金		所在部门		生产车间	
家庭人口		5 口,1 人工作		家庭人均月生活费		不足 200 元	
申请困难补助理由		妻子下岗,父母多病无收入来源,女儿上学,日常生活难以维系					
申请金额		200 元					
所在部门意见	属实 李文斌	工会意见	同意 张爱国	单位负责人	同意 吴晨阳	会计主管	李菲
人民币(大写)贰佰元整					收款人签名	李　金	

38. 12 月 30 日,月末财产清查中,发现甲材料盘亏 750 千克,计 15000 元,乙材料盘盈 20 千克,计 1200 元,待批准处理(暂不考虑增值税的进项转出)。

财产盘点报告单

单位名称:2 号仓库　　　201×年 12 月 30 日　　　单位:元

财产名称	计量单位	实存	账存	单价	盘盈		盘亏		原因
					数量	金额	数量	金额	
甲材料	千克	750	1500	20			750	15000	待查
乙材料	千克	520	500	60	20	1200			待查
合计						1200		1500	

仓库保管员:汪洋　　　　盘点人:杨旭东

39. 12 月 31 日,摊销本月应负担的财产保险费 1000 元。其中,生产车间 800 元,公司行政管理部门 200 元。管理部门报刊费 500 元,车间设备租赁费 800 元。

费用摊销表

201×年 12 月 31 日　　　　单位:元

费用项目	费用金额	分摊比例	本月应摊金额	备注
财产保险费	12000	1/12	1000	生产车间 800 元 管理部门 200 元
报纸杂志费	3000	1/6	500	行政管理部门
设备租赁费	8000	1/10	800	生产车间
合计	23000		2300	

审　核:李菲　　　会　计:　　　制　单:赵梅

40. 12 月 31 日,分配本月工资,生产 A 产品工人工资 30000 元,B 产品工人工资 20000 元,车间管理人员工资 5000 元,公司行政管理人员工资 16000 元,销售人员工资 14000 元。

工资费用分配表

201×年 12 月 31 日　　　　单位:元

车间、部门		应分配金额	备注
生产车间工人工资	A 产品负担	30000	
	B 产品负担	20000	
车间管理人员工资		5000	
行政管理人员工资		16000	
销售部门人员工资		14000	
合计		85000	

审　核:李菲　　　会　计:　　　制　单:赵梅

41.12 月 31 日,按职工工资总额的 14%计提职工福利费。

福利费分配表

201×年 12 月 31 日　　　　单位:元

车间、部门		计提基数	比例	金额
生产车间工人工资	A 产品负担		14%	
	B 产品负担		14%	

续 表

车间、部门	计提基数	比例	金额
车间管理人员工资		14%	
行政管理人员工资		14%	
销售部门人员工资		14%	
合计			

审 核:李菲 会 计: 制 单:赵梅

42.12 月 31 日,按规定计提本月固定资产折旧费 50000 元,其中车间 30000 元,公司行政管理 15000 元,销售部门 5000 元。

固定资产折旧计算表

201×年 12 月 31 日 单位:元

车间、部门	生产用固定资产			非生产用固定资产			合计	
	原值	折旧率	折旧额	原值	折旧率	折旧额	原值	折旧额
生产车间	5000000	0.6%	30000				5000000	30000
销售部门				958000	0.522%	5000	958000	5000
行政管理部门				1916000	0.522%	15000	1916000	15000
合计	5000000	0.6%	30000	2874000	0.522%	20000	7874000	50000

审 核:李菲 会 计: 制 单:赵梅

43.12 月 31 日,预提本月应负担的短期借款利息。

银行借款利息计提表

201×年 12 月 31 日 单位:元

贷款银行	借款种类	计息基数	利率	本月应计利息	备注
昌吉市工行	短期借款				
合计					

审 核:李菲 会 计: 制 单:赵梅

44.12 月 31 日,经审查盘亏的甲材料因自然损耗 5000 元,非正常损失 8000 元,保管人员过失造成的损失 2000 元,经批准,按规定处理。盘盈乙材料由本企业转销。

关于财产盘盈盘亏的处理意见

我公司月末盘点发现盘盈乙材料 20 千克，计 1200 元，无法查明盘盈原因，由本企业转销；甲材料盘亏 750 千克，计 15000 元，经查因自然损耗 5000 元，非正常损失 8000 元，因保管人员过失造成的损失 2000 元，原因已查明，由保管人员进行赔偿。请财务部门按会计制度进行处理。

新风实业有限责任公司

201×年 12 月 31 日

45. 12 月 31 日，将本月发生的制造费用按生产工人工资比例分配转入 A、B 产品制造成本。

制造费用汇总表

单位：元

年		凭证编号	摘　要	项　目							
月	日			工资	折旧费	修理费	机物料	水电费	办公费	其他	合计
			本月合计								

制造费用分配表

201×年 12 月 31 日　　　　单位：元

产品名称	分配标准（生产工人工资）	分配率	分配金额
A 产品			
B 产品			
合　计			

审　核：李菲　　　　会　计：　　　　制　单：

46.12 月 31 日，本月 A 产品投产 4000 件，B 产品 5000 件，月末全部完工入库，结转生产成本。

产品成本计算表

201×年 12 月 31 日　　　　单位：元

成本项目	A 产品(4000 件)		B 产品(5000 件)	
	总成本	单位成本	总成本	单位成本
直接材料				
直接人工				
制造费用				
其他				
合　计				

审　核：李菲　　　　会　计：　　　　制　单：

产成品入库单

交库单位：生产车间　　　　201×年 12 月 31 日　　　　单位：元

产品名称	规格与型号	单位	交付数量	检验结果		实收数量	单位成本	金额	备注
				合格	不合格				
A 产品	F—5	件							
B 产品	U—3	件							
合　计									

送验人员：　　　　检验人员：王旭东　　　　仓库经收人：汪洋

47.12 月 31 日，按上月末单价计算结转本月已售产品的销售成本。

产成品出库单

No.00162

201×年 12 月 4 日　　　　单位：元

产品名称	单位	数量	单位成本	金额	用途或原因
A 产品	件				
合　计					

部门主管：张红艳　　　　保管：汪洋　　　　经手人：庞慧民

产成品出库单

No.00163

201×年 12 月 11 日　　单位:元

产品名称	单位	数量	单位成本	金额	用途或原因
A 产品	件				
B 产品	件				
合　计					

部门主管:张红艳　　保管:汪洋　　经手人:庞慧民

产成品出库单

No.00164

201×年 12 月 18 日　　单位:元

产品名称	单位	数量	单位成本	金额	用途或原因
A 产品	件				
B 产品	件				
合　计					

部门主管:张红艳　　保管:汪洋　　经手人:庞慧民

产品销售成本汇总计算表

201×年 12 月 31 日　　单位:元

产品名称	单位	销售数量	单位成本	总销售成本	备注
A 产品	件				
B 产品	件				
合　计					

审　核:李菲　　会　计:　　制　单:

48.12 月 31 日,按本月产品应缴纳的增值税,分别按 7%和 3%计算产品应缴纳的城市维护建设税及教育费附加。

城市维护建设税及教育费附加计算表

201×年 12 月 31 日　　单位:元

计税依据	城市维护建设税		教育费附加	
	税率	金额	税率	金额
	7%		3%	
合　计				

审　核:李菲　　会　计:　　制　单:

49.12 月 31 日，结转本月已销售甲材料的成本 10000 元。

领料单

领用单位：销售部　　201×年 12 月 11 日　　凭证编号：090

用　途：销售　　发料仓库：2 号

材料编号	材料名称	规　格	计量单位	数　量		单价	金额
				请领	实发		
003	甲材料	PU	千克	500	500	20	10000
合　计		壹万元整					10000
备注		剩余材料用于对外销售				附单据 1 张	

第二联

领料人：李建新　　发料人：汪洋　　销售部门负责人：唐国强

材料销售成本计算表

201×年 12 月 31 日　　单位：元

材料名称	单位	销售数量	单位成本	总销售成本	备注
甲材料	千克	500	20	10000	销售
合　计				10000	

审　核：李菲　　会　计：　　制　单：

50. 12 月 31 日，结转有关损益类账户，计算本月实现利润总额。原始凭证如下：

12 月份损益类账户资料表

201×年 12 月 31 日　　单位：元

收入类账户	发生额	支出类账户	发生额

续　表

收入类账户	发生额	支出类账户	发生额
合　计		合　计	
12月份利润总额			

审　核:丁强　　　　会　计:　　　　制　单:

51.12月31日,计算并结转本月所得税,税率为25%(假设无纳税调整事项)。

12月份所得税计算表

201×年12月31日　　　　单位:元

项　目	计算依据	税　率	税　额	备注
应交所得税				假设不考虑纳税调整事项
合计				

审　核:李菲　　　　会　计:　　　　制　单:

52.12月31日,结转本年实现的净利润。

本年利润结转资料表

201×年12月31日　　　　单位:元

项目	金额	应借科目	应贷科目	金额
期初本年利润				
加:12月份净利润				
全年净利润				

审　核:李菲　　　　会　计:　　　　制　单:

53.12月31日,按全年实现净利润的10%提取法定公积金,按5%计提任意盈余公积。

盈余公积计算表

201×年 12 月 31 日　　单位:元

项目	计提比例	金　额	应借科目	应贷科目
全年净利润总额	—			
法定盈余公积	10%			
任意盈余公积	5%			

审　核:李菲　　会　计:　　制　单:

54.12 月 31 日,按税后利润的 20%计算应付投资者利润。

应付投资者利润计算表

201×年 12 月 31 日　　单位:元

项目	计提比例	金　额	应借科目	应贷科目
全年净利润总额	—			
应付投资者利润	20%			
备注	实际工作中,应付利润应按各投资者设明细,本题中暂不考虑明细。			

审　核:李菲　　会　计:　　制　单:

55.12 月 31 日,将“利润分配”各明细账户余额结转至“利润分配——未分配利润”账户。

利润分配各明细账户结转单

201×年 12 月 31 日　　单位:元

项目	科　目	金　额
应借科目		
应贷科目		

审　核:李菲　　会　计:　　制　单:

试算平衡表

201×年 12 月 31 日　　单位:元

账户名称	期初余额		本期发生额		期末余额	
	借方	贷方	借方	贷方	借方	贷方
库存现金						
银行存款						

续　表

账户名称	期初余额		本期发生额		期末余额	
	借方	贷方	借方	贷方	借方	贷方
应收账款						
原材料						
其他应收款						
应收票据						
固定资产						
累计折旧						
预付账款						
待处理财产损溢						
库存商品						
交易性金融资产						
无形资产						
材料采购						
应付票据						
其他应交款						
应付职工薪酬						
短期借款						
应付账款						
预收账款						
应付股利						
应交税费						
实收资本						
资本公积						
盈余公积						
本年利润						
利润分配						
制造费用						

续 表

账户名称	期初余额		本期发生额		期末余额	
	借方	贷方	借方	贷方	借方	贷方
生产成本						
主营业务收入						
营业外支出						
销售费用						
管理费用						
财务费用						
营业税金及附加						
其他业务成本						
主营业务成本						
所得税费用						
其他业务收入						
合计						

要求：

1. 建账。
2. 填制所有空白的原始凭证，并根据原始凭证编制记账凭证。
3. 登记库存现金日记账和银行存款日记账。
4. 根据原始凭证和记账凭证登记各种明细账。
5. 编制试算平衡表。
6. 根据记账凭证逐笔登记总分类账。
7. 对账和结账。
8. 编制资产负债表和利润表。
9. 对所有会计资料进行装订。

[实训提示]

1. 此账务处理程序特别适用于计算机处理，因为利用计算机可以弥补工作量大的缺点。同时在手工记账下，为了减少记账凭证的数量和登记总账的工作量，可以尽量将同类经济业务的原始凭证进行汇总，编制汇总原始凭证，再根据汇总原始凭证编制记账凭证。

2.在填制和审核多联式原始凭证时，据以记账的必须是多联中的“记账联”“报销联”“财务留存联”等，其他联不能作为记账凭证的附件。特别需要注意的是，在填制或取得增值税专用发票时，要根据企业的销货方或购货方的身份，用适当的联次作为记账凭证的附件。

3.自制的原始凭证可根据企业的需要自行设计。

4.本实训是一个较为完整的会计核算实训，进行本实训时应根据会计核算各环节之间的内在联系，衔接好各个实训环节。

[实训思考]

1.记账凭证账务处理程序有哪些优缺点?

2.记账凭证账务处理程序的实训中，需要注意哪些问题?

3.记账凭证账务处理程序的基本程序是怎么样的?

任务二　科目汇总表核算程序实训

[能力目标]

通过该项实训，使学生熟悉科目汇总表账务处理程序下，会计凭证的设置、账簿的组织以及记账凭证的基本内容，并能掌握其实际操作的基本程序和方法。

[实训用具]

1.通用记账凭证。

2.原始凭证。

3.各类账页。

4.科目汇总表。

5. 会计报表。

6. 凭证封面。

7. 计算器、水笔、印鉴、固定胶、长尾夹、裁纸刀、装订线、直尺等。

[内容介绍]

一、科目汇总表账务处理程序的特点

科目汇总表账务处理程序的特点是:先定期根据记账凭证编制科目汇总表,再根据科目汇总表登记总分类账。

在科目汇总表账务处理程序下,凭证和账簿的设置与记账凭证核算程序基本相同,只是需要定期根据记账凭证编制科目汇总表作为登记总分类账的依据。

二、科目汇总表账务处理程序的一般程序

科目汇总表核算程序的记账程序如图 4-1 所示:

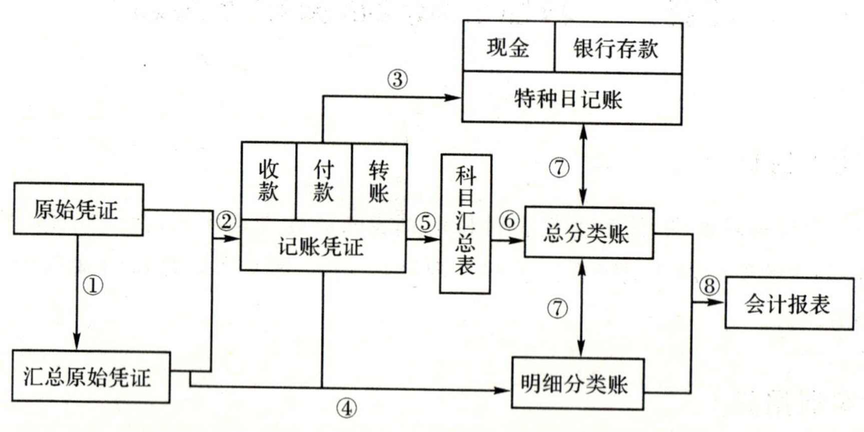

图 4-1　科目汇总表核算程序流程图

三、科目汇总表账务处理程序的应用

科目汇总表根据记账凭证多少，一般可按五天、十天、十五天、一个月编制。

（一）科目汇总表的编制方法：

1. 全部汇总，即将一定时期内的全部收、付、转记账凭证汇总在一张科目汇总表上，据以登记总分类账。

2. 分类汇总，即将一定时期内的全部收、付、转记账凭证分别汇总，编制成三张科目汇总表，据以登记总分类账。

（二）科目汇总表的编制步骤

1. 做“T”字账（也叫“丁字账”）。根据记账凭证将各科目按“T”字列示。“T”字上方为科目名称（只列示一级科目），“T”字的左方为科目借方金额，“T”字右方为贷方金额。

2. 填制科目汇总表。科目余额全部列示后，分别按借方、贷方合计，然后将合计数填入“科目汇总表”中，验证借方金额是否等于贷方金额，如果不相等，查验错误并改正，直至相等为止。这里借方金额与贷方金额相等的依据是“有借必有贷，借贷必相等”，因为每一张记账凭证都是借方、贷方一定相等，所以根据记账凭证得出的科目汇总表也一定是借方、贷方必定相等。

四、科目汇总表账务处理程序的优缺点和适用范围

科目汇总表账务处理程序的优点是：根据科目汇总表登记总分类账，大大减少登记总分类账的工作量，科目汇总表还可以起到试算平衡的作用。其缺点是：科目汇总表不能反映账户对应关系，不便于查对账目。因此，该账务处理程序主要适用于规模较大、经济业务量较多的单位。

[实训任务]

资料一:实训企业基本情况

1.公司情况。

公司名称:达昌家俱有限责任公司

公司地址:湖北省红关市建设区解放路126号

邮编:067847

开户银行:中国工商银行红关市分行建设支行

账号:47363728274532324

税务登记号:3245679765456806,为增值税一般纳税人,税率为17%

主要产品:书柜、电脑桌椅等

2.主要人员。

法人代表:张金山

会计主管:吴明

会　　计:实训学生姓名(请自行填写)

出　　纳:汪清清

保 管 员:胡林

3.公司会计制度。

应收账款采用总价法

存货物资采用实际成本法进行核算

发出的各类物资的成本于期末进行结转

资料二:期初有关账户的资料

1.201×年11月末各总分类账户余额,如表4-8所示。

表4-8　总账账户期初余额　　单位:元

科目名称	借方余额	科目名称	贷方余额
库存现金	1500.00	短期借款	380000.00
银行存款	1317450.00	应付票据	150000.00
其他货币资金	123500.00	应付账款	873800.00
交易性金融资产	15800.00	其他应付款	50000.00
应收票据	240000.00	应付职工薪酬	111050.00

续　表

科目名称	借方余额	科目名称	贷方余额
应收账款	406000.00	应交税费	35600.00
坏账准备	−900.00	应付利息	1000.00
预付账款	10000.00	长期借款	1150000.00
其他应收款	5000.00	实收资本	5500000.00
在途物资	225000.00	盈余公积	100000.00
原材料	754000.00	利润分配	60000.00
周转材料	185600.00		
库存商品	1378500.00		
长期股权投资	295000.00		
固定资产	1595000.00		
累计折旧	−400000.00		
在建工程	1500000.00		
无形资产	650000.00		
长期待摊费用	110000.00		
合计	8411450.00	合计	8411450.00

2.201×年 11 月末有关明细分类账户余额，如表 4-9 至表 4-19 所示。

表 4-9　其他货币资金明细账户余额表　单位：元

一级科目	明细科目	借或贷	金　额
其他货币资金	存出投资款	借	50000.00
	汇票存款	借	73500.00
合　计			123500.00

表 4-10　交易性金融资产明细账户余额表　单位：元

一级科目	明细科目	借或贷	金　额
交易性金融资产	山推股份(成本)	借	4300.00(1000 股)
	山推股份(公允价值变动)	借	1200.00

续 表

一级科目	明细科目	借或贷	金 额
	邯钢股份(成本)	借	10600.00(1000股)
	邯钢股份(公允价值变动)	贷	300.00
合 计			15800.00

表 4-11 应收账款明细账户余额表 单位:元

一级科目	明细科目	借或贷	金 额
应收账款	三星办公用品制造有限公司	借	386000.00
	宏发有限责任公司	借	4500.00
	诚达家俱广场	借	15500.00
合 计			406000.00

表 4-12 原材料明细账户余额表 单位:元

材料名称	单 位	数 量	单 价	金 额
木板	块	1000	350.00	350000.00
原木	吨	2000	175.00	350000.00
油漆	桶	540	100.00	54000.00
合 计				754000.00

表 4-13 库存商品明细账户余额表 单位:元

商品名称	单 位	数 量	单 价	金 额
电脑桌	张	3000	150.00	450000.00
电脑椅	把	9000	100.00	900000.00
书柜	组	50	570.00	28500.00
合 计				1378500.00

表 4-14 在建工程明细账户余额表 单位:元

一级科目	明细科目	借或贷	金 额
在建工程	T117 机床	借	282800.00
	厂房	借	1217200.00
合 计			1500000.00

表 4-15　应付账款明细账户余额表　　单位:元

一级科目	明细科目	借或贷	金　额
应付账款	黄河木业有限责任公司	贷	373800.00
	东山有限责任公司	贷	200000.00
	凯山煤矿	贷	300000.00
合　计			873800.00

表 4-16　其他应付款明细账户余额表　　单位:元

一级科目	明细科目	借或贷	金　额
其他应付款	职工教育经费	贷	3000.00
	其他	贷	47000.00
合　计			50000.00

表 4-17　应交税费明细账户余额表　　单位:元

一级科目	明细科目	借或贷	金　额
应交税费	应交城市维护建设税	贷	600.00
	应交增值税(未交增值税)	贷	5000.00
	应交所得税	贷	30000.00
合　计			35600.00

表 4-18　应付职工薪酬明细账户余额表　　单位:元

一级科目	明细科目	借或贷	金　额
应付职工薪酬	应付职工福利	贷	111050.00
合　计			111050.00

表 4-19　利润分配明细账户余额表　　单位:元

一级科目	明细科目	借或贷	金　额
利润分配	未分配利润	贷	60000.00
合　计			60000.00

3.201×年 1—11 月损益类账户累计发生额,如表 4-20 所示(均已按月结转)。

表 4-20　损益类账户累计发生额汇总表　　单位：元

科目名称	借方发生额	贷方发生额
主营业务收入		13500000.00
主营业务成本	9100000.00	
营业税金及附加	30000.00	
销售费用	240000.00	
管理费用	874000.00	
财务费用	265000.00	
其他业务收入		132600.00
其他业务支出	89000.00	
投资收益		42200.00
营业外收入		40000.00
营业外支出	29800.00	
所得税费用	1090817.00	

资料三：该公司 12 月份发生的业务如下

1. 12 月 1 日，华茂有限责任公司购入办公用书柜 10 套，开出商业承兑汇票。

商业承兑汇票

201X 年 12 月 1 日　　X10636354

<table>
<tr><td rowspan="3">付款人</td><td>全　称</td><td>华茂有限责任公司</td><td rowspan="3">收款人</td><td>全　称</td><td colspan="3">达昌家俱有限责任公司</td></tr>
<tr><td>账　号</td><td>47000315090025255553</td><td>账　号</td><td colspan="3">47363728274532324</td></tr>
<tr><td>开户银行</td><td>商行红关支行文化支行</td><td>开户银行</td><td>红关工行建设支行</td><td>行号</td><td></td></tr>
<tr><td>汇票金额</td><td colspan="4">人民币（大写）玖仟叁佰陆拾元整</td><td colspan="3">千 百 十 万 千 百 十 元 角 分
¥ 9 3 6 0 0 0</td></tr>
<tr><td>汇票日期</td><td colspan="2">201×年 3 月 1 日</td><td colspan="2">交易合同号码</td><td colspan="3">32</td></tr>
<tr><td colspan="4">本汇票已经本单位承兑，到期日无条件支付票款。此致
收款人
付款人（盖章）
201×年 12 月 1 日
（印章：华茂有限责任公司 财务专用章）</td><td colspan="4">汇款签发人（盖章）
负责　　经办
（印章：华茂有限责任公司 财务专用章）</td></tr>
</table>

此联收款人开户行随结算凭证寄付款人开户行　作为付出传票附件

湖北省增值税专用发票

开票日期：201×年12月1日　　记账联　　No.00187967

购货单位	名　　称：华茂有限责任公司 纳税人识别号：363563820029838 地址、电话：红关市文化路6号 开户行及账号：商行红关支行文化支行 4700031509002525553			密码区	7/1>>61<98>8->*5　加密版本号：01 3/9>3327867>383527567 97/>5-710079>-08/1312 440004314 *38426>>2-23/186>>49 00187967		
货物及应税劳务名称	规格型号	单位	数量	单价	金额	税率	税额
书柜		套	10	800	8000	17%	1360
合计					8000		1360
价税合计（大写）	玖仟叁佰陆拾元整				（小写）¥9360.00		
销货单位	名　　称：达昌家俱有限责任公司 纳税人识别号：3245679765456806 地址、电话：红关市建设区解放路126号 开户行及账号：中国工商银行红关市分行建设支行 47363728274532324			备注	达昌家俱有限责任公司 发票专用章		

收款人：　　复核：　　开票人：×××　　销货单位（章）：

第一联　记账联　销货方记账凭证

2.2日，接受南海公司投资的货币资金500000元，存入银行。

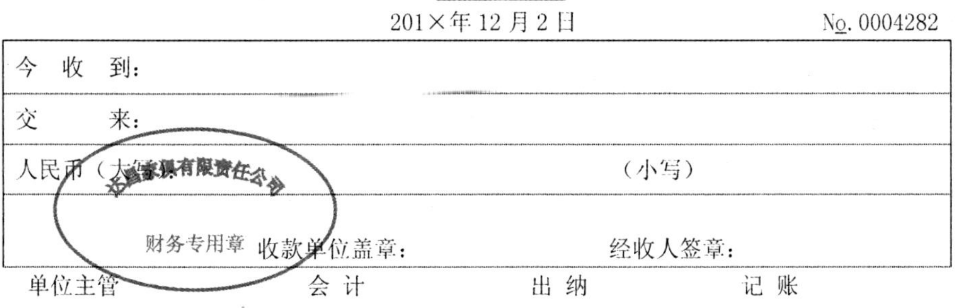

收　　据

201×年12月2日　　No.0004282

今　收　到：	
交　　来：	
人民币（大写）	（小写）
收款单位盖章：（达昌家俱有限责任公司 财务专用章）	经收人签章：

单位主管　　会　计　　出　纳　　记　账

中国工商银行进账单（收账通知）　1

201×年 12 月 2 日　　　　　　第 21 号

<table>
<tr><td rowspan="3">出票人</td><td>全　称</td><td>南海公司</td><td rowspan="3">持票人</td><td>全　称</td><td>达昌家俱有限责任公司</td></tr>
<tr><td>账　号</td><td>4324326548987676</td><td>账　号</td><td>47363728274532324</td></tr>
<tr><td>开户银行</td><td>青州市中行天山支行</td><td>开户银行</td><td>工商银行红关市分行建设支行</td></tr>
<tr><td colspan="3">人民币（大写）贰拾伍万元整</td><td colspan="3">千 百 十 万 千 百 十 元 角 分
¥ 2 5 0 0 0 0 0 0</td></tr>
<tr><td colspan="2">票据种类</td><td>转账支票</td><td colspan="3" rowspan="3">中国工商银行
红关市建设支行
转讫

持票人开户行盖章</td></tr>
<tr><td colspan="2">票据张数</td><td>1 张</td></tr>
<tr><td colspan="3">单位主管　　会计　　复核　　记账</td></tr>
</table>

此联是持票人开户银行交给持票人的收账通知

3. 2 日，从黄河木业有限责任公司购入 H1 型木板 100 块，单价 340 元，款项以转账支票形式支付。

<table>
<tr><td>
中国工商银行转账支票存根
支票号码：01447365
附加信息：

出票日期：
收款人：
金　额：
用　途：
单位主管　　　　会计
</td><td>
中国工商银行　转账支票　　No：01447365
出票日期（大写）　　年　　月　　日　付款行名称：
人民币（大写）　　亿 千 百 十 万 千 百 十 元 角 分
收款人：　　　　　　出票人账号：
用途________
上列款项请从
我账户内支付
出票人签章　　　　复核　　　　记账
达昌家俱有限责任公司 财务专用章
本支票付款期限十天
</td></tr>
</table>

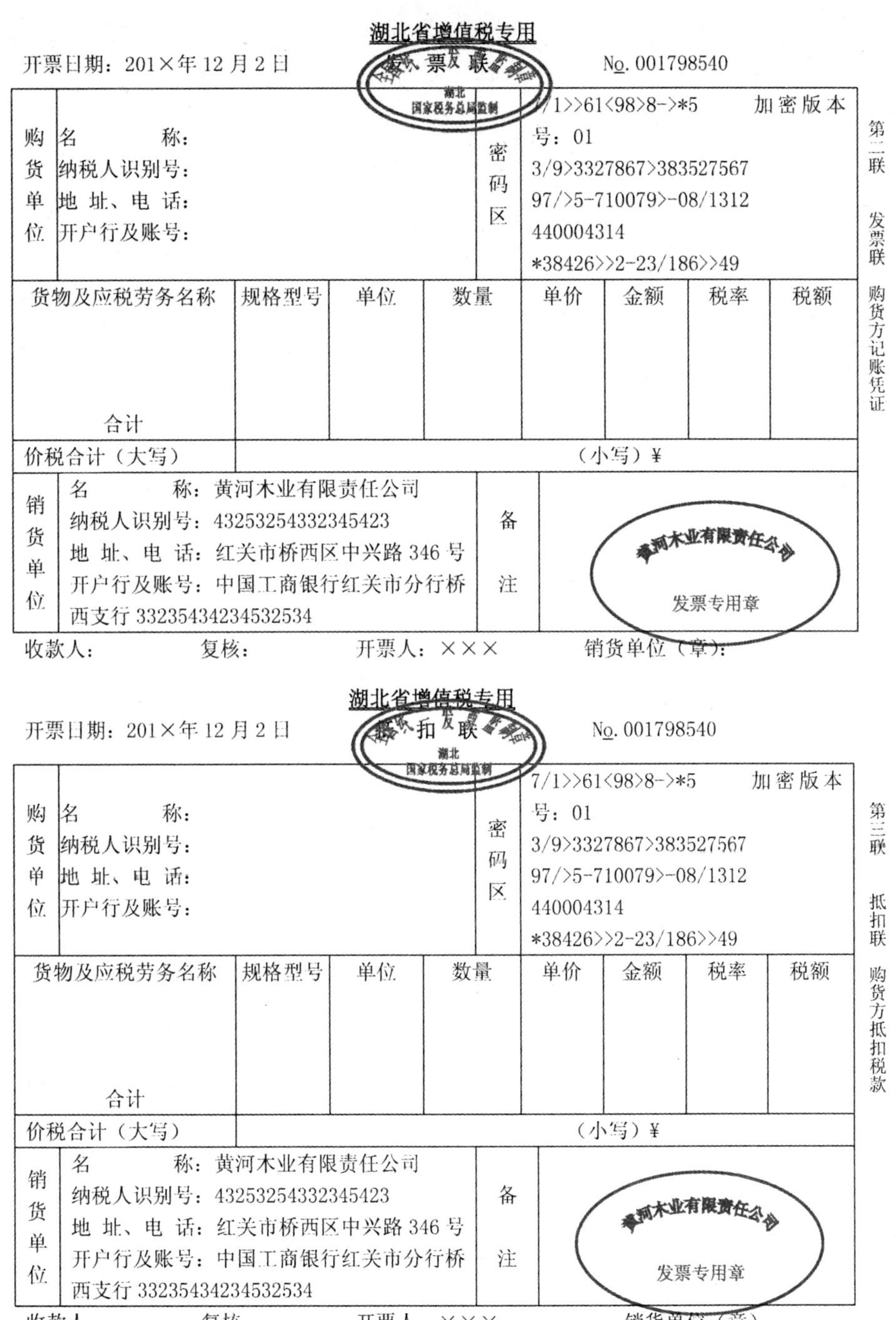

湖北省增值税专用发票

开票日期：201×年12月2日 发票联 No.001798540

购货单位	名称： 纳税人识别号： 地址、电话： 开户行及账号：	密码区	7/1>>61<98>8->*5 加密版本号：01 3/9>3327867>383527567 97/>5-710079>-08/1312 440004314 *38426>>2-23/186>>49

货物及应税劳务名称	规格型号	单位	数量	单价	金额	税率	税额
合计							
价税合计（大写）				（小写）¥			

销货单位	名称：黄河木业有限责任公司 纳税人识别号：43253254332345423 地址、电话：红关市桥西区中兴路346号 开户行及账号：中国工商银行红关市分行桥西支行33235434234532534	备注	黄河木业有限责任公司 发票专用章

收款人： 复核： 开票人：××× 销货单位（章）：

第二联 发票联 购货方记账凭证

湖北省增值税专用发票

开票日期：201×年12月2日 抵扣联 No.001798540

购货单位	名称： 纳税人识别号： 地址、电话： 开户行及账号：	密码区	7/1>>61<98>8->*5 加密版本号：01 3/9>3327867>383527567 97/>5-710079>-08/1312 440004314 *38426>>2-23/186>>49

货物及应税劳务名称	规格型号	单位	数量	单价	金额	税率	税额
合计							
价税合计（大写）				（小写）¥			

销货单位	名称：黄河木业有限责任公司 纳税人识别号：43253254332345423 地址、电话：红关市桥西区中兴路346号 开户行及账号：中国工商银行红关市分行桥西支行33235434234532534	备注	黄河木业有限责任公司 发票专用章

收款人： 复核： 开票人：××× 销货单位（章）：

第三联 抵扣联 购货方抵扣税款

4.3 日，取 5000 元现金备用。

中国工商银行现金支票存根

支票号码：01887323

附加信息：

出票日期　　年　月　日

收款人：
金　额：
用　途：

单位主管　　　　会计

中国工商银行　　现金支票　　№：01887323

本支票付款期限十天

出票日期（大写）　　年　　月　　日　付款行名称：

收款人：　　　　　　　　　　　　　　出票人账号：

人民币（大写）	亿	千	百	十	万	千	百	十	元	角	分

用途

上列款项请从

我账户内支付

出票人签章　　　　　　　　复核　　　　记账

5.4 日，以现金方式向保险公司上交下一年度汽车保险费用。

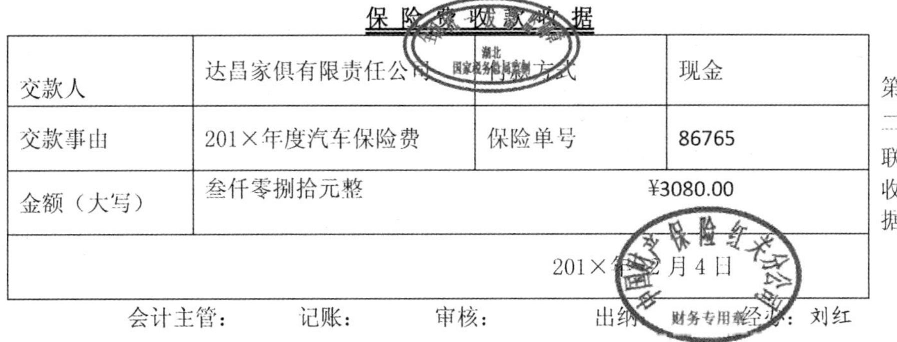

中国财产保险公司

保险费收款收据

交款人	达昌家俱有限责任公司	付款方式	现金
交款事由	201×年度汽车保险费	保险单号	86765
金额（大写）	叁仟零捌拾元整		¥3080.00
			201×年12月4日

会计主管：　记账：　审核：　出纳：　经办：刘红

第二联 收据

6.5 日，从黄河木业有限责任公司购入 H1 型木板入库。

公路、内河货物运输业统一发票（代开）

开票日期：201×年12月5日　　　　№.00256010768

机打代码 机器编号	00125320 20061009	税控码	
收货人及 纳税人识别号	达昌家俱有限责任公司 3245679765456806	承运人及纳 税人识别号	红关神龙汽车运输队 359291040065796
运输项目 及金额	公路货物运输 500.00	其他及 金额	（手写无效） 代开单位盖章
运费小计	¥500.00	其他费用小计	¥0.00
合计（大写）	伍佰元整		（小写）¥500.00
代开单位及 代号	红关市地方税务局 354020876	扣缴税额、税率完 税凭证号码	¥330.00（税率）6.6% 20061007402

（注：暂不考虑运费的增值税进项税抵扣）　　　开票人：张瑜

第二联 发票联 付款方记账凭证

收料单

201×年12月5日 N o. 045302

供货单位:黄河木业有限责任公司						实际成本										
编号	材料名称	规格	送验数量	实收数量	单位	单价	运杂费	金额								
								百	十	万	千	百	十	元	角	分
合计																
备注:								附单据 张								

第二联 送会计部分

主管: 会计: 保管:胡林 复核: 验收:胡林

7.6日,生产车间领用H1型木板进行生产。

领料单

领用单位:1号生产车间 201×年12月6日 凭证编号:087

用 途:生产电脑椅 发料仓库:2号

材料编号	材料名称	规格	计量单位	数量		单价	金额
				请领	实发		
002	木板	H1	块	200	200	350	70000
合计		柒万元整					¥70000
备注						附单据2张	

第二联

领料人:张一兵 发料人:胡林 领料部门负责人:樊小曼

8.6 日，2 号生产车间领用油漆。

领料单

领用单位：2 号生产车间　　201×年 12 月 6 日　　凭证编号：088

用　途：生产电脑椅　　发料仓库：2 号

材料编号	材料名称	规　格	计量单位	数　量		单　价	金　额
				请领	实发		
003	油漆	HX	桶	100	100	100	10000
合　计		壹万元整					￥10000
备注						附单据 2 张	

第二联

领料人：李凡　　发料人：胡林　　领料部门负责人：樊小曼

9.7 日，厂办人员用现金购买办公用记录本等。

湖北省国家税务局通用手工发票

发票联　湖北　国家税务总局监制

单位（姓名）：达昌家俱有限责任公司　　开票时间：201×年 12 月 7 日

项目内容	单　位	数　量	单　价	百	十	万	千	百	十	元	角	分
记录本	本	10	15					1	5	0	0	0
水笔	支	20	2						4	0	0	0
笔芯	支	20	0.5						1	0	0	0
小写金额合计							￥	2	0	0	0	0
大写金额　⊕佰⊕拾⊕万⊕仟贰佰零拾零元零角零分												

（金额栏标题：金　额）

收款单位（印章）　　开票人：王天一

达昌家俱有限责任公司

费 用 报 销 单

部　门	事　由	金　额	单据张数
厂办	购买记录本	150	1
	水笔	40	1
	笔芯	10	1
报销金额(大写)	人民币贰佰元整		¥200.00

审批:吴明　　　　报销人:杨晶

10.8 日,车间以现金购买打印纸及墨盒。

湖北省国家税务局通用手工发票

发 票 联

单位（姓名）：达昌家俱有限责任公司　　　　开票时间：201×年 12 月 8 日

项目内容	单　位	数　量	单　价	金额								
				百	十	万	千	百	十	元	角	分
打印纸	包	8	20					1	6	0	0	0
墨盒	个	1	40						4	0	0	0
小写金额合计							¥	2	0	0	0	0
大写金额　⊕佰⊕拾⊕万⊕仟贰佰零拾零元零角零分												

收款单位（印章）　　　　开票人：王天一

达昌家俱有限责任公司

费 用 报 销 单

部　门	事　由	金　额	单据张数
报销金额(大写)	¥		

审批：　　　　　　　　　　　　　　　　　　　　　　　　　报销人:林童

11.9 日,开出转账支票,支付职工培训费用。

湖北省行政事业单位收费收据

全国统一发票监制章 湖北 地方税务局监制

交款单位：达昌家俱有限责任公司	收款方式：　支票
交款金额：人民币（大写）叁仟元整	¥3000.00
收款事由： 职工培训费	
	日期：201×年 12 月 9 日

第一联收据

单位盖章：　　财会主管：　记账：　出纳：　　复核：　　经办：刘红

中国工商银行转账支票存根	中国工商银行　转账支票　No：01447366
支票号码：01447366	出票日期（大写）　年　月　日　付款行名称：
附加信息：	收款人：　　　　出票人账号：
	人民币（大写）　亿 千 百 十 万 千 百 十 元 角 分
	用途＿＿＿＿＿＿
出票日期　年　月　日	上列款项请从
收款人：	我账户内支付
金　额：	达昌家俱有限责任公司 财务专用章
用　途：	出票人签章　　　　　复核　　　记账
单位主管　　　会计	本支票付款期限十天

12.10 日，报废车床一台，以现金支出清理费用 150 元。

固定资产卡片（正）　　号码　100185

名称	车床	资产编号	2—10068
型号(结构)		规格	HI
制(建)造厂	北京机械厂	出厂时间	2006 年
使用单位	运输车间	出厂编号	
资金来源		折旧年限	10 年
列账凭证		启用年月	2006 年 12 月
附件或附属物		固定资产原价	12.4 万元
		年折旧率	
调拨转移记录		预计净残值	6200 元
报废清理记录		备注	折旧方法:工作量法
中间停用记录			

折旧记录（背）　　折旧方法:工作量法

原值:124 000 元　预计净残值：　6200 元　预计工作量:50 万次使用　每公里折旧额:0.2356									
年份	年工作量	月折旧额	年折旧额	累计折旧额	年份	年工作量	月折旧额	年折旧额	累计折旧额
2007	55000		12958	12958	2012	50000		11780	74214
2008	55000		12958	25916	2013	45000		10602	84816
2009	55000		12958	38874	2014	45000		10602	95418
2010	50000		11780	50654	2015	45000		10602	106020
2011	50000		11780	62434	2016	40000		9424	115444

固定资产报废申请书

申报单位：达昌家俱有限责任公司　　　　厂固定资产编号：2－10068

名称	车床	出厂时间		出厂编号	
型号、规格	HI	投产时间		单位	台
制造厂		使用单位	一号车间		
原值(元)	124000	净值(元)	8556		
已折旧(元)	115444	残值(元)	3000		
报废原因：	该车床已达到报废状态。 报告人：赵海 201×年12月5日				
资产管理部门意见	同意报废 201×年12月10日		厂部意见	同意报废 201×年12月10日	

报废车床回收证明

201×年12月10日

交车单位（车主）	达昌家俱有限责任公司	单位性质	国有	地址	河北省红关市建设区解放路126号
资产编号	2－10068	类型	生产用	厂牌型号	国产
发证单位（章）	市地主管部门（章） 经办人： 201×年12月10日		收车单位（章） 经办人： 201×年12月10日		
备注					

中国工商银行进账单（收账通知）　1

201×　年12　月10　日　　　　第323号

收款人	全　　称	达昌家俱有限责任公司	付款人	全　　称	红关市回收公司
	账　　号	473637282745		账　　号	145685088086
	开户银行	红关工行建设支行		开户银行	红关工行营业部
人民币（大写）	叁万元整			千百十万千百十元角分	¥ 3 0 0 0 0 0 0
票据种类	转帐支票112	中国工商银行红关市建设支行 转讫 收款人开户行盖章			
票据张数	1张				
单位主管：　会计： 复　　核：　记账：					

此联是持票人开户行给持票人的收帐通知

固定资产清理损益计算表

201×年 12 月 10 日

清理项目	货车	清理原因	报废
固定资产清理借方发生额		固定资产清理贷方发生额	
清理支出内容	金额	清理收入内容	金额
固定资产净值	8556.00	固定资产报废残值	3000.00
清理支出	150.00		
借方合计	8706.00	贷方合计	3000.00
固定资产清理 净收益/净损失 金额：5706 元　大写：伍仟柒佰零陆元整			

复核：刘进东　　　　制单：张一鸣

13.11 日，将未到期的商业汇票进行贴现。

中国工商银行贴现凭证（收帐通知）

持票人	名称	达昌家俱有限责任公司	贴现汇票	种类	商业承兑汇票	号码	SC 02587
	账号	473637282745		发票日	201×年 11 月 11 日		
	开户银行	工行建设支行		到期日	201×年 2 月 11 日		
汇票承兑人（或银行）	名称	宏利家俬	账号	24031694122	开户银行	工行泰西营业部	
汇票金额（即贴现金额）	人民币（大写）：壹万捌千元整					千 百 十 万 千 百 十 元 角 分	¥ 1 8 0 0 0 0 0
贴现率 每月	5‰	贴现利息	¥ 9 0 0 0	实付贴现金额		千 百 十 万 千 百 十 元 角 分	¥ 1 7 9 1 0 0 0
上述款项以入你单位帐户 此致 银行盖章 201×年 12 月 11 日				备注：			

中国工商银行 红关市建设支行 转讫

此联是银行该给贴现申请人的收帐通知

申请日期 201×年 12 月 11 日　　　　No 24568

14.11 日，取现金 5000 元备用。

<table>
<tr>
<td rowspan="2">中国工商银行现金支票存根
支票号码：01887324
附加信息：

出票日期　　年　月　日
收款人：
金　额：
用　途：
单位主管　　　　会计</td>
<td>中国工商银行　　现金支票　　　　No：01887324
出票日期（大写）　　年　　月　　日　付款行名称：
收款人：　　　　　　　　　　　　　　出票人账号：</td>
</tr>
<tr>
<td>本支票付款期限十天
<table>
<tr><td rowspan="2">人民币
（大写）</td><td>亿</td><td>千</td><td>百</td><td>十</td><td>万</td><td>千</td><td>百</td><td>十</td><td>元</td><td>角</td><td>分</td></tr>
<tr><td></td><td></td><td></td><td></td><td></td><td></td><td></td><td></td><td></td><td></td><td></td></tr>
</table>
用途
上列款项请从
我账户内支付
达昌家俱有限责任公司
财务专用章
出票人签章　　　　　　复核　　　　记账</td>
</tr>
</table>

15.11 日，采购部门王小玲需要外出参加采购培训会，向财务部门预借 3000 元差旅费。

借　款　单

201×年 12 月 11 日

<table>
<tr><td colspan="6">借款部门或姓名：王小玲</td></tr>
<tr><td colspan="6">借款事由：出差</td></tr>
<tr><td colspan="6">共需天数：四天</td></tr>
<tr><td colspan="6">借款金额（人民币大写）：叁仟元整　　　　　　（小写）¥3000.00</td></tr>
<tr><td>领导批示</td><td>同意
张金山</td><td>财务负责人</td><td>同意
吴明</td><td>借款人签章</td><td>干小玲</td></tr>
</table>

16. 12 日，向银行借短期借款。

中国工商银行（短期借款）借款凭证（回单）

201×年 12 月 12 日　　　　银行编号：3040126

<table>
<tr><td>名　　称</td><td colspan="3">达昌家俱有限责任公司</td><td rowspan="3">借款单位</td><td>名　　称</td><td colspan="11">达昌家俱有限责任公司</td></tr>
<tr><td>往来账户</td><td colspan="3">47363728274532324</td><td>放款账户</td><td colspan="11">47363728274532324</td></tr>
<tr><td>开户银行</td><td colspan="3">工商银行红关市分行建设支行</td><td>开户银行</td><td colspan="11">工商银行红关市分行建设支行</td></tr>
<tr><td>还款期限</td><td colspan="3">3 个月</td><td>利率</td><td>6%</td><td colspan="4">起息日期</td><td colspan="7">201×年 12 月 12 日</td></tr>
<tr><td>申请金额</td><td colspan="4">人民币（大写）伍万元整</td><td>亿</td><td>千</td><td>百</td><td>十</td><td>万</td><td>千</td><td>百</td><td>十</td><td>元</td><td>角</td><td>分</td></tr>
<tr><td>借款原因
用　　途</td><td>周转贷款</td><td colspan="3">银行核定金额</td><td></td><td></td><td></td><td>¥</td><td>5</td><td>0</td><td>0</td><td>0</td><td>0</td><td>0</td><td>0</td></tr>
<tr><td rowspan="3" colspan="3">备注：</td><td>期限</td><td colspan="6">计划还款日期</td><td colspan="7">计划还款金额</td></tr>
<tr><td></td><td colspan="6"></td><td colspan="7"></td></tr>
<tr><td colspan="14">上述借款业已同意贷给并转入你单位往来账户，借款到期时应按期归还。　此致
借款单位
（银行盖章）　　　　201×年 12 月 12 日</td></tr>
</table>

（印章：中国工商银行 建设支行 转讫）

17. 12 日，向三星办公用品制造有限公司销售电脑桌 100 张，款项暂未结算。

湖北省增值税专用发票

（印章：全国统一发票监制章 湖北 国家税务总局监制）

记　账　联

开票日期：201×年 12 月 12 日　　　　No. 00187968

<table>
<tr><td rowspan="2">购货单位</td><td colspan="3" rowspan="2">名　　称：三星办公用品制造有限公司
纳税人识别号：5435325345253452
地 址、电 话：红关市工业园区 37-9 号
开户行及账号：工商银行红关支行 5432345234523676</td><td rowspan="2">密码区</td><td colspan="4">7/1>>61<98>8->*5　加密版本号：01
3/9>3327867>383527567
97/>5-710079>-08/1312
440004314
*38426>>2-23/186>>49
00187967</td></tr>
<tr></tr>
<tr><td colspan="2">货物及应税劳务名称</td><td>规格型号</td><td>单位</td><td>数量</td><td>单价</td><td>金额</td><td>税率</td><td>税额</td></tr>
<tr><td colspan="2">电脑桌</td><td></td><td>张</td><td>100</td><td>200</td><td>20000</td><td>17%</td><td>3400</td></tr>
<tr><td colspan="2">合计</td><td></td><td></td><td></td><td></td><td>20000</td><td></td><td>3400</td></tr>
<tr><td colspan="2">价税合计（大写）</td><td colspan="7">贰万叁仟肆佰元整　　　　（小写）¥23400.00</td></tr>
<tr><td>销货单位</td><td colspan="3">名　　称：达昌家俱有限责任公司
纳税人识别号：3245679765456806
地 址、电 话：红关市建设区解放路 126 号
开户行及账号：中国工商银行红关市分行建设支行 47363728274532324</td><td>备注</td><td colspan="4">（印章：达昌家俱有限责任公司 发票专用章）</td></tr>
</table>

第三联　记账联　销货方记账凭证

收款人：　　　复核：　　　开票人：×××　　　销货单位（章）：

18.13 日，三星机械制造有限公司开出期限为两个月的商业承兑汇票，用于结清本年度所有款项。

商业承兑汇票　2　　　　IX IV42476901

签发日期：　　年　　月　　日　　　　第　105　号

付款方	全　称				收款人	全　称											
	账　号					账　号											
	开户银行		行号			开户银行				行号							
汇票金额		人民币（大写）：						千	百	十	万	千	百	十	元	角	分
汇票到期日		年　月　日				交易合同号											
本汇票一经本单位承诺，到期日无条件支付票款。此致 付款人盖章 负责：王梅　经办：刘永　201X 年 12 月 3 日						本汇票请予以承兑与到期日付款利率（年）7.2%。 汇票签发人盖章 负责：王梅　经办：刘永　201X 年 12 月 3 日											

此联收款人开户行随结算凭证寄付款人开户行作借方凭证附件

19.14 日，出租门面房，收到押金。

门面房出租协议

第一条　本合同的各方为：

甲方：红关市达昌家俱有限责任公司（以下简称甲方）。法定地址：中国湖北省红关市建设区解放路 126 号。法人代表：张金山。

乙方：利达五金电器商行（以下简称乙方）。法定地址：中国湖北省红关市桥西区和平路 53 号。法人代表：刘立永。

第二条　甲方将拥有的门面房 150 平方米出租给乙方。租期 3 年，到期后乙方有优先租赁权。

第三条　租金每月 3000 元，每月月底支付。

第四条　为保证乙方履行义务，甲方在合同签定日收取乙方押金 10000 元，合同期满后归还乙方。

……

第八条　协议自签定之日起生效。

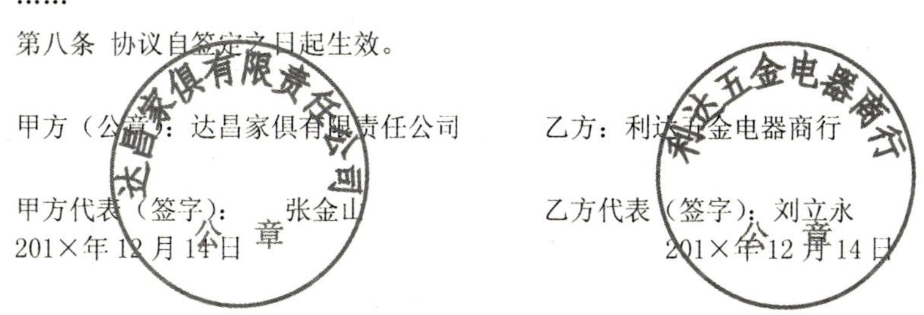

甲方（公章）：达昌家俱有限责任公司　　　　乙方：利达五金电器商行

甲方代表（签字）：　张金山　　　　乙方代表（签字）：刘立永

201×年 12 月 14 日　　　　201×年 12 月 14 日

中国工商银行进账单（收账通知）　1

201×年 12 月 14 日　　　　第 323 号

<table>
<tr><td rowspan="3">收款人</td><td>全　称</td><td>达昌家俱有限责任公司</td><td rowspan="3">付款人</td><td>全　称</td><td colspan="10">利达五金电器商行</td></tr>
<tr><td>账　号</td><td>473637282745</td><td>账　号</td><td colspan="10">432412341654665</td></tr>
<tr><td>开户银行</td><td>红关工行建设支行</td><td>开户银行</td><td colspan="10">红关建行营业部</td></tr>
<tr><td rowspan="2" colspan="2">人民币（大写）</td><td rowspan="2" colspan="3">壹万元整</td><td>千</td><td>百</td><td>十</td><td>万</td><td>千</td><td>百</td><td>十</td><td>元</td><td>角</td><td>分</td></tr>
<tr><td></td><td></td><td>¥</td><td>1</td><td>0</td><td>0</td><td>0</td><td>0</td><td>0</td><td>0</td></tr>
<tr><td colspan="2">票据种类</td><td>转帐支票 432</td><td colspan="12" rowspan="4">中国工商银行
红关市建设支行
转讫
收款人开户行盖章</td></tr>
<tr><td colspan="2">票据张数</td><td>1 张</td></tr>
<tr><td colspan="3">单位主管：　　会计：</td></tr>
<tr><td colspan="3">复　核：　　记账：</td></tr>
</table>

此联是持票人开户行给持票人的收帐通知

20.15 日，向证券投资账户划出资金。

中国工商银行进 账 单（受理证明）　1

201X 年 12 月 15 日　　　　第　01324　号

<table>
<tr><td rowspan="3">收款人</td><td>全　称</td><td>达昌家俱有限责任公司（投资专户）</td><td rowspan="3">付款人</td><td>全称</td><td colspan="10">达昌家俱有限责任公司</td></tr>
<tr><td>账　号</td><td>1455661247－3265</td><td>账　号</td><td colspan="10">1473637282745</td></tr>
<tr><td>开户银行</td><td>红关工商银行证券部</td><td>开户银行</td><td colspan="10">红关工行建设支行</td></tr>
<tr><td rowspan="2" colspan="2">人民币（大写）</td><td rowspan="2" colspan="3">伍拾万元整</td><td>千</td><td>百</td><td>十</td><td>万</td><td>千</td><td>百</td><td>十</td><td>元</td><td>角</td><td>分</td></tr>
<tr><td></td><td>¥</td><td>5</td><td>0</td><td>0</td><td>0</td><td>0</td><td>0</td><td>0</td><td>0</td></tr>
<tr><td colspan="2">票据种类</td><td>转账支票</td><td colspan="12" rowspan="3">中国工商银行
红关市建设支行
收款单位开户行盖章</td></tr>
<tr><td colspan="2">票据张数</td><td>1</td></tr>
<tr><td colspan="3">单位主管　　会计
复核　　记账</td></tr>
</table>

此联是收款人开户银行给收款人的回单

21.15 日，王小玲出差回来报销差旅费。

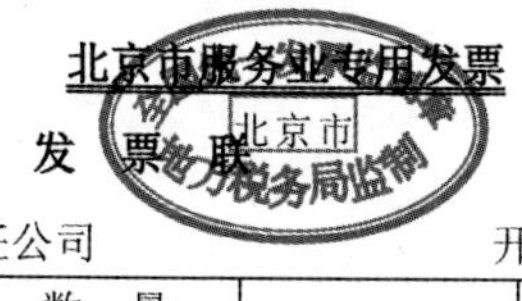

北京市服务业专用发票

发　票联

单位（姓名）：达昌家俱有限责任公司　　　　开票时间：201X 年 12 月 14 日

服务项目	单　位	数　量	单　价	百	十	万	千	百	十	元	角	分
住宿费	天	4	150					6	0	0	0	0
小写金额合计							¥	6	0	0	0	0
大写金额　⊕佰⊕拾⊕万⊕仟陆佰零拾零元零角零分												

收款单位（印章）　　　　开票人：孙小兵

北京市行政事业性收费专用票据

201X 年 12 月 11 日

交款单位或个人	达昌家俱有限责任公司	收费许可证号									200501208
收费项目名称	收费标准	金额									备注
		百	十	万	千	百	十	元	角	分	
培训费	1000				1	0	0	0	0	0	
金额大写	人民币壹仟元整			¥	1	0	5	0	0	0	

收款单位（印章）　　　　开票人：张军强

票据粘贴处	票据粘贴单 年　月　日
	本张金额：　　　元
	附　　件：　　　张
	报销部门：
	报　销　人：
	报销单位 负　责　人：
	会计审查：
	项　　目：
	人民币（大写）

10Z054945　　红站 售
红关东——▶北京西　　T70 次
201X年12月11日　14：19开　08车12号下铺
全　价　280.00 元　　新空调硬座特快卧
限乘当日当次车
在 6 日内到有效

H033755　　京 B 售
北京西——▶红关东　　T69 次
201X年12月14日　19：24开　10车5号下铺
全　价　280.00 元　　新空调硬座特快卧
限乘当日当次车
在 3 日内到有效

北京巴士股份有限公司（一）专线票
票价：**2** 元　6095750
报销凭证

北京巴士股份有限公司（一）专线票
票价：**2** 元　6095089
报销凭证

北京巴士股份有限公司（一）专线票
票价：**2** 元　6034638
报销凭证

北京巴士股份有限公司（一）专线票
票价：**2** 元　6034059
报销凭证

北京巴士股份有限公司（二）专线票
票价：**4** 元　4340698
报销凭证

北京巴士股份有限公司（二）专线票
票价：**4** 元　4340563
报销凭证

北京巴士股份有限公司（二）专线票
票价：**4** 元　4340746
报销凭证

北京巴士股份有限公司（二）专线票
票价：**4** 元　0440532
报销凭证

北京巴士股份有限公司（二）专线票
票价：**4** 元　4340465
报销凭证

北京巴士股份有限公司（二）专线票
票价：**4** 元　4044067
报销凭证

北京巴士股份有限公司（三）专线票
票价：**4** 元　8343565
报销凭证

北京巴士股份有限公司（三）专线票
票价：**4** 元　8347355
报销凭证

差旅费报销单

报销部门：　　　　　　　　　　　　　　　　　　　　　　　　年　月　日

<table>
<tr><td colspan="2">姓名</td><td></td><td>职务</td><td colspan="2"></td><td colspan="2">出差事由</td><td colspan="3"></td></tr>
<tr><td colspan="13">出差起止日期自　年　月　日起至　年　月　日共天　附单据　张</td></tr>
<tr><td colspan="2">日　期</td><td rowspan="2">起讫地点</td><td colspan="3">差旅补助</td><td rowspan="2">交通费</td><td rowspan="2">住宿费</td><td rowspan="2">会务费</td><td rowspan="2">其他</td><td rowspan="2">小计</td></tr>
<tr><td>月</td><td>日</td><td>天数</td><td>标准</td><td>金额</td></tr>
<tr><td></td><td></td><td></td><td></td><td></td><td></td><td></td><td></td><td></td><td></td><td></td></tr>
<tr><td></td><td></td><td></td><td></td><td></td><td></td><td></td><td></td><td></td><td></td><td></td></tr>
<tr><td></td><td></td><td></td><td></td><td></td><td></td><td></td><td></td><td></td><td></td><td></td></tr>
<tr><td></td><td></td><td>合　计</td><td></td><td></td><td></td><td></td><td></td><td></td><td></td><td></td></tr>
<tr><td colspan="11">合计人民币(大写)</td></tr>
<tr><td colspan="4">预领金额：</td><td colspan="7">交(退)回金额　元　应补付金额　元</td></tr>
</table>

单位负责人：　　　　会计主管：　　　　部门主管：　　　　报销人：

22.16 日，向湖北机械制造有限公司购入切割机床，并结清货款。

湖北省增值税专用发票
抵　扣　联

开票日期：201×年 12 月 16 日　　　　　　　　　　No. 4537333467798

<table>
<tr><td>购货单位</td><td colspan="4">名　　　称：达昌家俱有限责任公司
纳税人识别号：3245679765456806
地 址、电 话：红关市建设区解放路 126 号
开户行及账号：中国工商银行红关市分行建设支行 47363728274532324</td><td>密码区</td><td colspan="3">7/1>>61<98>8->*5　加密版本号：01
3/9>3327867>383527567
97/>5-710079>-08/1312
440004314
*38426>>2-23/186>>49　00187967</td></tr>
<tr><td colspan="2">货物及应税劳务名称</td><td>规格型号</td><td>单位</td><td>数量</td><td>单价</td><td>金额</td><td>税率</td><td>税额</td></tr>
<tr><td colspan="2">切割机</td><td>YM</td><td>台</td><td>2</td><td>10000</td><td>20000</td><td>17%</td><td>3400</td></tr>
<tr><td colspan="2">合计</td><td></td><td></td><td></td><td></td><td>20000</td><td></td><td>3400</td></tr>
<tr><td colspan="2">价税合计（大写）</td><td colspan="7">贰万叁仟肆佰元整　　　　（小写）¥23400.00</td></tr>
<tr><td>销货单位</td><td colspan="4">名　　　称：湖北机械制造有限公司
纳税人识别号：65434563453423452
地 址、电 话：龙泉市江华工业园区 74 号
开户行及账号：中国工商银行龙泉市分行江华支行 33235434234532534</td><td>备注</td><td colspan="3">湖北机械制造有限公司
发票专用章</td></tr>
</table>

收款人：　　　　复核：　　　　开票人：×××　　　　销货单位（章）：

第三联　抵扣联　购货方抵扣税款

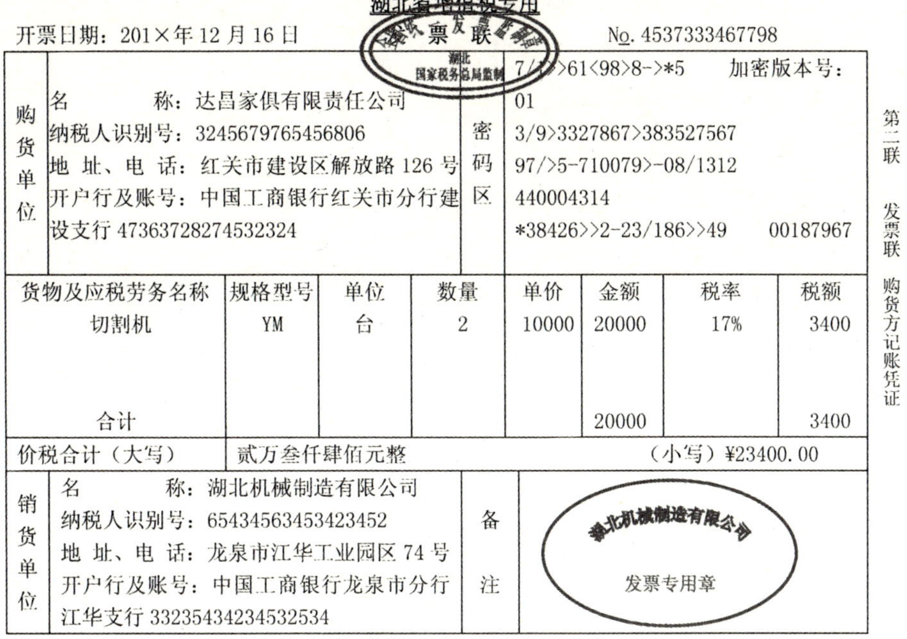

湖北省增值税专用发票 发票联

开票日期：201×年12月16日　　No. 4537333467798

购货单位	名　称：达昌家俱有限责任公司 纳税人识别号：3245679765456806 地址、电话：红关市建设区解放路126号 开户行及账号：中国工商银行红关市分行建设支行47363728274532324	密码区	7/4>>61<98>8->*5　加密版本号：01 3/9>3327867>383527567 97/>5-710079>-08/1312　440004314 *38426>>2-23/186>>49　00187967

货物及应税劳务名称	规格型号	单位	数量	单价	金额	税率	税额
切割机	YM	台	2	10000	20000	17%	3400
合计					20000		3400
价税合计（大写）	贰万叁仟肆佰元整				（小写）¥23400.00		

销货单位	名　称：湖北机械制造有限公司 纳税人识别号：65434563453423452 地址、电话：龙泉市江华工业园区74号 开户行及账号：中国工商银行龙泉市分行江华支行33235434234532534	备注	湖北机械制造有限公司 发票专用章

收款人：　　复核：　　开票人：×××　　销货单位（章）：

第二联 发票联 购货方记账凭证

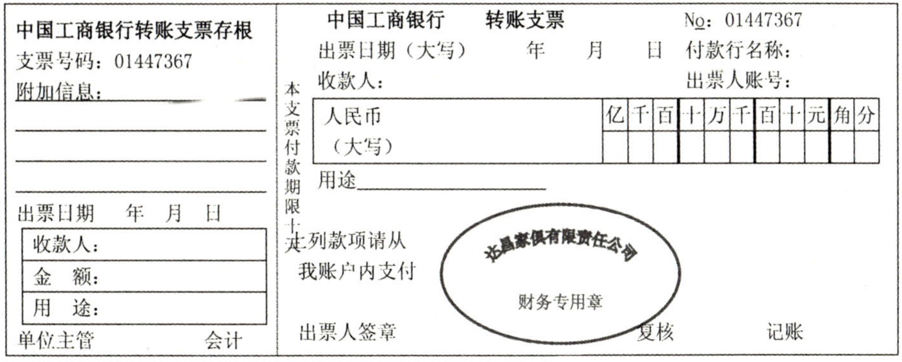

中国工商银行转账支票存根	中国工商银行　转账支票　No：01447367
支票号码：01447367 附加信息： 出票日期　年　月　日 收款人： 金　额： 用　途： 单位主管　　会计	出票日期（大写）　年　月　日　付款行名称： 收款人：　出票人账号： 人民币（大写）　亿 千 百 十 万 千 百 十 元 角 分 用途＿＿＿＿ 本支票付款期限十天 上列款项请从我账户内支付 达昌家俱有限责任公司 财务专用章 出票人签章　　复核　　记账

固定资产验收交接单　　No. 00087562

201×年12月16日　　金额单位：元

资产编号	资产名称	型号规格或结构面积	计量单位	数量	设备价值或工程造价	设备基础及安装费用	附加费用	合计
	切割机		台	2	20000			20000
资产来源		购入	耐用年限		10年	主要附属设备	1	
制造厂名		湖北机械制造有限公司	估计残值		1000		2	
制造日期及编号		201×年6月15日	基本折旧率				3	
工程项目或使用部门		生产车间	复杂系数				4	

本单分送财务部门、交接部门及上级资产管理部门

23. 17日，以现金支付业务招待费用。

红关市饮食业统一发票

客户名称：达昌家俱有限责任公司　　201×年12月17日

项目	单位	数量	单价	金额 万	千	百	十	元	角	分	备注
餐费						2	5	0	0	0	
合计人民币（大写）贰佰伍拾元整					¥	2	5	0	0	0	

填票人：王丽　　收款人：林芒　　开票单位（盖章）：

此联为报销凭据

24. 17 日，以现金缴纳环境污染罚款费用 500 元。

湖北省非税收入一般缴款书（收 据）4　　No920191541×

填制日期：201×年 12 月 17 日　　　　执收单位名称：红关市环境保护分局

付款人			收款人		
付款人	全　称	达昌家俱有限责任公司	收款人	全　称	红关市环境保护分局
	账　号	47363728274532324		账　号	建设行江山中路分理处
	开户银行	工商银行红关市分行建设支行		开户银行	42134164345645O9878

币 种：人民币	金 额（大写）伍佰元整			（小写）¥500.00	
项目编码	项 目 名 称	单 位	数 量	标 准	金 额
5203[illegible]	环境污染罚款	元	1		¥500.00
执收单位（盖章） 经办人（签章）胡丽丽			备注：		

25. 18 日，上交上月未交税金。

中华人民共和国　　　　国

税收缴款书

隶属关系：县级市　　　　湖地缴电 20153738382 号

注册类型：其他有限责任公司　填发日期：201×年 12 月 18 日　征收机关：昌吉市国税局

缴款单位			预算科目		
缴款单位	代　码	3245679765456806	预算科目	编 码	084
	全　称	达昌家俱有限责任公司		款 项	营业税
	开户银行	工商银行红关市分行建设支行		级 次	县（市）级
	账　号	47363728274532324	收缴国库		红关市支库

税款所属时期 201×年 11 月 日			税款限缴日期 201×年 12 月 20 日		
品目名称	课税数量	计税金额或销售收入	税率或单位税额	已缴或扣除额	实缴金额
增值税		35000.00	17%		5000.00
金额合计（大写）伍仟元整			（小写）¥5000.00		
经办人：张美丽	填票人：刘敏	上列款项已核收记入收款单位账户 国库（银行）盖章		备注	

第一联收据国库收款盖章后退缴

中华人民共和国　　　　　　　地

隶属关系：县级市　　　**税收缴款书**　　　湖地缴电 20153738382 号

注册类型：其他有限责任公司　填发日期：201×年 12 月 18 日　征收机关：昌吉市地税局

<table>
<tr><td rowspan="4">缴款单位</td><td>代　码</td><td colspan="2">3245679765456806</td><td rowspan="3">预算科目</td><td>编 码</td><td colspan="2">014</td></tr>
<tr><td>全　称</td><td colspan="2">达昌家俱有限责任公司</td><td>款 项</td><td colspan="2">营业税</td></tr>
<tr><td>开户银行</td><td colspan="2">工商银行红关市分行建设支行</td><td>级 次</td><td colspan="2">县（市）级</td></tr>
<tr><td>账　号</td><td colspan="2">47363728274532324</td><td colspan="2">收缴国库</td><td colspan="2">红关市支库</td></tr>
<tr><td colspan="4">税款所属时期　201×年 11 月　日</td><td colspan="4">税款限缴日期　201×年 12 月 20 日</td></tr>
<tr><td colspan="2">品目名称</td><td>课税数量</td><td>计税金额或销售收入</td><td colspan="2">税率或单位税额</td><td>已缴或扣除额</td><td>实缴金额</td></tr>
<tr><td colspan="2">城市维护建设税</td><td></td><td>8571.42</td><td colspan="2">7%</td><td></td><td>600.00</td></tr>
<tr><td colspan="8">金额合计（大写）陆佰元整　　　　（小写）¥600.00</td></tr>
<tr><td colspan="2">经办人：张美丽</td><td colspan="2">填票人：刘敏</td><td colspan="3">上列款项已核收记入收款单位账户
国库（银行）盖章</td><td>备注</td></tr>
</table>

第一联收据国库收款盖章后退缴

中华人民共和国　　　　　　　国

隶属关系：县级市　　　**税收缴款书**　　　湖地缴电 20153738382 号

注册类型：其他有限责任公司　填发日期：201×年 12 月 18 日　征收机关：昌吉市国税局

<table>
<tr><td rowspan="4">缴款单位</td><td>代　码</td><td colspan="2">3245679765456806</td><td rowspan="3">预算科目</td><td>编 码</td><td colspan="2">025</td></tr>
<tr><td>全　称</td><td colspan="2">达昌家俱有限责任公司</td><td>款 项</td><td colspan="2">所得税</td></tr>
<tr><td>开户银行</td><td colspan="2">工商银行红关市分行建设支行</td><td>级 次</td><td colspan="2">县（市）级</td></tr>
<tr><td>账　号</td><td colspan="2">47363728274532324</td><td colspan="2">收缴国库</td><td colspan="2">红关市支库</td></tr>
<tr><td colspan="4">税款所属时期　201×年 11 月　日</td><td colspan="4">税款限缴日期　201×年 12 月 20 日</td></tr>
<tr><td colspan="2">品目名称</td><td>课税数量</td><td>计税金额或销售收入</td><td colspan="2">税率或单位税额</td><td>已缴或扣除额</td><td>实缴金额</td></tr>
<tr><td colspan="2">所得税</td><td></td><td>1200000.00</td><td colspan="2">25%</td><td></td><td>30000.00</td></tr>
<tr><td colspan="8">金额合计（大写）叁万元整　　　　（小写）¥30000.00</td></tr>
<tr><td colspan="2">经办人：张美丽</td><td colspan="2">填票人：刘敏</td><td colspan="3">上列款项已核收记入收款单位账户
国库（银行）盖章</td><td>备注</td></tr>
</table>

第一联收据国库收款盖章后退缴

26.18 日，因产品更新需要，出售不需用油漆 100 桶。

湖北省增值税专用发票

记账联

开票日期：201×年 12 月 18 日　　　　No. 00187969

购货单位	名　　称：湖北省红关市兴新家装公司 纳税人识别号：737363222239383 地 址、电 话：红关市贤因路 608 号 开户行及账号：中国工商银行红关市分行贤因支行 4736282764320292020	密码区	7/1>>61<98>8->*5　加密版本号：01 3/9>3327867>383527567 97/>5-710079>-08/1312 440004314 *38426>>2-23/186>>49 00187967

货物及应税劳务名称	规格型号	单位	数量	单价	金额	税率	税额
油漆	HX	桶	100	100	10000	17%	1700
合计					10000		1700
价税合计（大写）	壹万壹仟柒佰元整			（小写）¥11700.00			

销货单位	名　　称：达昌家俱有限责任公司 纳税人识别号：3245679765456806 地 址、电 话：红关市建设区解放路 126 号 开户行及账号：中国工商银行红关市分行建设支行 47363728274532324	备注	达昌家俱有限责任公司 发票专用章

收款人：　　复核：　　开票人：×××　　销货单位（章）：

第一联　记账联　销货方记账凭证

27.19 日，以现金支付下季度的广告费用。

湖北广告业专用发票　　No. 0056384

项　目	单　位	数　量	单　价	十	万	千	百	十	元	角	分
广告费	次	1	2000			2	0	0	0	0	0
合计人民币（大写）贰仟元整				¥2000.00							

（金额：十 万 千 百 十 元 角 分）

客户名称：达昌家俱有限责任公司　　201×年 12 月 19 日

单位：（盖章）　　红关市创意广告有限公司 发票专用章　　开票人：张培青

28.19 日，因车间及厂部维修需要领用木板和油漆。

领料单

领用单位：1 号生产车间　　　　201×年 12 月 19 日　　　　凭证编号：089

用　途：维修用　　　　　　　　　　　　　　　　　　　　发料仓库：2 号

材料编号	材料名称	规　格	计量单位	数　量		单　价	金　额
				请领	实发		
002	木板	H1	块	0.5	0.5	350	175
合　计		壹佰柒拾伍元整					￥175.00
备注						附单据　张	

第二联

领料人：张小阳　　发料人：胡林　　领料部门负责人：樊小曼

领料单

领用单位：厂部　　　　201×年 12 月 19 日　　　　凭证编号：090

用　途：维修用　　　　　　　　　　　　　　　　　　　　发料仓库：2 号

材料编号	材料名称	规　格	计量单位	数　量		单　价	金　额
				请领	实发		
002	木板	H1	块	0.5	0.5	350	175
003	油漆	HX	桶	1	1	100	100
合　计		贰佰柒拾伍元整					￥275.00
备注						附单据 2 张	

第二联

领料人：张阳　　发料人：胡林　　领料部门负责人：樊小曼

29. 20 日，宏发有限责任公司购买电脑桌及配套电脑椅 1000 套，款项未结。

湖北省增值税专用发票

记　账　联

开票日期：201×年 12 月 20 日　　　　No. 00187970

购货单位	名　　称：宏发有限责任公司 纳税人识别号：4321234543654577 地址、电话：红关市工业园区 37-9 号 开户行及账号：工商银行红关支行 654356567897809	密码区	7/1>>61<98>8->*5　加密版本号：01 3/9>3327867>383527567 97/>5-710079>-08/1312 440004314 *38426>>2-23/186>>49 00187967

货物及应税劳务名称	规格型号	单位	数量	单价	金额	税率	税额
电脑桌		张	1000	200	20000	17%	3400
电脑椅		把	1000	150	15000	17%	2550
合计					35000		5950
价税合计（大写）	肆万零玖佰伍拾元整			（小写）¥40950.00			

销货单位	名　　称：达昌家俱有限责任公司 纳税人识别号：3245679765456806 地址、电话：红关市建设区解放路 126 号 开户行及账号：中国工商银行红关市分行建设支行 47363728274532324	备注	达昌家俱有限责任公司 发票专用章

收款人：　　　复核：　　　开票人：×××　　　销货单位（章）：

第二联　记账联　销货方记账凭证

30. 20 日，收到诚达家具广场所欠货款 10000 元。

中国工商银行进账单（收账通知）　1

201×年 12 月 20 日　　　　第 21 号

出票人	全　　称	诚达家具广场	持票人	全　　称	达昌家俱有限责任公司
	账　　号	3600044900652377218		账　　号	6753098698657899761
	开户银行	武汉市石化支行		开户银行	红关市分行建设支行
人民币（大写）壹万元整				千百十万千百十元角分	¥1000000
票据种类	转账支票		中国工商银行 红关市建设支行 转讫		
票据张数	1				
单位主管　会计 复核　记账			持票人开户行盖章		

此联是持票人开户银行交给持票人的收账通知

31.20 日，收到生产一车间职工黄敏由于违规操作设备，交来罚款200元。

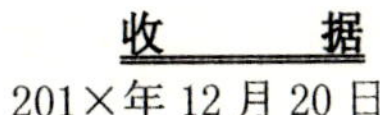
收　据

201×年 12 月 20 日　　　　No. 0004282

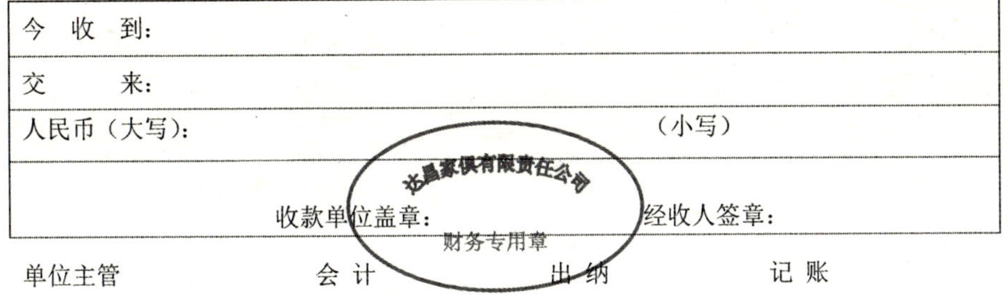

今　收　到：
交　　　来：
人民币（大写）：　　　　　　（小写）
收款单位盖章：　　　　经收人签章：

单位主管　　　　会计　　　　出纳　　　　记账

32.21 日，生产车间领用木板、油漆进行生产。

领料单

领用单位：1 号生产车间　　　201×年 12 月 21 日　　　凭证编号：091

用　途：生产电脑桌　　　　　　　　　　　　发料仓库：2 号

材料编号	材料名称	规　格	计量单位	数　量		单　价	金　额
				请领	实发		
002	木板	H1	块	100	100	350	35000
合　计		叁万伍仟元整					¥35000
备注						附单据 2 张	

第二联

领料人：李凡　　发料人：胡林　　领料部门负责人：樊小曼

领料单

领用单位：2号生产车间　　　　201×年12月21日　　　　凭证编号：092

用　途：生产电脑椅　　　　　　　　　　　　　　　　发料仓库：2号

材料编号	材料名称	规　格	计量单位	数　量		单　价	金　额
				请领	实发		
003	油漆	HX	桶	50	50	100	5000
合　计		伍仟元整					￥5000
备注						附单据2张	

第二联

领料人：李凡　　发料人：胡林　　领料部门负责人：樊小曼

33.21日，通过银行结清东山有限责任公司货款。

中国工商银行电汇凭证（回单）1

汇款单位编号　　　　委托日期：201×年12月21日　　　　第0789209号

收款单位	全　称		东山有限责任公司		汇款单位	全　称		
	账号或住址		322235345667654			账号或住址		
	汇入地点	湖北省红关市	汇入行名称	红关市工商银行良亚分行		汇出地点	汇出行名称	
金额	人民币（大写）					千 百 十 万 千 百 十 元 角 分		
汇款用途：货款					（汇出行盖章） 中国工商银行红关市建设支行 付讫			
上列款项已根据委托办理，如需查询，请持此回单来行面洽。 单位主管：　会计：　复核：　记账：								

34.22日，开出支票，向希望工程捐款5000元。

希望工程捐款收据
希望工程基金会捐款专用

201×年12月22日

今收到：达昌家俱有限责任公司希望工程捐款

金额（大写）伍仟元整　　¥5000.00

希望工程基金会（章）　　复核：米一枚　　制单：汪海力

（印章：玉关市人民政府 财务专用章）

中国工商银行转账支票存根	中国工商银行　转账支票　№：01447367
支票号码：01447365	出票日期（大写）　年　月　日　付款行名称：
附加信息：	出票人账号：
	人民币（大写）　亿 千 百 十 万 千 百 十 元 角 分
出票日期：	本支票付款期限十天　收款人：
收款人：	用途
金　额：	上列款项请从我账户内支付
用　途：	出票人签章（印章：达昌家俱有限责任公司 财务专用章）　复核　记账
单位主管　会计	

35. 22日，T117机床验收。

固定资产交接（验收）单

201×年12月22日

固定资产编号	名称	规格	型号	计量单位	数量	建造单位	建造编号	资金来源	附属技术资料
20－7	T117机床			台	1			自有	
总价（净值）	土建工程费	设备费	安装费	运杂费	包装费	其他	合计	预计年限	净残值率
		280800	2000				282800	10	5%
附属设备或建筑						原值		已提折旧	
验收意见	合格，交生产使用		验收人签章	王一		保管使用人签章		张雨	

36.22 日，本厂职工因家属病重，生活负担较重，以现金方式发放生活困难补助费 300 元。

职工困难补助申请表(代现金收据)

201×年 12 月 25 日

<table>
<tr><td colspan="2">申请人姓名</td><td colspan="2">李美</td><td colspan="2">所在部门</td><td colspan="2">生产车间</td></tr>
<tr><td colspan="2">家庭人口</td><td colspan="2">5 口，1 人工作</td><td colspan="2">家庭人均月生活费</td><td colspan="2">不足 300 元</td></tr>
<tr><td colspan="2">申请困难补助理由</td><td colspan="6">家属病重，生活困难</td></tr>
<tr><td colspan="2">申请金额</td><td colspan="6">300 元</td></tr>
<tr><td>所在部门意见</td><td>属实
李文斌</td><td>工会意见</td><td>同意
张爱国</td><td>单位负责人</td><td>同意
张金山</td><td>会计主管</td><td>吴明</td></tr>
<tr><td colspan="5">人民币(大写)叁佰元整</td><td>收款人签名</td><td colspan="2">李美</td></tr>
</table>

37.23 日，因产品更新换代需要，出售光谱仪一台。

固定资产出售(调拨)单

201×年 12 月 23 日

<table>
<tr><td rowspan="9">固定资产出售(调拨)理由</td><td>编号</td><td>088－12</td><td>数量</td><td>1</td><td>规定使用年限</td><td>10</td><td>已提折旧</td><td>100000</td></tr>
<tr><td>名称</td><td>光谱仪</td><td>启用时间</td><td>2011</td><td>已使用年限</td><td>6</td><td>净　值</td><td>80000</td></tr>
<tr><td>规格</td><td></td><td>停用时间</td><td>201×</td><td>原值</td><td>180000</td><td>出售价格</td><td>30000</td></tr>
<tr><td colspan="4" rowspan="6">一号车间因从日本引进最新 26 通道光谱仪分析检测，原光谱仪低价售出。</td><td>调入单位名称</td><td colspan="3">湖北机械厂</td></tr>
<tr><td>所有制性质</td><td colspan="3">国有</td></tr>
<tr><td>无偿调拨或有偿调拨</td><td colspan="3">有偿</td></tr>
<tr><td>备注</td><td colspan="3"></td></tr>
<tr><td>调入单位签字</td><td colspan="2">设备科签字</td><td>主管厂长签字</td></tr>
<tr><td>杨兰
201×年 12 月 18 日</td><td colspan="2">李光
201×年 12 月 18 日</td><td>同意处理。
陈华
201×年 12 月 18 日</td></tr>
</table>

中国工商银行进账单（受理证明） 1

201×年 12 月 23 日　　　　第 01324 号

收款人	全称	达昌家俱有限责任公司	付款人	全称	湖北机械厂
	账号	1473637282745		账号	1145685364657012
	开户银行	工行银行红关市建设支行		开户银行	红关建设银行城北支行

人民币（大写）	叁万元整	千	百	十	万	千	百	十	元	角	分
				¥	3	0	0	0	0	0	0

票据种类	转账支票	中国工商银行 红关市建设支行 收款单位开户行盖章
票据张数	1	
单位主管　会计 复核　记账		

此联是收款人开户银行给收款人的回单

普通发票

客户名称：湖北机械厂　　201×年 12 月 23 日　　N0010210

产品名称	单位	数量	单价	金额									
				千	百	十	万	千	百	十	元	角	分
废旧光谱仪	台	1	30000				3	0	0	0	0	0	0
人民币合计（大写）叁万元整						¥	3	0	0	0	0	0	0
结算方式	支票	合同号码				提货地点							
备注：													

湖北机械厂 财务专用章

收款单位（盖章）　　会计：×××　　复核：　　制单：×××

第三联 记账

固定资产清理损益计算表

201×年 12 月 23 日

清理项目	货车	清理原因	报废
固定资产清理借方发生额		固定资产清理贷方发生额	
清理支出内容	金额	清理收入内容	金额
固定资产净值		固定资产报废残值	
借方合计		贷方合计	
固定资产清理$\frac{\text{净收益}}{\text{净损失}}$金额：		大写：	

复核：刘进东　　　　制单：张一鸣

38. 24 日，生产车间领用原木、油漆进行生产。

领料单

领用单位：1 号生产车间　　　　201×年 12 月 24 日　　　　凭证编号：093

用　途：生产书柜　　　　发料仓库：2 号

材料编号	材料名称	规　格	计量单位	数　量		单　价	金　额
				请领	实发		
001	原木	L1	吨	200	200	175	35000
合　计		叁万伍仟元整					￥35000
备注						附单据 2 张	

第二联

领料人：张一兵　　发料人：胡林　　领料部门负责人：樊小曼

领料单

领用单位：2号生产车间　　　　201×年12月24日　　　　凭证编号：094

用　途：生产书柜　　　　　　　　　　　　　　　　　　发料仓库：2号

材料编号	材料名称	规　格	计量单位	数　量		单　价	金　额
				请领	实发		
003	油漆	HX	桶	100	100	100	10000
合　计		壹万元整					¥10000
备注						附单据2张	

第二联

领料人：李凡　　发料人：胡林　　领料部门负责人：樊小曼

39. 25日，从明亮漆业有限责任公司购入HX型油漆100桶，单价100元，款项未付。

湖北省增值税专用

记　账　联

开票日期：201×年12月25日　　　　No. 001878700

购货单位	名　称：达昌家俱有限责任公司 纳税人识别号：3245679765456806 地址、电话：湖北省红关市桥东区解放路126号 开户行及账号：中国工商银行红关市分行建设支行 47363728274532324	密码区	7/1>>61<98>8->*5　加密版本号：01 3/9>3327867>383527567 97/>5-710079>-08/1312 440004314 *38426>>2-23/186>>49 00187967

货物及应税劳务名称	规格型号	单位	数量	单价	金额	税率	税额
油漆	HX	桶	100	100	10000	17%	1700
合计					10000		1700
价税合计（大写）	壹万壹仟柒佰元整				（小写）¥11700		

销货单位	名　称：明亮漆业有限责任公司 纳税人识别号：453235656867909877 地址、电话：红关市阳明路837号 开户行及账号：工商银行阳明支行 4847586907607980	备注	明亮漆业有限责任公司 发票专用章

收款人：　　　　复核：　　　　开票人：×××　　　　销货单位（章）：

第二联　发票联　购货方记账凭证

湖北省增值税专用

开票日期：201×年12月25日 **抵 扣 联** No. 001878700

购货单位	名称：达昌家俱有限责任公司 纳税人识别号： 3245679765456806 地址、电话： 湖北省红关市桥东区解放路126号 开户行及账号：中国工商银行红关市分行建设支行 47363728274532324	密码区	7/1>>61<98>8->*5 加密版本号：01 3/9>3327867>383527567 97/>5-710079>-08/1312 440004314 *38426>>2-23/186>>49 00187967				
货物及应税劳务名称	规格型号	单位	数量	单价	金额	税率	税额
油漆	HX	桶	100	100	10000	17%	1700
合计					10000		1700
价税合计（大写）	壹万壹仟柒佰元整			（小写）¥11700.00			
销货单位	名称： 明亮漆业有限责任公司 纳税人识别号： 45323565686790987 地址、电话： 红关市阳明路837号 开户行及账号： 工商银行阳明支行 4847586907607980	备注	明亮漆业有限责任公司 发票专用章				

收款人： 复核： 开票人：××× 销货单位（章）：

第三联 抵扣联 购货方抵扣税款

收 料 单

年 月 日 No. 045303

供货单位：						实际成本											
编号	材料名称	规格	送验数量	实收数量	单位	单价	运杂费	金额									
								百	十	万	千	百	十	元	角	分
合计																	
备注：								附单据 张									

主管： 会计： 保管：胡林 复核： 验收：胡林

第二联 送会计部分

40. 12 月 26 日，以银行存款偿还到期的短期借款 10000 元，利息共计 1100 元(前期已预提 1000 元)。

银行借款利息计提表

201×年 12 月 26 日　　　　单位：元

贷款银行	借款种类	计息基数	利率	本月应计利息	备注
工行建支	短期借款	10000	12%	100	前期已预提短期借款利息 1000 元
合计				¥100	

审　核：李菲　　　会　计：　　　制　单：赵梅

中国工商银行利息转账专用传票

科目：　　　201×年 12 月 26 日　　　No;0047386

<table>
<tr><td rowspan="2">收入利息单位</td><td>单位名称</td><td>工行红关市建设支行</td><td rowspan="2">支付利息单位</td><td>单位名称</td><td colspan="10">达昌家俱有限责任公司</td></tr>
<tr><td>账　　号</td><td>654345634536665</td><td>账号</td><td colspan="10">47363728274532324</td></tr>
<tr><td rowspan="2">利息金额</td><td colspan="4" rowspan="2">人民币
（大写）壹万壹仟壹佰元整</td><td>千</td><td>百</td><td>十</td><td>万</td><td>千</td><td>百</td><td>十</td><td>元</td><td>角</td><td>元</td></tr>
<tr><td></td><td></td><td>1</td><td>1</td><td>1</td><td>1</td><td>0</td><td>0</td><td>0</td><td>0</td></tr>
<tr><td colspan="2">计息存、贷款户　账　号</td><td colspan="2">4700321432436581364</td><td colspan="11" rowspan="4">上列利息金额已从贵单位结算账付划转。
中国工商银行
红关市建设支行
转讫
开户银行盖章</td></tr>
<tr><td colspan="2">计算利息起讫时间</td><td colspan="2">201×年 1 月 26 日起
201×年 12 月 26 日止</td></tr>
<tr><td colspan="2">计息积数</td><td colspan="2">¥10000.00　年利率 12%</td></tr>
<tr><td colspan="4">备注：短期借款利息</td></tr>
</table>

单位主管：　　　会　计：　　　记　账：

中国工商银行特种转账贷方凭证

201×年 12 月 26 日

<table>
<tr><td>银行打印</td><td colspan="6">交易序号 54　交易代码 53654　工作日期 201×-12-26　工作时间 10:45:09 币种人民币
借方账号 6543456345366514　　户名　达昌家俱有限责任公司
贷方账号 47363728274532324　　户名　达昌家俱有限责任公司
金额 11100.00
转账归还到期贷款　借款合同号 08968</td></tr>
<tr><td colspan="2">业务类型</td><td colspan="5">转账</td></tr>
<tr><td rowspan="3">借方</td><td>户　名</td><td colspan="2">汇丰实业有限责任公司</td><td rowspan="3">贷方</td><td>户　名</td><td>汇丰实业有限责任公司</td></tr>
<tr><td>账　号</td><td colspan="2">9558803004100553402</td><td>账　号</td><td>47363728274532324</td></tr>
<tr><td>开户银行</td><td>工行建支</td><td>行号</td><td>开户银行</td><td>工行建支　行号</td></tr>
<tr><td>金额</td><td colspan="4">币　种（大写）人民币壹万壹仟壹佰元整</td><td colspan="2">亿 千 佰 十 万 千 百 十 元 角 分
¥ 1 1 1 0 0 0 0</td></tr>
<tr><td colspan="7">转账原因：
归还贷款（借款合同 08968 号）</td></tr>
</table>

中国工商银行 红关市建设支行 转讫

审　核：　　　　复　核：　　　　制　证：

41.12 月 30 日，公司提取应由 12 月负担的银行借款利息。

应付利息计算表　　　　单位：元

借款类别	借款本金	年利率	本月应计利息	备注
短期借款		10%		用于一般周转

42.30 日，宏发有限责任公司购买书柜 10 组，开出转账支票结清所有所欠款项。

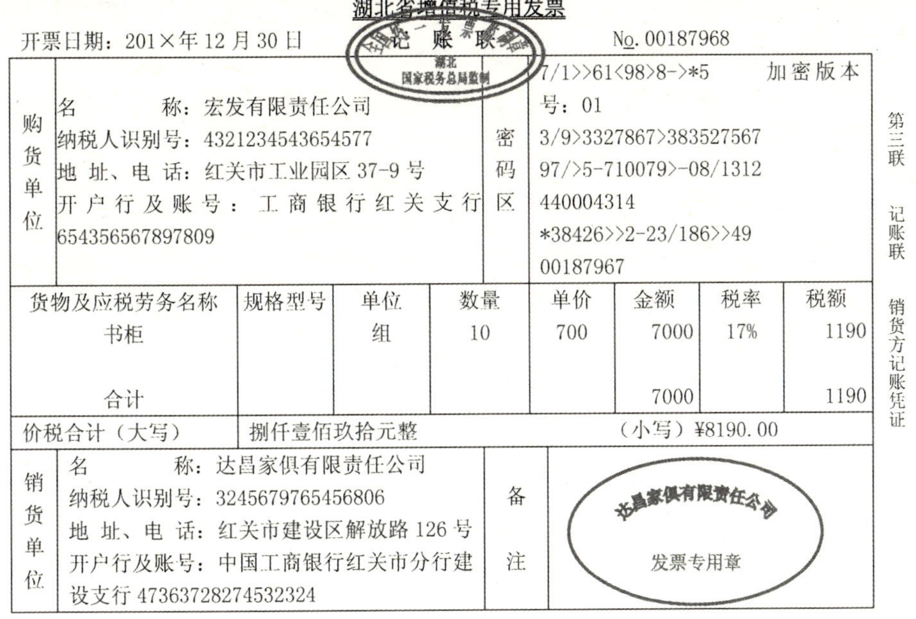

湖北省增值税专用发票

记　账　联

开票日期：201×年12月30日　　　　No. 00187968

购货单位	名　　称：宏发有限责任公司 纳税人识别号：4321234543654577 地 址、电 话：红关市工业园区37-9号 开户行及账号：工商银行红关支行654356567897809	密码区	7/1>>61<98>8->*5　加密版本号：01 3/9>3327867>383527567 97/>5-710079>-08/1312 440004314 *38426>>2-23/186>>49 00187967

货物及应税劳务名称	规格型号	单位	数量	单价	金额	税率	税额
书柜		组	10	700	7000	17%	1190
合计					7000		1190
价税合计（大写）	捌仟壹佰玖拾元整			（小写）¥8190.00			

销货单位	名　　称：达昌家俱有限责任公司 纳税人识别号：3245679765456806 地 址、电 话：红关市建设区解放路126号 开户行及账号：中国工商银行红关市分行建设支行47363728274532324	备注	达昌家俱有限责任公司 发票专用章

第三联　记账联　销货方记账凭证

中国工商银行进账单（受理证明）　1

201×　年12月30日　　　　第　01324　号

收款人	全　称		付款人	全　称	
	账　号			账　号	
	开户银行			开户银行	

人民币（大写）		千	百	十	万	千	百	十	元	角	分

票据种类		中国工商银行 红关市建设支行 收款单位开户行盖章
票据张数		
单位主管　　会计 复核　　记账		

此联是收款人开户银行给收款人的回单

43.30日，由于病虫害防疫措施未到位，造成2号仓库原木损失2吨，木板损失10块。所有损失计入管理费用。

财产盘点报告单

单位名称:2号仓库　　　　201×年12月30日　　　　单位:元

财产名称	计量单位	单价	盘盈		盘亏		原因	处理意义
			数量	金额	数量	金额		
原木	吨	175			2	350	病虫害	计入管理费用
木板	块	350			10	3500	病虫害	计入管理费用
合计						3850		

仓库保管员:胡林　　　　盘点人:汪清清

44.30日,计提本月固定资产折旧。

固定资产折旧计算表

201×年12月31日　　　　单位:元

车间、部门	生产用固定资产			非生产用固定资产			合计	
	原值	折旧率	折旧额	原值	折旧率	折旧额	原值	折旧额
生产车间	1000000	0.3%						
销售部门				800000	0.5%			
行政管理部门				77800	0.4%			
合计								

审　核:　　　　会　计:　　　　制　单:

45.31日,结算本月水电费并进行分配。

电费分配表

201×年12月31日　　　　单位:元

车间、部门		应分配金额	备注
生产车间用电	电脑桌	6000	
	电脑椅	4000	
	书柜	5000	
销售部门用电		500	

续　表

车间、部门	应分配金额	备注
车间照明用电	2000	
行政管理部门用电	1500	
合计	19000	

审　核:吴明　　　　会　计:　　　　制　单:

水费分配表

201×年 12 月 31 日　　　　单位:元

车间、部门		应分配金额	备注
生产车间用水	电脑桌	1000	
	电脑椅	1500	
	书柜	500	
车间照明用水		200	
行政管理部门用水		300	
合计		3500	

中国工商银行转账支票存根

支票号码：01447368

附加信息：

出票日期 201×年 12 月 31 日

收款人：

金　额：

用　途：

单位主管　　　　会计

中国工商银行　　转账支票　　No：01447368

本支票付款期限十天

出票日期（大写）　　年　　月　　日　付款行名称：

收款人：　　　　出票人账号：

人民币（大写）	亿	千	百	十	万	千	百	十	元	角	分

用途＿＿＿＿＿＿

上列款项请从

我账户内支付

出票人签章　　　　复核　　　　记账

<table>
<tr><td rowspan="2">中国工商银行转账支票存根
支票号码：01447369
附加信息：

出票日期201×年12月31日
收款人：
金 额：
用 途：
单位主管 会计</td><td colspan="12">中国工商银行 转账支票 No：01447369
本支票付款期限十天
出票日期（大写） 年 月 日 付款行名称：
收款人： 出票人账号：</td></tr>
<tr><td>人民币
（大写）</td><td>亿</td><td>千</td><td>百</td><td>十</td><td>万</td><td>千</td><td>百</td><td>十</td><td>元</td><td>角</td><td>分</td></tr>
<tr><td></td><td colspan="12">用途
上列款项请从
我账户内支付
出票人签章 复核 记账</td></tr>
</table>

湖北省增值税专用发票

发票联（湖北 国家税务总局监制）

开票日期：201×年12月31日 No.00187968

<table>
<tr><td>购货单位</td><td colspan="5">名 称：：达昌家俱有限责任公司
纳税人识别号：3245679765456806
地 址、电 话：湖北省红关市桥东区解放路126号
开户行及账号：中国工商银行红关市分行桥东支行47363728274532324</td><td>密码区</td><td colspan="2">7/1>>61<98>8->*5 加密版本号：01
3/9>3327867>383527567
97/>5-710079>-08/1312
440004314
*38426>>2-23/186>>49
00187967</td></tr>
<tr><td colspan="2">货物及应税劳务名称</td><td>规格型号</td><td>单位</td><td>数量</td><td>单价</td><td>金额</td><td>税率</td><td>税额</td></tr>
<tr><td colspan="2">合计</td><td></td><td></td><td></td><td></td><td></td><td></td><td></td></tr>
<tr><td colspan="2">价税合计（大写）</td><td colspan="7">（小写）¥</td></tr>
<tr><td>销货单位</td><td colspan="5">名 称：红关市电力公司
纳税人识别号：43241436465434565436
地 址、电 话：红关市桥西区大关南路路6号
开户行及账号：中国工商银行红关市分行桥西支行5432456756767897</td><td>备注</td><td colspan="2">红关市电力公司 发票专用章</td></tr>
</table>

第二联 发票联 购买方记账凭证

湖北省增值税专用发票

开票日期：201×年12月31日　　发　票　联　　No. 00187968

<table>
<tr><td rowspan="2">购货单位</td><td rowspan="2">名　　称：：达昌家俱有限责任公司
纳税人识别号：3245679765456806
地 址、电 话：湖北省红关市桥东区解放路126号
开户行及账号：中国工商银行红关市分行桥东支行 47363728274532324</td><td rowspan="2">密码区</td><td colspan="5">7/1>>61<98>8->*5　　加密版本号：01
3/9>3327867>383527567
97/>5-710079>-08/1312
440004314
*38426>>2-23/186>>49
00187967</td></tr>
<tr></tr>
<tr><td colspan="2">货物及应税劳务名称

合计</td><td>规格型号</td><td>单位</td><td>数量</td><td>单价</td><td>金额</td><td>税率</td><td>税额</td></tr>
<tr><td colspan="2">价税合计（大写）</td><td colspan="7">（小写）¥</td></tr>
<tr><td>销货单位</td><td>名　　称：红关市自来水公司
纳税人识别号：6543546756877665454
地 址、电 话：红关市桥东区城达路26号
开户行及账号：中国工商银行红关市分行桥东支行 5435687543456756434</td><td>备注</td><td colspan="6">红关市自来水公司
发票专用章</td></tr>
</table>

第二联　发票联　购买方记账凭证

46.31日，分配本月职工工资。

工资费用分配表

201×年12月31日　　　　单位：元

车间、部门		应分配金额	备注
车间生产工人工资	生产电脑桌工人	60000	
	生产电脑椅工人	40000	
	生产书柜工人	50000	
	生产人员工资小计	150000	
车间管理人员		20000	
行政管理人员		40000	
销售部门人员		10000	
合　计		220000	

审核　　　　会计　　　　制单

47. 31 日，计提福利费用。

福利费用分配表

201×年 12 月 31 日　　　　单位：元

车间、部门		计提基数	计提比例
车间生产工人工资	生产电脑桌工人	14%	
	生产电脑椅工人	14%	
	生产书柜工人	14%	
	生产人员工资小计	14%	
车间管理人员		14%	
行政管理人员		14%	
销售部门人员		14%	
合　计			

审核　　　　会计　　　　制单

48. 31 日，统计职工应报销的医药费用。

达昌家俱有限责任公司职工医药费支出汇总表

201×年 12 月 31 日

职工姓名	全部药费金额	单据张数	核销基数	减去核销基数后应报		审批意见
				%	金　额	
唐小霞	200.00	5	200.00	100	200.00	同意报销 蔡志明
金全明	100.00	3	100.00	100	100.00	
张金萍	100.00	2	100.00	100	100.00	
李美	200.00	2	200.00	100	200.00	
胡果	100.00	3	100.00	100	100.00	
合　计	人民币(大写)柒佰元整					

49. 31 日，结算并分配本月制造费用，分配标准为工人工资。

制造费用明细表

201×年 12 月

时间	业务号	明细项目	金额（元）	备注
		合计		

制表：　　　　　　　审核：

制造费用分配表

201×年 12 月

成本计算对象	分配标准（产量：盒）	分配率	分配金额（元）
电脑桌			
电脑椅			
书柜			
合计			

制表：　　　　　　　审核：

50. 12 月 31 日，按上月末单价计算结转本月已售产品的销售成本。

产成品出库单

No. 00811

201×年 12 月 31 日

单位：元

产品名称	单位	数量	单位成本	金额	用途或原因
合　计					

部门主管：　　　　　　保管：　　　　　　经手人：

产成品出库单

No. 00812

201×年 12 月 31 日　　单位:元

产品名称	单位	数量	单位成本	金额	用途或原因
合　计					

部门主管：　　保管：　　经手人：

产成品出库单

No. 00813

201×年 12 月 31 日　　单位:元

产品名称	单位	数量	单位成本	金额	用途或原因
合　计					

部门主管：　　保管：　　经手人：

产品销售成本汇总计算表

201×年 12 月 31 日　　单位:元

产品名称	单位	销售数量	单位成本	总销售成本	备注
合　计					

审　核：　　会　计：　　制　单：

51. 12月31日，结转本月已销售原材料的成本，按上月末单价进行计算。

材料销售成本计算表

201×年12月31日　　　　单位：元

材料名称	单位	销售数量	单位成本	总销售成本	备注
合　计				10000	

审　核：　　　　会　计：　　　　制　单：

52. 31日，本月电脑桌完成850张，电脑椅1250把，书柜200组，结转生产成本。

产品成本计算表

201×年12月31日　　　　单位：元

成本项目	电脑桌		电脑椅		书柜	
	总成本	单位成本	总成本	单位成本	总成本	单位成本
直接材料						
直接人工						
制造费用						
其他						
合　计						

审　核：李菲　　　　会　计：　　　　制　单：

产成品入库单

交库单位：生产车间　　　　201×年12月31日　　　　单位：元

产品名称	规格与型号	单位	交付数量	检验结果		实收数量	单位成本	金额	备注
电脑桌				合格	不合格				
电脑椅									
书柜									
合　计									

送验人员：　　　　检验人员：王旭东　　　　仓库经收人：汪洋

53.31 日，按本月产品应缴纳的增值税，分别按 7%和 3%计算产品应缴纳的城市维护建设税及教育费附加。

城市维护建设税及教育费附加计算表

201×年 12 月 31 日　　　　单位：元

计税依据	城市维护建设税		教育费附加	
	税率	金额	税率	金额
	7%		3%	
合　计				

审　核：李菲　　　　会　计：　　　　制　单：

54.31 日，结转有关损益类账户，计算本月实现利润总额。

12 月份损益类账户资料表

201×年 12 月 31 日　　　　单位：元

收入类账户	发生额	支出类账户	发生额
合　计		合　计	
12 月份利润总额			

审　核：　　　　会　计：　　　　制　单：

55.12 月 31 日，计算并结转本月所得税，税率为 25%（假设无纳税调整事项）。

12月份所得税计算表

201×年12月31日 单位:元

项 目	计算依据	税 率	税 额	备注
应交所得税		25%		假设不考虑纳税调整事项
合计				

审 核:李菲 会 计: 制 单:

所得税结转单

201×年12月31日 单位:元

项 目	科 目	金 额
应借科目		
应贷科目		

审 核:李菲 会 计: 制 单:

56.12月31日,结转本年实现的净利润。

本年利润结转资料表

201×年12月31日 单位:元

项 目	金 额	应借科目	应贷科目	金 额
期初本年利润				
加:12月份净利润				
全年净利润				

审 核: 会 计: 制 单:

57.31日,按全年实现净利润的10%提取法定公积金。

盈余公积计算表

年 月 日 单位:元

项 目	计提比例	金 额	应借科目	应贷科目
全年净利润总额				
法定盈余公积	10%			

审核: 会计: 制单:

58.31日,按税后利润的30%计算应付投资者利润。

应付投资者利润计算表

201×年 12 月 31 日　　　　单位:元

项　目	计提比例	金　额	应借科目	应贷科目
全年净利润总额	—			
应付投资者利润	15%			
备　注	实际工作中,应付利润应按各投资者设明细,本题中暂不考虑明细。			

审　核:　　　　会　计:　　　　制　单:

59. 31 日,将“利润分配”各明细账户余额结转至“利润分配——未分配利润”账户。

利润分配各明细账户结转单

201×年 12 月 31 日　　　　单位:元

项　目	科　目	金　额
应借科目		
应贷科目		

审　核:　　　　会　计:　　　　制　单:

要求:

1. 建账。
2. 填制自制原始凭证的记账凭证(通用记账凭证)。
3. 登记库存现金日记账和银行存款日记账。
4. 根据原始凭证和记账凭证登记各种明细账。
5. 定期编制科目汇总表。
6. 根据科目汇总表逐笔登记总分类账。
7. 对账和结账。
8. 编制资产负债表和利润表。
9. 对所有会计资料进行装订。

[实训提示]

1. 本实训是科目汇总表账务处理程序下的会计核算实训,在进行实际操作时要注意,登记总账前要先编制科目汇总表,经试算平衡后据以登记总账。

2.各种账务处理程序的主要区别在于登记总账的依据和方法不同,所以科目汇总表账务处理程序下的实训操作与记账凭证账务处理程序下的实训操作相比较,除登记总账的依据和方法不同外,其余基本相同。

[实训思考]

1.科目汇总表账务处理程序有哪些优点?其不足之处在哪里?

2.科目汇总表账务处理程序的适用范围是什么?

3.在科目汇总表账务处理程序的实训中,需要注意哪些问题?